Elijah Levita

Uebersetzung des Buchs Massoreth Hammassoreth

Unter Aufsicht und mit Anmerkungen

Elijah Levita

Uebersetzung des Buchs Massoreth Hammassoreth
Unter Aufsicht und mit Anmerkungen

ISBN/EAN: 9783743657069

Hergestellt in Europa, USA, Kanada, Australien, Japan

Cover: Foto ©ninafisch / pixelio.de

Weitere Bücher finden Sie auf **www.hansebooks.com**

Uebersetzung
des Buchs
Massoreth
Hammassoreth.

Unter Aufsicht und mit Anmerkungen
D. Joh. Salomo Semlers.

Halle im Magdeburgischen,
verlegt von Carl Hermann Hemmerde, 1772.

An

Herrn

Moses Mendelssohn

in Berlin.

Geehrtester Freund

Ich habe wol nicht nötig diese Anrede und diese ganze Zuschrift an Sie weitläuftig zu rechtfertigen. Alle rechtschaffene Liebhaber der Wahrheit, und der algemeinern innern Wohlfart ihrer Zeitgenossen, sind wahre Freunde unter einander, die sich über den Wachstum des innern Menschen, der immer mehr in der unsichtbaren Aenlichkeit mit Gott zuzunemen sucht, von ganzem Herzen freuen. Der Inhält halt aber dieſes kleinen Buchs ſchiene ſich beſonders dazu zu ſchicken, Ihnen meine Hochachtung zu erkennen zu geben, und die zutrauliche Hofnung eben gegen Sie zu äuſſern, daß nach und nach die abergläubiſche träge Denkungsart gegen jene 24 Bücher, in welcher ſo wol Chriſten als Juden einſeitig und parteiiſch ſtehen zu bleiben pflegen, ſich auf eine edle würdige Weiſe verändern wird; wenn mehr rechtſchaffene Gelerten unter beiden Parteien, auf wahre Beförderung des algemeinen Beſten ihrer Zeitgenoſſen ſich immer ernſtlicher zu legen entſchlieſſen werden.

Dieſer gelerte verdiente Elias übertrift alle jüdiſche Gelerte ſeiner Zeit, in unabhängiger Unterſuchung des Wahren, in Anſehung der vielen ungegründeten Meinungen, welche der gemeinere re Hauſe jüdiſcher Gelerten fortzupflanzen, ja zu befeſtigen und gleichſam unüberwindlich zu machen pflegte. Ich zweifle auch nicht daran, daß er noch mehr eingeſehen hat, als er deutlich zu äuſſern damalen für gut befunden; indem es ihm, wie allen ehrlichen Forſchern des Wahren, ohnehin an vielen widrigen Beurtheilungen und Verdrieslichkeiten nicht gefelet hat. Selbſt unter den chriſtlichen Gelerten, wenn man den dreiſten Luther, den ernſthaften Paulus Fagius, und ſehr wenige von denen ausnimt, welche noch im 16ten Jahrhundert, Gottesgelerte heißen: hat er die heftigſten Beurtheilungen erfaren müſſen. So ſehr tief haben die abergläubiſchen Grundſätze von der hebräiſchen Bibel, von gleicher Göttlichkeit und Wichtigkeit nicht nur aller Bücher, ſondern

dern so gar der einmal in der und der Anzal geschriebenen Buchstaben, und der
darunter gesetzten kleinen Zeichen und
Puncte, sich eingewurzelt, so gar in dem
Verstande der christlichen Gelerten; welche doch vornemlich durch freien Gebrauch ihres Verstandes den Werth ihrer Religion auszeichnen solten: daß auch
sie in allem Ernst zornig und ungehalten
wurden, auf die Frechheit und Gottlosigkeit des Elias. Es wurde noch als
ein grosses Glück angesehen, daß der Urheber solcher unerlaubten irreligiösen
Meinungen und Urtheile, ein ohnehin
verstockter Jude sey; und daß also diese
Schande, diese Beschimpfung, so für den
Urheber aus mislungener Anwendung,
aus Misbrauch des verderbten Verstandes erwachse, nicht auf die Christen falle.
So gros war die Gewalt der orthodoren

ren Vorurtheile, seit dem Burtorf wider den Cappellus mit grossem Vortheil und grossem Vorzug, wie es hies, geschrieben, und die Ehre dieser eingefürten Orthographie, und ganzen schriftlichen Abfassung der 24 Bücher so glücklich gerettet hatte. Es ist kein Wunder, daß Elias wenig Nachfolger in seinen kritischen freien Beobachtungen unter den jüdischen Gelerten gefunden hat; da die christlichen Gelerten die ganze Göttlichkeit der einmal zusammengesetzten Buchstaben und Puncte, noch so eifrig und so ernstlich vertheidigen: als wäre diese Behauptung zugleich die unmittelbare Beiahung und Bewilligung der besten und vollkommensten Religion.

Der Inhalt dieser Schrift ist ohne Zweifel Ihnen schon lange lieb und schätzbar; ob gleich Elias sich noch häufig eine

Gestalt gibt, die den ganzen Umfang seiner Einsichten und gemachten Entdeckungen noch nicht sehen läßt. Er hat ohne Zweifel den gar grossen Unterschied derer Bücher, so ehedem der einzige Gegenstand der Beschäftigung und Aufmerksamkeit der Juden waren, nach den unvortheilhaftern Zeitumständen, worin sie ehedem sich befanden, selbst gar wohl eingesehen, und was den eigenen Gebrauch und die Anwendung dieses so verschiedenen Inhalts betrift, fleißig und ernstlich in Acht genommen; wie die ältern Rabbinen so billig und so entschlossen gewesen, manche Erzälungen in diesen Büchern so anzusehen, daß sie keinen unmittelbaren Nutzen zur innern Volkommenheit, für Leser in ihrer Zeit, mit sich füren; daher sie so wol manche Stücke von dem öffentlichen Vorlesen ausschlossen

schloſſen, als auch bey andern Theilen durch verschiedene Gestalten und Arten der Erklärung eine Brauchbarkeit fernerhin zu erleichtern suchten; wenn sie nemlich Allegorien und ganze Reihen von Vorstellungen nützlicher Gegenstände oder Urtheile, in der so genanten Erklärung, mittheileten. Ich kan fast nicht anders als es manchen Rabbinen, nach ihren Zeitumständen, für ein Verdienst um ihre Mitbürger anrechnen: daß sie manche sehr gute Wahrheiten unter solche Stellen gesteckt haben, und durch manche Uebungen und Veranlassungen des Nachdenkens den Verstand der Leser in eine Bewegung zu setzen gesucht haben, wornach viele von ihnen, durch Gottes gnädige Regierung, dem innern Juden, oder überhaupt dem innerlichen Menschen von Zeit zu Zeit näher gekommen sind, den Christen besonders ebenfals als den Hauptzweck der christlichen Religion anzusehen haben. Denn, der ist wahrlich nicht

nicht ein wahrer Christ, der äusserlich ein Christ ist, übrigens aber in Ansehung des innern Menschen Gott eben so unänlich ist und handelt, als viele äusserliche Juden und Heiden zu seyn und zu handeln pflegen. Die äusserliche Religionsart kan gar verschiedene Gestalten und Merkmale enthalten, woran äusserliche Gesellschaften sich in Ansehung des sichtbaren Gottesdienstes unterscheiden lassen Die innere Religion ist, wo sie ist, von einerley Natur und von einerley fruchtbarer Art der Erfolge; welche an die äusserlichen Gebräuche nicht an sich selbst und notwendig gebunden sind; aber nur vernünftige Liebhaber und Kenner der Religion sind im Stande diesen Unterschied richtig und weislich zu beobachten, und einem guten Gewissen gehörig zu folgen.

Es ist nach der sogenanten Kirchenhistorie, nichts leichter für alle Christen,

oder

oder Glieder der christlichen Gesellschaft, jederzeit gewesen, als sich selbst, bei alle den Mängeln und vielen Unvolkommenheiten der Vorstellungen und Anwendung derselben, die wir nun nach vielen klaren Beweisen in dem Leben und Zustande dieser Christen antreffen, geradehin den Vorzug zu geben, wider alle eigne und besondre Religion, die ein Jude und Heide ausüben möchte. Allein, so sehr mir dis alles bekant seyn kan und mus, so so wenig halte ich auf diese so leicht herrschenden Urtheile; ich glaube, es liegt der menschlichen Gesellschaft wirklich gar sehr viel daran, daß der Vorzug der christlichen Religion vornemlich in die innerlichen Veränderungen der Menschen, und in die immer leichtere und grössere Volkommenheit ihres moralischen Zustandes, gesetzt wird; nicht aber hauptsächlich in diese oder jene Lehrformeln, welche blos für die äusserliche Geselschaft bestimt wurden; welche freilich nicht mehr

unter

unter jenen ehemaligen jüdischen oder heidnischen öffentlichen Gesellschaften begriffen werden konte; wie sich nun die äusserlichen christlichen Partheien von einander trenneten. Diese Trennung hat nicht zugleich die innere Religion und ihre allen Menschen heilsamen, obgleich nicht gleich grossen Wirkungen, abgeschnitten und aufgehoben! wenn gleich die sogenanten Rechtgläubigen, in jener Zeit der Unwissenheit, so zu urtheilen, und daher andere Partheien zugleich als notwendig gottlose und der ganzen Geselschaft schädliche gefärliche Leute, zu verfolgen und, so viel als möglich, gar auszurotten pflegte. Noch iezt rettet die Kirchengeschichte die Ehre der so genanten Ketzer, oder die Vertheidiger der algemeinen wahren innerlichen Religion; die Beschützer der edelsten wichtigsten Grundsätze; die Urheber gesunder und erhabener Urtheile, wodurch sie eine ganze Nachwelt mit Gegengift wider

die

die Dumheit und Bosheit gleich gut versehen haben.

Fahren Sie fort gesunde Erkentnissen unter den Ihrigen zu befördern, und
dadurch die eigne Ausbesserung der un-
glücklichen Menschen zu erleichtern; ich
will mich ferner bemühen unter Christen
nach meiner Pflicht ein gleiches zu thun;
denen Sie es gewiß nicht verdenken, daß
sie einen so unbedeutenden Meßias nicht er-
warten, als viele jener Juden und nicht
wenige sich so niedrig als unrichtig einbildeten. Noch lieber würden alle Juden die
christliche Lehre und Religion schätzen,
wenn die geistliche Vollkommenheit an
ihren Bekennern, sich so leichte und deutlich erkennen lies, als der äusserliche Unterschied der übrigen Lebensart, und die
Anhänglichkeit an manche Lehrformeln,
die Ihnen nicht so gleich geläufig werden
mögen. Der Name Christ hängt dar-
an; aber nicht die christliche göttliche Ge-
sinnung,

sinnung, die Sie gewis Ihrer ganzen Hochachtung und Beeiferung werth achten. Es stehet bey GOtt, manchen ältern Satzungen auf beiden Seiten immer mehr abzuhelfen, und also die ganze Erde wirklich immer mehr seiner ganz gewissen Ehre voll zu machen. Ich kan übrigens mit Recht Ihnen meine Hochachtung versichern, als

Dero

Halle auf der königl. preußischen
Friedrichsuniversität
den 19. Septemb. 1771.

Dienstwilligster
J. S. Semler.

Vorrede

Vorrede.

Schon lange bin ich damit umgegangen, eine Uebersetzung von dem sehr nützlichen und zugleich unter uns nun seltenen Buche, des gelerten Elias Levita zu besorgen, das er unter der Aufschrift, Masoreth Hammassoreth im 16ten Jahrhundert herausgegeben hat; nachdem ich endlich vor einiger Zeit dasselbe selbst in die Hände bekommen habe. Die Seltenheit dieses kleinen Buchs ist grösser und anderer Art, als man von vielen rabbinischen Schriften neuerer Zeit sagen kan, welche an sich weder einen

nen sonderlich gemeinnützigen Inhalt haben, noch auch unter unsern Gelerten jezt eben sehr geschäzt zu werden pflegen; so sehr viel man noch im vorigen Jahrhundert, und zu Anfange dieses, worin wir leben, auf die Gelersamkeit zu halten pflegte, die in den rabbinischen Schriften für christliche Schriftausleger und Sprachkenner ganz gewis enthalten seyn solte. Ein gewisser jüdischer Geschmack, eine fast blinde Hochachtung aller Kleinigkeiten, die nur die hebräische Bibel auf irgend eine Weise angehen oder betreffen konten, hat sich indes unter uns ausgebreitet und fortgepflanzet; wenn es auch nun viel seltener angetroffen wird, daß academische teutsche Gelerte ihre Schriften mit Anführung recht vieler rabbinischen Stellen, als mit sehr gewissen Merkwürdigkeiten und ausenlichen Empfelungen, zu versehen pflegten. Eine Art von Abscheu und religiöser Misbilligung aller der Ideen und Vorstellungen, welche von der gemeinen jüdischen Orthodoxie und gewönlichen Theorie des hebräischen Textes abwichen, hat fast bisher geherrschet; und es ist noch nicht sicher Untersuchungen zu wagen, welche die freie Art und Unabhängigkeit zu erkennen geben, welche dieser Elias, Cappellus,

lus, Richard Simon, und sehr wenige Gelerte, nach ihren Umständen anwendeten. Die grosse Reihe von Beschäftigungen, welche Esra und seine Zeitgenossen, oder Nachfolger, in dem grossen Sanhedrin, zum ganz gewissen und ungezweifelten Vortheil des Textes, sollen vorgenommen, und die eifrigen rechtgläubigen Schüler dieses eingebildeten grossen Kirchencollegii, treulich beibehalten haben: ist den meisten auch christlichen Gelerten eine so ausgemachte historische Wahrheit, daß nur wenige es leiden können, wenn Gelerte über diesen alten Zaun des Gesetzes, wie die Masora heißt, wegzuschreiten sich erkünen; die iiemlich davon gewis sind, daß sie von den Juden so wenig die wirklichen Schranken ihrer jetzigen Einsichten anzunemen verbunden sind, als wenig die Kirchenlehrer durch alle ihre Verordnungen, die Nachkommen der künftigen entfernten Zeiten haben in eine unveränderliche Denkungsart setzen wollen. Elias hat bey uns so wenig Dank verdient, als bey seinen Glaubensgenossen, wenn auf den gemeinen Haufen gesehen wird. Eine Menge anderer rabbinischen Schriften, oder Theile derselben, vom Talmud an, sind lateinisch, oder in andere Sprachen übersetzt, und theils mit

gar

gar weitläuftigen Anmerkungen versehen worden, des grossen Nutzens wegen, den sie für unsere Zeitgenossen, und Liebhaber der heiligen Schrift, oder der so genanten heiligen Alterthümer, ganz gewis haben sollen; aber dieses Büchelgen hat diese Ehre nicht erfaren; alle unsere teutschen Gelerten haben den warnenden Ton, den Buxtorf angab, so ernstlich fortgepflanzet, als wenn Elias auf dem Wege ging, da man sich der Gotteslästerung und der Sünde wider den heiligen Geist nähert. Eine Denkungsart die ganz altjüdisch und aus der Nachfolge der niedrigen pharisäischen Schule ist; so sehr man auch diese Denkungsart zu lieben und zu erheben pflegt, unter dem Namen der ächten Hochachtung reiner Lehre. Die Volkommenheit des Verstandes und Willens, welche das Christentum über das unedle Judentum und Heidentum so gewis und so deutlich erhebt, hängt mit einer ganz andern Art Erkentnissen zusammen, als diese so ängstliche unvortheilhafte Beschäftigung mit den Buchstaben, und dieses Vorurtheil von Göttlichkeit und Heiligkeit der Sprache und Einrichtung der Schreibart der hebräischen Bibel, zuläßt und mit sich bringt. Ich bin gewis, wenn Paulus viele solche christliche Geler=

Vorrede.

Gelerten in ihrer gemeinen Arbeitsamkeit über die geschriebene Bibel hätte antreffen und ihre ernstliche Emsigkeit gewahr werden sollen, er würde wieder gesagt haben: sie eifern um Gott! aber ὐ κατ' ἐπιγνωσιν. Sie erhalten ehemalige Meinungen und Urtheile, aber sie befördern die Erkentnis Gottes und Christi, der die Welt auch von dem moralischen Judentum frey gemacht hat, nicht auf eine solche Art, die den übrigen Veränderungen der Menschen, in der so verschiedenen Zeit, angemessen, also auch mit leichtern und grössern Wirkungen und Folgen in den Menschen verbunden wäre.

Der gelerte und sehr verdiente Herr Prof. Nagel, in Altorf, der so wol bey der Ausgabe von Pfeiffers critica sacra, als auch in andern wirklich der Gelersamkeit beförderlichen Schriften, es hinlänglich an den Tag gelegt hat, daß er den wahren Beruf eines treuen academischen Lehrers kenne, und zu beobachten im Stande sey: hat am ersten unter teutschen Gelerten das Andenken dieses gelerten Elias, und die seinen Verdiensten gebürende Ehre, erneuett in der brauchbaren Dissertation, de Elia Levita germano, so unter seinem Vorsitz 1745 in Altorf gehalten worden, wozu noch 1757 ein spicilegium vitae

vitae Eliae Levitae germani gekommen; worin er vieler Gelerten historisch unrichtige Meinungen von diesem Mann entdeckt, auch hier und da zu Wolfs bibliotheca hebraica einige nicht unerhebliche Zusätze gemacht hat. Ich will aus dieser Abhandlung ganz kurz einige Nachrichten hier mittheilen, da sie ohnehin nicht in so vielen Händen seyn mag, als sie verdienet.

Elias ist allerdings in Teutschland geboren, ob es gleich manche Gelerte geradehin verneineten: zu Neustadt an der Aisch, nicht weit von Nürnberg, im Jahr 1477. Sein Vater hies Ascher. Im Jahr 1504 hat er zu Padua die Grammatik des Moses Kimchi einigen Zuhörern erklärt, die ihn darum ersucht hatten; und ist, der damaligen Pest wegen, die Straße, darin er wonete, mit den Häusern, gesperret worden. Im Jahr 1517 befand er sich zu Venedig; und noch in eben dem Jahr ging er nach Rom, wo er 13 Jahre lang die Ehre gehabt, den Cardinal Aegidius, von Viterbo, in der hebräischen Sprache zu unterweisen, für den er auch das Buch Bachur aufgesetzt hat; von dem sowol seine Frau und Kinder ihren Unterhalt gehabt, (denn er ist verheiratet gewesen,) als auch er selbst in der griechischen

chischen Sprache so weit befördert worden, daß er im Stande war, nachher die griechischen Uebersetzungen selbst zu brauchen. Unter dieser Zeit hat er 1527 das Unglück gehabt, in der Plünderung, welche Kaiser Karl des fünften Truppen vornamen, alle das Seine zu verlieren, und also in grosse Armut zu geraten. In dieser Plünderung ist er auch um den Aufsatz gekommen, den er über die syrische Sprache zu machen angefangen hatte. Im Jahr 1537—1540 findet man ihn wieder zu Venedig, wie er in der prosaischen Vorrede zu seinem Buche, Thisbi, erzalet. Schon im Jahr 1538 hat er dieses Buch, dessen teutsche Uebersetzung hier geliefert wird, zu Ende gebracht, in Venedig, wie R. David Ganz meldet, in Zemach David; (pag. 151 der lateinischen Uebersetzung von Wilh. Heinrich Vorstius, Leiden 1644. 4. so freilich schlecht genug geraten ist; auch hier heißt es, masora masoroth composuit —) Er hatte übrigens das Buch Thisbi angefangen, und dachte eben darauf, wo er es wol zum Druk unterbringen möchte, indem Daniel Bomberg die Druckerey liegen lassen, als er von einem Christen aus Teutschland Briefe erhielt: der ihm meldete, daß er eine Druckerey angelegt

gelegt habe, und er ihn gern zu einem Correktor annemen wolle; auch ersuchte, die Schriften, die er, Elias, schon solle fertig liegen haben, bey ihm drucken zu lassen. Es kam ihm also recht erwünscht, und er nam diese Gelegenheit an, ob er gleich manche andere ansenliche Anträge, (selbst einen des Königs von Frankreich, nach Paris zu kommen,) ausgeschlagen hatte. Hier hoffte er seine Bücher vollends in Druck zu bringen, Methurgeman, librum recordationum, (worauf er selbst in Masoreth Hammasoreth verweiset; es ist aber noch nicht in Druck gekommen) und Thisbi; denn sechs andere waren schon gedruckt, Erklärung über des **Kimchi Grammatik**, das **Buch Bachur**, liber compositionis, (welches **Paul Fagius**, der ihn eben zu sich nach Isna eingeladen, anfüret in seinen Anmerkungen über die von ihm herausgegebene lateinische Uebersetzung des Targum des Onkelos;) Elias lobt diesen Gelerten gar sehr; man könne mit Recht von ihm so sagen, a Paulo ad Paulum non surrexit talis Paulus; wie die Juden von dem **Moses Ben Maimon** sagten, a Mose ad Mosen non surrexit talis Moses. Nachdem er einige Jahre, von 1541 bis 1547 hier zugebracht, so wurde ihm Alters wegen das

Corrigiren beschwerlich, und er begab sich wieder nach Venedig, wo er 1549 gestorben, nachdem er 72 Jahr alt worden.

Von seinen Schriften und ihren Ausgaben muß man Wolfs bibliothecam hebraicam Volum. I. und III. nachsehen; unter diesen gesamleten Nachrichten findet man diese Anzeige nicht, daß namentlich Conrad Pellicanus eine lateinische Uebersetzung von dem Buch Masoreth Hammassoreth gemacht habe: zu seinem Gebrauche zunächst, wie er mehr dergleichen theils Untersuchungen gemacht, theils collectanea zusammengeschrieben, wovon man Vitam Conradi Pellicani nachsehen kan, so dem ersten Bande seiner commentariorum vorgesetzt ist. Hieher gehört diese Stelle: — adhaec tota biblia *transtuli* e chaldaico in latinum — — et vtrumque Targum libri Esther, de quo sibi Iudaei mire placent. Quin et Targum Hierosolymitanum in quinque libros Mosis. Praeter haec *transtuli* quaedam Talmudica opuscula; *librum Massoreth*, quem hebraicum edidit *Elias* grammaticus. Diese kleine Ergänzung der Historie dieses Buchs wird den Lesern nicht unangenehm seyn, wie auch die Anzeige, daß ehedem in Wittenberg über dieses Elid hebräische Grammatik öffentliche Vorlesungen

gen gehalten worden; worunter wol am wahrscheinlichsten das Buch Bachur zu verstehn, so Sebast. Münster unter der Aufschrift דקדוק zu Basel 1525 mit lateinischer Uebersetzung heraus gegeben. Ich will die ganze Nachricht hier mittheilen, weil sie ebenfals dazu beförderlich ist, daß man einsiehet, wie hoch ehedem Elias bey Protestanten gehalten worden, da ihn andere Juden, eben wegen des Buchs Bachur, und daß er einen jüngern Ursprung der Lesezeichen annam, fleißig widerlegt haben; deren Meinungen nachher auch unter uns die Oberhand behalten haben. Der jüngere Johann Bugenhagen schreibt in einem Anschlage d. 24 October 1563 zu Wittenberg, worin er zu seinen hebräischen Vorlesungen einladet: — decreui praelegere *grammaticam* Ebraeam *Eliae Leuitae*, quae elementa huius linguae discere volentibus propter perspicuitatem, plurimum prodesse potest. (S. Scriptorum publice propositorum a gubernatoribus studioruu, in Academia Wittenbergensi *tomus sextus.* 1568 in 8. unter dem Jahr 1563. bald nach dem Anfange.) Es hatte dieser Bugenhagen im Jahr 1557 auch schon über die hebräische Grammatik gelesen; er macht aber eine etwas andere

Be-

Vorrede.

Beschreibung: — decreui autem de confilio praeceptorum noſtrorum praelegere! grammaticam *Sebaſtiani Münſteri*, quae elementa huius linguae diſcere volentibus, propter ordinem et perſpicuitatem plurimum prodeſſe poteſt; und im Jahr 1558 im Januarius laſe er wieder über eine andere Grammatik: Scholaſticis ſignifico, me inchoaturum eſſe grammaticam ebraeae linguae a doctiſſimo viro, D. Iohanne *Iſaac*; ampliſſimi ſenatus colonienſis publico profeſſore conſcriptam; quae elementa huius linguae diſcere volentibus, propter perſpicuitatem, plurimum prodeſſe poteſt. (S. von eben dieſer Samlung tomum *ſecundum*.) Auch dieſe lezte Anzeige gibt einen Zuſaz zur Ergänzung von **Wolfs Bibliothek** vol. 4. p. 291. 292, wo unter dem **alphabetiſchen Verzeichnis** der chriſtlichen Urheber hebräiſcher Grammatiken, dieſer **Johann Iſaac, Profeſſor zu Cöln,** nicht angetroffen wird. Er iſt von den Juden zu der römiſchen Kirche getreten; ſeine Grammatik hat Plantinus gedruckt, in 4, wie Miräus meldet, unter den ſcriptoribus ſeculi XVI. Ich habe nicht Zeit, noch einige änliche Umſtände aus dem 16 Jahrhundert nachzuholen, die dieſen Elias angehen.

Sebast. Münster hat nur einige Stücke von diesen Vorreden des Elias, über das Buch Masoreth Hammassoreth, in einem hebräischen Auszuge, mitgetheilet; welchen Auszug der verdiente Herr Professor Nagel wieder drucken lassen, und mit seiner eigner ganzen Uebersetzung, auch dem Texte dieser praefationum des Elias, verbunden hat; wodurch den Liebhabern dieser Gelersamkeit ein sehr angenem Geschenk zu Theil worden ist. Weil aber auch diese Dissertationes sehr selten unter uns sind: so habe ich eine **teutsche Uebersetzung der Vorreden** hier mit abdrucken lassen. Die Gelegenheit zu dieser teutschen Uebersetzung ist diese. Ein artiger junger Mensch, **Christian Gottlob Meyer,** der in Berlin ehedem die gute Gelegenheit, in jüdischer Gelersamkeit unter Anfürung eines geschickten Lehrers weiter als andere Judenknaben zu kommen, sehr gut genuzt hatte, ist nach und nach, zumal durch den Gebrauch **teutscher moralischer Schriften,** in gebundener und ungebundener Rede, zu eignem Nachdenken gekommen, und hat über den Grund und die Art seiner bisherigen jüdischen Religion so lange ernstliche Betrachtungen fortgesetzt, daß er endlich sich entschlossen, von den Grundsätzen

Vorrede.

ßen der christlichen Religion eine nähere Erkentnis zu suchen. Er kam endlich nach Halle, wo er unter der Anleitung des Magister und Oberdiaconus an der Ulrichskirche, Hrn. Schulze, sehr bald in der Einsicht so weit gekommen, daß er sich von selbst entschlossen, öffentlich zu der christlichen Religion überzutreten. Ich gestehe, daß ich die aufrichtige Denkungsart des jungen Meyers, mit dem ich bald bekant worden, so lieb gewonnen: daß ich so wol selbst zuweilen mit ihm von dem wahren Unterschied der christlichen und jüdischen Religion geredet, als auch es an Hand gegeben habe, bey dem fernern Unterricht desselben, ihn mit weitläuftigen Erklärungen der **theologischen** Lehrsätze, die man Geheimnisse nent, zunächst zu verschonen; weil desto weniger Schwierigkeiten in Absicht heilsamer Erkentnisse statt finden würden, er aber, da er bey uns, durch Beistand mehrerer Gönner weiter studiren sol, von selbst diese gelerten Nachrichten zu seiner Zeit bekommen und mit mehr Nutzen brauchen könne. Da ich nun gerne auch dazu helfen wolte, daß er seinen guten Anfang **hebräischer** oder **rabbinischer Lectüre** nicht etwa wieder vernachläßigen solte; so habe ihm dieses Büchelgen

chelgen gegeben, nach und nach, ohne sei=
nen Schulstudien Eintrag zu thun, eine
Uebersetzung davon vorzunemen; doch mit
Auslassung der **poetischen** Vorreden, wel=
che etwas schwerer seien. Ich hatte aber
nur die **Baselsche** Ausgabe vom Jahr 1539.
in 8, doch ohne alle lateinische Uebersetzung,
welche in andern Exemplarien dabey seyn
mus, nach Wolfs Anzeige; der nemlich
von einem blossen Abdruck des Textes, wo=
bey auch der Auszug in einer lat. Ueberse=
tzung nicht befindlich ist, nichts meldet. In=
des ist eine neue Ausgabe zu **Sulzbach** mit
kleinem engen Druck, und ohne Puncte her=
ausgekommen; worin blos die angefürten
hebräischen Stellen **punctirt** sind, welches,
wie Wolf meldet, in der **Venediger** Aus=
gabe sol beobachtet worden seyn. Diese
Uebersetzung habe ich zuweilen mit dem Ueber=
setzer wieder durchgegangen, und habe die
teutsche Schreibart etwas verständlicher ein=
zurichten gesucht, obgleich der **Charakter** ei=
nes **jüdischen** Aufsatzes nicht ganz zu ver=
ändern war. Hie und da bemerke ich aber
doch einige Stellen, die noch deutlicher hät=
ten ausgedruckt werden können; so auch hie
und da von der Uebersetzung der **poetischen**
Vorreden gilt, welche Hr. **Aronssohn**, eine
geschick=

Vorrede.

geschickter Candidatus Medicinae auf hiesiger Universität, gemacht hat. Ich habe hie und da einige Anmerkungen dazu gesezt, welche theils das Nachdenken befördern, theils auf einige andere Bücher weisen; habe aber freilich nicht viel Zeit darauf wenden können. Indes wird doch der Gebrauch dieser nüzlichen Schrift viel mehr statt finden, als vorher, da die **hebräischen** Ausgaben sehr selten sind; wie ich denn selbst schon vor mehrern Jahren einem, wie es heißt, getauften Juden, der mir aus Fürth dieses Buch schaffen wolte, eine Anweisung auf 4 Thaler nach Coburg mitgegeben, welche er auch gezalt genommen, aber das Buch mir nicht geschaft hat. Daneben wäre diß wol eine Gelegenheit, wo mehrere gelerte Juden uns manchen nüzlichen Dienst leisten, und sich eine Beihülfe zur ehrlichen Unterhaltung schaffen könten, wenn sie aus so vielen **rabbinischen** Büchern nach und nach Uebersezungen oder Auszüge mittheileten, oder darin Gelerten die Hand bieten wolten, die dieser Sprache, für sich, so genau eben nicht kundig zu seyn pflegen. Zumal solche, die zur christlichen Religion treten, könten hiedurch manche sehr gute Beschäftigung bekommen. Ich wünsche, daß gefällige Leser diesen, meinen,

nen, gutgemeinten Versuch, wenn sich auch hie und da einige Mängel finden, gut aufnemen; ich habe wenigstens mit der Aufsuchung der biblischen Stellen ausnemende Mühe gehabt, welche in dieser Baselschen Ausgabe meist ganz und gar felen, oder doch unrichtig angezeigt sind. An Nuzbarkeit dieser Unternemung kan ich nicht zweifeln, wenn gleich fast alle christliche Gelerte nach dem 16 Jahrhundert ziemlich unzufrieden gewesen sind, mit der (wirklich noch sehr mäßigen) Freiheit, die sich Elias in diesem Aufsaze, wider die gemeinsten Gedanken der Rabbinen, genommen hat. Geschrieben Halle auf der königl. Friedrichsuniversität den 19. Septemb. 1771.

Joh. Sal. Semler.

Nachricht für den Leser!

Diß sol jeder Leser dieses meines Buchs wissen, da der vorneme Buchdrucker, der Herr Daniel Bomberg, ein Christ[1]), sich entschlossen hatte, zu drucken die 24 Bücher, in grossem und kleinen Format: so druckte er dieselben mit den Abtheilungen, welche in ihrer (der Christen) Sprache Kapitel heissen, nach Ordnung der Bücher bey den Christen. Und weil ein grosser Nutzen hiebey stat findet, wie ich schon weitläuftiger erkläret habe in der Vorrede des Buchs Báchur; und der Urheber der Kapitel das Buch Samuel, der Könige, und Chronike, jedes in 2 Theile theilet: so wurde ich genötiget eben den Weg zu gehen. Daher wisse, in jeder Stelle, wo du finden wirst auf dem Rande geschrieben, wo angefürt wird Samuel mit dem Buchstaben Beth, oben drüber [2]), (wie hier ב שמואל) das bedeutet, das zweite Buch Samuel; das fängt sich nemlich an mit den Worten ⎯⎯ So auch die Könige, mit dem Beth oben drü-

---

1) Felet in der neuen Sulzbachischen Ausgabe, des Jahres 1769.
2) Diß ist auch in der neuen Ausgabe weggelassen.

drüber, als — — das bedeutet, das 2te Buch der Könige; und fängt an mit den Worten — — Eben so die Chroniken, mit den Anfangsbuchstaben ד״ה, oben drüber Beth, als — — — und fängt an mit den Worten — —

Weiter wil ich dir melden; an jedem Orte, wo ich in diesem Buche etwas neues sage, oder eine wichtige Regel, welche vor mir noch niemand vorgebracht hat: so wirstu finden die Gestalt einer Hand, die da rühret an den Rand³), und zeiget mit dem Finger, als wolte sie dieses sagen: siehe, es wird dir was neues mitgetheilet; und das ist für dich das Zeichen ⁴).

<small>3) Dieses Zeichen ist in dieser Uebersetzung nicht mitgetheilt worden.
5) Diese kleine Nachricht ist ebenfals lesens werth; am Ende dieser meiner Baselschen Ausgabe stehet 298 (mit dem ה) also ist sie 1538, und wirklich noch eher es zu Venedig gedruckt worden, zu Basel herauskommen; daher eben das Carmen des R. Saadias hier nicht gefunden wird, welches ein Vorzug der Venetianischen Ausgabe ist.</small>

Erſte Vorrede des Elias.

Nun wil ich die Vorrede anfangen, im Namen des GOttes der Heerſchaaren! So ſagt Elias, der Sohn des R. Aſcher Levita, der Teutſche. Ehe ich den Anfang der Abhandlung mache, und die maſorethiſchen Wege erkläre: ſo wil ich dem Leſer melden, was ich in dieſem Buche mir vorgeſetzt habe. Ich wil alſo zuerſt den Hauptinhalt dieſes Buches in 2 Abſchnitte (חלקים) abtheilen, nach den zwo ſteinern Tafeln, und wil auf die erſtern Tafeln 10 Kapitel (דברים) ſchreiben, und in jedem Kapitel (דבור) die Regeln geben, welche nützlich ſind, in Anſehung der Worte, welche החסרים והמלאים, mangelhaft, und volſtändig (geſchriebene heiſſen). Die andern Tafeln aber werden 10 verſchiedene Abhandlungen (מאמרים) enthalten, worin ich erklären werde alle die Sachen, (דברים) worin die Männer, ſo dieſer Sachen vornemlich kundig waren, bisher überein geſtimmet; ich meine die Urheber der Maſſoreth; was die geleſenen und geſchriebenen Worte betrift; die geſchriebenen und die nicht geachtet werden (von den Buchſtaben Eheui), die ein Kamez, Patach.

tach, *Makkeph,* Sakeph, und Schua haben; oder anteriorata und posteriorata heissen, und noch viel andere dergleichen. Und darauf wil ich eine Lade (ארון) machen, und eine Thür dazu ofnen, und darein die zerbrochenen Tafeln legen; das sind die Worte, welche die Urheber der kleinen Massorah zu brauchen pflegen; wie in der Vorrede dazu wird erkläret werden. Ehe sie noch entstund, habe ich ihren Namen genant, die Thür der zerbrochenen Tafeln. Dis wird der lezte Theil des Buchs seyn, und das Zeichen davon ist: die zerbrochenen Tafeln sind gelegt worden in dem lezten Orte. Ich habe aber wohl eingesehen, es seie nicht gut, daß dis Buch alleine sey; ich wil ich daher einen Beistand machen, der um ihn sey; durch die Vorrede von solchen Sachen, die bis jezt nicht sind gesagt worden; in demselben wil ich Fragen untersuchen, und Schwierigkeiten auflösen, und Zweifel heben, welche bey dieser Untersuchung vorfallen; sie mögen nun betreffen Worte unserer Vorfaren, seligen Andenkens, oder Worte der Männer der grossen Versamlung, oder Worte der Urheber der Massoreth. Die Augen derer Sehenden, werden Richtigkeiten sehen: denn die Worte
der

Erſte Vorrede des Elias.

der Wahrheit ſind bekanter, als daß ſie vieler Reinigung bedürften. Es kommen überdem Sachen und Inhalte vor, in dieſem Buche, die ſchwer zu verſtehen ſind für alle diejenigen, welcher nicht vorher geleſen, den Inhalt der Vorreden, die ich vorgeſezt habe; es ſind drey Vorreden. Die erſte als ein Lied, (בשיר) die zweite in Reimen, (בחרוז) die dritte in gemeiner Sprache. Wenn ich vermöchte einem Iſraeliten einen Eid aufzulegen, ſo würde ich einen jeden, der aus dieſem Buche lernen wil, ſchwören laſſen, daß er daraus nicht lernen ſol, bis er geleſen habe dieſe Vorreden. Ich bitte und flehe und erſuche ſie, daß ſie ja dieſes thun; und die dieſes thun, über die wird Segen kommen. Ich bin aber der Zuverſicht, daß es niemand gereuen wird, und daß niemand klagen wird, über Zeitverderb, wenn er dieſes auch geleſen hat; vielmehr werden ſeine Leſer Vergnügen erfaren, wenn ſie darin gute und neue Sachen finden, welche ſie vorher nicht wuſten, und von je her nicht gehört hatten. Nicht allein aber von **maſorethiſchen** Sachen; ſondern auch von der **Grammatik**, von der **Punctation**, und mehrern Dingen, (werden

den sie lernen;) deren nicht gedacht worden ist in den Büchern der Aeltern und der Jüngern; auch vom gemeinen Leben und was sonst so vorkomt, und alles was mir begegnet ist (Erzälung seiner Lebensumstände) und was ich gesehen habe; ich wil auch erzälen, was zu meiner Entschuldigung dienet, wider viele Leute, die wider mich aufstehen, und mich darüber verunglimpfen, daß ich das Gesez gelehret hätte, solchen Schülern, nicht eben die würdigsten waren; (nemlich Christen.) Alles dieses sind Dinge, welche man gerne wird wissen wollen, und die gerne gehört werden. Denn was ich rede ist Wahrheit und nicht Lügen.

Wer GOtt angehört, wird sich
zu mir kehren.

Erste
poetische Vorrede.

Erste poetische Vorrede.

CARMEN
POLITISSIMVM SIMPLEX
ET QVADRATVM.

Dabo laudem et honorem,
   Deo, qui difpofuit caelum fpithama,
Nec fruftra creavit orbem.
Sed ut incoleretur ab ipfo factus eft,
Conftituit terram fuper aquis,
Eamque explicavit inftar voluminis
Profpexit et difperfit gentes.
Accepit fibi nationem electam,
Quam eduxit e terra Chufch,
E turba et copiis Noph excuffam.
Elevavit cum robore manum fuam fuper mare,
Et hoftes ut plumbum fubmerfi funt.
Dono ipfis dedit igneam legem,
Et iis praecepit, ut fervaretur.
Atque iis conceffit terram defiderabilem.
Et latam ufque ad mare Cinnereth
Vt primum vero pingues facti funt, recalcitrarunt,
Et facti funt vacca refractaria.
Iniqua defiderarunt, et fe adiunxerunt
Baali et Aftaroth;
Quod Deus audivit et exarfit,
Illisque immifit exilium.
Confumfit eos pefte et gladio,
Ac fame fterilitatis.
Deftruxit urbem et evertit ovile.
Ac factus eft grex, grex difperfus.

Difper-

Ein schöner Gesang,
der einfachen Art, von vier Füssen
(acht Silben.)

Ich gebe Lob und Ehre
  Dem HErrn, der die Höhe mit der Spanne
         verfertiget;
Nicht vergeblich schuf er die Welt.
Um bewohnt zu werden verfertigte er sie.
Die Erde hat er auf dem Wasser gedämmt,
Und sie als eine Rolle entwikelt.
Er sahe und entlies die Völker;
Für sich nahm er ein auserwähltes Volk.
Er führte sie aus der Egyptier Land,
Das von seinen Schäzen entleeret wurde.
Als er mit Stärcke seine Hand über des Meer hielt,
So versanken die Feinde wie Bley.
Zum Geschenck gab er ihnen feurige Gesetze,
Und befahl ihnen sie zu beobachten.
Ihr Erbtheil wurde ein Land, ein gewünschtes
Und weites (Land,) das sich bis zum Meere Cinnereth
         erstreckte.
Allein Israel wurde feist, und schlug aus
Gleich einer übermütigen Kuh.
Begierig nach Sünden, ergaben sie sich
Dem Baal und Astaroth.
Der HErr hörte es und ergrimmte,
Und schickte das Verderben unter sie.
Er verdarb sie durch Pest und Schwerd
Und Hunger der Belagerung.
Er verlies die Stadt und zerstörte den Stall,
Die Schaafe wurden eine zerstreuete Heerde.

Dispersit eos trans fluvium
Tunc in terram alienam.
Descendentes in Sinear fuerunt in angustia
Vt implerent tempus statutum
LXX annorum, sed ibi
Lex est intermissa,
Et nomina sua mutarunt et linguam suam.
Pallium gentilium induerunt.
Populus ducebat ethnicas,
Alienas, spurias;
Et liberi illorum dumtaxat intellexerunt
Linguam, qua matres eorum loquebantur.
In fine autem temporis statuti spiritus Cyri
Regis Persarum excitatus est,
Qui dixit vinctis: exite
Et aedificate urbem coronatam.
Adscendit tunc Esra, qui est Malachias
Similis angelo ministranti,
Sacerdos, magister, et scribarum pater,
Mater scripturae et masorae.
Fecit tunc Babyloniam ut profundum
In quo non est piscis relictus.
Ingenio adhibito perspicuum reddidit verbum divi-
   num
Per scripturam illam felicem,
Dum aculeos abstulit ab omni voce,
Et restituit in statum pristinum coronam.
Post ipsum autem chiliades et myriades
Fecerunt custodiam super custodiam.
Multi sectae huius operis
Fuerunt tum Tiberiade congregati,

Qui

Erste poetische Vorrede.

Ueber das Meer verjagt
Zerstreuet in fremden Landen.
Die nach Schinar giengen, waren in Noth,
Die bestimte Zeit zu erfüllen
Von 70 Jahren; aber daselbst
Wurden die Lehren vergessen,
Ihre Namen verändert, und ihre Sprache
Umhülte ein fremdes Gewand.
Der Jüngling nahm ein Heydin,
Eine Fremde, und ein Hurenkind.
Die Kinder lernten nur
Die Sprache ihrer Mutter.
Zur Zeit der Erlösung wurde das Gemüt
Des Cyrus Königs der Perser erweckt,
Er sprach zu denen Gefangenen: gehet
Und bauet die Crone der Städte.
Esra gieng, der mein Erlöser war
Und einem Engel glich,
Priester, Rabbiner, und Vater der Schriftgelehrten
Pflege-Mutter der Schriftkunde und Masorah.
Er machte Babylon einem Teiche gleich,
Der von Fischen leer ist.
Durch seinen angewendeten Verstand hat er die
      Schrift erklärt,
Durch diese richtige Schreibart
Hat er die schlechte Wörter ausgerottet,
Und sie zu ihrem alten Glanz gebracht.
Nach ihm zu Tausenden
Haben eben dieses Werck unternommen.
Die meisten dieser Gesellschaft
Waren zu Tiberia versamlet;

Qui primum operam dederunt
Huic arti egregiue,
Et invenerunt legem punctorum,
A quibus illa nobis est tradita.
Etiam accentus legi addiderunt,
Vt ea ita clara redderetur.
Nam sine accentibus versus,
Intellectus eius non inspicitur.
Illi enim sciuerunt expositionem cod. sacri,
Quae per totum exilium superstes fuit.
Vnde explicatio, quae accentibus aduersatur,

Scoria habetur aut stupa.
Docuerunt voces quomodo fuerint scriptae

Plene aut defective.
Et num vocis tonus sit in syllaba ante ultimam,

Aut in ultima ob copulam,

Regulas suas amplexi sunt signis,
Vt essent animo memoriale.
Ac reddiderunt signa sua, signa
Aenigmatica in lingua barbara,
Quam multi nesciunt.
Non erat, qui intelligeret, quid ea vellet,
Donec venerit tempus, quo dixit mihi
Turba familiarium meorum honorata:
Quid, quaeso, tibi hic Elia?
Surge, et fac tibi nomen celebre,
Ac Masorae lumen accende,

Et

Erste poetische Vorrede.

Sie legten zu erst Hand an
An dieser treflichen Wissenschaft:
Sie fanden auch des Gesetz der Punctation
Und von diesen haben wir sie empfangen.
Auch die Accente haben sie gesetzt.
Um durch deren Hülfe das Gesetz zu erklären.
Denn ohne Accente
Ist der Sinn des Textes nicht zu wissen.
Sie allein wusten nur den Sinn des Textes
Von denen die übrig geblieben sind.
Daher ist eine Erklärung, die den Accenten zuwi-
      der ist,
Als Schlacke und Spreu zu achten.
Sie lehrten wie die Wörter geschrieben werden müß-
      ten,
Ob sie voll oder mangelhaft seyn sollten;
Ob bey einem Wort der Ton auf der vorbersten
      Sylbe
Oder der letzten wegen der Verbindung kommen
      müßte.
Zu ihren Reglen haben sie Zeichen gemacht,
Damit sie dem Gedächtniß leichter würden.
Auch hatten sie als Zeichen
Räthsel und fremde Ausdrücke.
Viele wissen nicht
Und können es nicht einsehen, was es bedeutet.
Bis eines Tages zu mir sprach
Der Haufen meiner Bekannten, der zu mir kam:
Was machst du, o Elias, hier!
Stehe auf und erwerbe dir einen berühmten Namen,
Erkläre das Licht der Masorah

Und

Et aperi quaeso eius clausuram.
Novimus de te, quod hoc penes te,
Et quod hac arte intellectus tuus polleat.

Tunc dixi: audi anime mi,
Quare hoc tu dissimules?
Surge et fac, tempus est Deo;

Ne lex fiat irrita.
Locum reliquerunt tibi maiores

In quo commoreris.
Tunc respondit mihi animus meus:
Hoc ego, euge, eligo.
Et iam surrexi, et non silui,

Atque anteverterunt oculi mei vigiliae,
Donec educerem in lucem absconditum
Quod adhuc latuit.
Omni homini gratum faciam arcanum eorum.
Et aperiam oculos caecos.
Brevitatem verborum utilium.
Duabus tabulis insculpam.
Proponam has tabulas publice
Vt non sint ceu res abscondita.
Monimenti caussa typis excudentur
Stilo ferreo et plumbeo.
Et qui eas accipit non reputabitur
Fur deprehensus cum ligone.
Vnde ad cunctos, tamquam tuba vocem

Tol-

Erste poetische Vorrede.

Und öfne das in ihr zugeschlossene.
Wir wissen von dir, daß du es vermögend bist,
Und daß die Stärcke deines Verstandes in ihr mächtig sey.
Ich sprach: höre meine Seele!
Warum verkennest du dich?
Ermuntre dich und arbeite; es ist Zeit dem HErrn zu dienen.
Damit das Gesetz nicht verdorben werde.
Deine Vorfahren haben noch eine Gelegenheit gelassen,
In welcher du dich verweilen kanst.
Darauf sagte meine Seele:
Gerne, gerne will ich dieses erwählen,
Ich habe mich daher aufgemacht und nicht geschwiegen,
Und meine Augen sind dem Morgen zuvorgekommen,
Bis ich den Schatz an des Tages Licht brachte,
Der bis ietzo verborgen lag;
Einem ieden will ich das Geheimniß entdecken,
Und iedes blinde Auge eröfnen.
Einen Auszug nützlicher Wörter
Will ich auf zwo Seiten ausdrucken,
Und diese will ich bekant machen
Und sie nicht als ein Geheimniß bewahren,
Zur Dauer sollen sie auf das Pappier gedruckt seyn,
Mit einem eisernen und bleyernen Griffel.
Der Käufer soll nicht beschuldigt werden.
Eines Diebstahls.
Daher will ich meine Stimme zu allen als eine Posaune

Erheben,

Tollam in altis urbis pinnis,
Vt expeditissimus quisque cito adsit ad praeceptum.
Nam praeceptum unum trahit alterum,
Merci enim huic festinatio congruit,
Omnis enim brevi divendita fuerit,
Nam praestat merx eius omni mercatura.
Quid iam negotii tibi est apud lapidem
Parium aut hyacinthum!
En tibi hic lumen ad masoram,
Quae est legi fundamentum.
Quocirca vocavi librum
Hunc traditionem masorae.
Carmen iam est finitum. Deo aeterno itaque
Tribuo laudem et honorem.

Erste poetische Vorrede.

Erheben, auf denen Zinnen der erhabensten Gewölben,
Der Wissensbegierige komme zu erst zu meiner Lehre.
Denn eine Lehre zeigt der andern die Bahn,
Und bey solcher Waare, ist die Eilfertigkeit nützlich;
Sie möchte sonst alle werden.
Denn sie hat den Vorzug vor allen andern Waaren,
Und was sind gegen ihr
Alle Edelgesteine!
Hier ist eine Unterweisung zur Masorah,
Die der Grund zu den Gesetzen ist,
Darum nenne ich mein Buch,
Masoreth, Hamasoreth.
Ende des Gesangs! Dem ewigen GOtt
Will ich Lob und Danck geben.

PRAEFATIO SECVNDA
EX TRANSLATIONE DOCTISS NAGELII.

Hoc autem prooemium est rhythmicum
More rhythmorum Germanicorum.
Ita dicit Elias Leuita,
Qui promisit et protulit
Consilia a longinquo,
Vt poneret grammaticae regulam,
Et viam fulgori vocum
Paruarum et magnarum
Paucis verbis, in
Libris, quos scripsit.
Eruperunt de his eruptione
Quatuor parui terrae,
Omnes de cognitione linguae.
Libellus primus
Ex his quos composui,
Est ille, quo illustraui
Iter semitarum scientiae;
Cuius vsus est omnibus notus.
Alter est liber selectus,
Qui confutat Grammaticos.
Et post hunc (prodiit) liber compositionis,
In quo omnis vox anomala est recensita.
Et tandem caput cantici
Cum reliquis canticis omnibus.
Quatuor autem isti nati
Ob sapientiam suam et eruditionem
Saepe sunt excusi,
Et in linguam gentium translati.
Iisque operam dant   Circum-

Circumcifi et praeputiati.
Ac procul audita eft vox eorum,
Et gloria eorum eft repletus orbis,
Atque inftar boni olei dant odorem.
Vnde me ipfe praedico,
Et veritatem dico,
Quod non fuit ante me fcriptor,
Quem dignum habuerit Deus,
Vt ante mortem fuam videret
Libros fuos citatos et tractatos
Ac tam faepe editos,
Vti me dignatus eft,
Dum adhuc viuo.
Quid? quod adhuc manus mea eft extenfa
Ad praeftanda egregia,
Et ad bene merendum de inultis.
Iam vero me cinxerunt
Difcipuli mei apti,
Et omnes qui me nouerunt antehac,
Ac a me petierunt,
Dicentes: Dei cauffa,
Et ob gloriam fanctae legis,
Exponito nobis maforam.
Nam nouimus, quod hoc praeftare poffis.
Audiuimus enim de te,
Quod manus tua fit potens
In omnibus rebus maforeticis,
Prae cunctis hominibus noftrae aetatis,
Et magis quam vmquam auditu percepimus.
Auditis autem verbis eorum, quod amoena erant,
Inclinaui aurem meam ad eos,

Et dixi: vocem veſtram audiui.
Et reuera conſilium ipſorum, erat mens mea.
Nam ecce iuro per Deum,
Hoc propoſitum mihi fuiſſe ante,
Quum adhuc eſſem Romae;
Vbi fuerat ſedes mea,
Et compoſueram libros
Supra memoratos,
Nec vero fuerat mihi tempus.
Nam venere tempora mala,
Et capta eſt vrbs.
Vnde ego exiguus
Coactus fui, volente numine,
Intermittere hoc opus.
Et iam, poſtquam conſenui,
Dum Deus me dignatus eſt,
Vt venerim in ſedem optimam,
In hoc loco eximio,
In vrbe celebri Venetiis,
Quae eſt vrbs magna:
Petitioni veſtrae obſequar,
Facturus rem in Iſraele, cuius,
Omnes, qui eam vident,
Enarrabunt mirabilia.
Componam nimirum librum
De vniuerſa maſora,
Magna et parua.
Nam hos viginti annos
Ego ſum in via
Vt inueniam ei ordinem,
Ad explicandam rationem
Et breuem ſtilum eius;
                                                        Qui

Qui est obscurus,
Vti verba libri obsignati.
Et quantopere huic rei studui!
Qui non quieui,
Nec cessaui euoluere libros
Correctos probosque,
In quos attente inquisiui.
En, ego iuro
Per viuentem verum et iustum,
Et ita det mihi numen diuitias!
Quod non semel aut bis
Confeci viam diei aut bidui,
In locum, si noueram,
Aut fama audiueram,
Inueniri ibi
Masoram aliquam probam,
Cui quis posset inniti.
Et quando ad illam accessi,
Neque inueni in ea vitia,
Selegi ex ea voces
Bonas et rectas,
Quasi rosas inter spinas.
Reuera autem pleraque exemplaria,
Quae correcta deprehenduntur,
Sunt libri nonnulli
Ex libris Hispanorum;
Quibus innisus,
Eorum semitam secutus sum.
Nihilominus tamen
Sitim meam restinguere
Haud potui,

Nifi ex libro *Ochla Veochla*;
Ex quo multa collegi,
Et regulas eius excerpfi.
Est quidem hic libellus mole exiguus,
Sed parem in rebus maforeticis non habet.
Quidquid egregium est de hac re, in eo profertur,
Nec reperitur scriptum,
Quod agat de mafora et eius ratione,
Nifi hic vnicus in mundo;
Praeter id quod exaratum est
Parum hic, parum ibi,
Circa libros in marginibus,
Vbi tamen menda numerari nequeunt.
Scribae enim mala fide egerunt,
Et maforae non habuerunt rationem,
Siquidem primaria cura eorum fuit
In pulchre pingenda scriptura sua,
Et in aequali constitutione versuum,
Ne mutarent figuras;
Sed vt essent aequales in omnibus foliis,
Porro illa exornare studuerunt
Imaginibus et figuris,
Plexibus et nexibus,
Floribus et frondibus,
Vnde coacti sunt
Interdum decurtare,
Et interdum munire
Parietes figurarum
Verbis, dictis
In locis aliis;
Quae hic superflua sunt,

Neque

Neque est hic locus eorum,
Interdum quoque notae eorum
In loco conueniente non leguntur:
Et plane non attulerunt eas;
Quia locus non suffecit.
Vnde coacti sunt finem facere,
In medio argumento,
Atque adeo opus non est perfectum,
Sed plenum est defectuum;
At masorae codicis biblici
Hic excusi
Non vidi parem
In omnibus libris antiquorum.
Omnia in ea sunt ordinata et correcta
Pulchre et decenter,
Ac bono ordine,
Quem ordinem his rebus dedit quidam sapiens
Qui dudum vocatus est
In Israele Iacobus.
Sit anima eius addita fasciculo celebri.
Licet vero opus eius sit valde eximium,
Saepe tamen ex oscitatione lapsus est,
Et in locis infinitis
Falsum testimonium adduxit.
Quod tamen non est mirum,
Quia in studio hoc,
Tanquam re recenti, versatus est;
Et omne initium difficile est.
Ego vero multo meo studio,
Et parua mea desidia,
Ac labore quem adhibui,

Lumen

Lumen a caligine distinxi,
Et constitui explicationi harum rerum ordinem.
Ac spatium posui inter singulos greges,
Et inter omnes species,
Sic laboraui, et inueni, (credas mihi)
Quod nemo inuenit praeter me,
Ac officio meo satisfeci
In rebus, in quibus non anteuenit
Mihi quisquam.
Quum scirem, res masoreticas
Homines huius temporis
Latuisse et fugisse.
Pauci enim ita sapiunt,
Vt intelligant verba masoretarum.
Sunt enim in oculis eorum
Vt somnium sine interpretatione.
Nulla enim in his praestantia,
Nihil intelligunt, nihilque sciunt,
Sed in caligine pernoctant.
Nonne autem masora
Est sepes legis,
Ex qua proficiscuntur
Multae regulae primariae,
Sensus et explicationes
Et literales et allegoricae?
Nam ex vocibus defectiue aut plene scriptis
Multa statuta eliciunt.
Verbi gr. ex illo: *et non respondebis de lite*,
Quod est defectiue scriptum.
Sic quoque, vbi de *postibus*
Domus tuae sermo est, in priori voce argumenti

Deest

Praefatio secunda.

Deest fulcrum alterum.
Et sic multa sunt eiusmodi,
Vnde deducunt regulas.
Et ob hanc caussam
Exponam rationem eius
Cum suis regulis et institutis,
In hoc libro paruo,
Breuiter sine amplitudine,
Verbis praestantibus qualitate,
Et nouis, quae nunc veniunt,
Non autem olim sunt edita.
Et erunt lumina
In caelo masoretico,
Vnde prudentes intelligent,
Et animum aduertent,
Vt intelligant scripturam sacram.
Nomen vero meum versabitur
In ore omnium discentium
Et Christianorum et Iudaeorum;
Qui lege nostra
Delectantur, et a me didicerunt.
Et ecce iuro per conditorem meum,
Ab aliquo Christiano,
Me ad hoc esse excitatum;
Qui me eo perduxit.
Fuit is discipulus meus
Decem annos continuos,
Et domi eius commoratus sum,
Et cum eo studui.
Sed ideo de me magnus exstitit clamor,
Nec res mihi vertebatur bono.

Quid?

Quid? quod nonnulli Rabbini
Non admiferunt me in confpectum,
Et me exfecrati funt,
Quod docui legem Chriftianos:
Ob applicationem, quae fit
In loco: *Et iura non fciunt; halleluia.*
Sed non decipiet me pigritia aliqua,
Quo minus fufcipiam defenfionem meam,
Et enarrabo totum euentum.
Res vero quae accidit, ita contigit.
Anno 269 (a Chrifti 1509.)
Vis furrexit virgae improbitatis,
Et mortifera facta eft fagitta mea fine culpa.
Factum enim eft vt ego effem
Patauii in vrbe illa magna,
Quum caperetur,
Spoliaretur, et vaftaretur.
Tunc hoftes aedes meas perdiderunt
Cum omni coetu Iudaeorum, qui confumti funt,
Omnia autem mea ita fuerunt fpolium,
Vti fimus exterminatur.
Tum cecidit mihi fors
Ad exfilium inter primos exfules.
Sic reliqui locum meum (prifcum),
Et perueni Romam,
Vbi erat princeps valde excellens,
Cardinalis dignitate eminens,
Sapiens inftar Salomonis;
Nomine fuo Cardinalis Aegidius.
Quum autem accepiffem gloriam eius,
Adii eum in Palatio eius.

Qui quum me videret,
De rebus meis me interrogauit,
Cui respondi, scias, Domine mi,
Me esse illum
Grammaticum e Germania,
Qui valde tritus sum
In Grammatica et studio biblico.
Omnes enim dies meos versatus sum
Ego in hoc studio.
Quam ob caussam
Nemo homo existit,
Qui superet me peritia,
Secundum dictum illius viri diserti.
Qui numquam sensit se
Victum,
Nisi a scriptore vnius operis.
Etiam discipuli mei peritum me reddidere,
Et me ad cognitionem meam perduxerunt.
Ita secundum dictum alicuius Iudaei,
Consortis doctrinae meae,
Multa didici a magistris meis,
Sed plura a sociis meis;
Et a discipulis meis ex disputationibus eorum,
Plurimum.
Quum autem princeps audiuisset verba mea,
Surrexit, et mihi obuiam est effusus,
Et me iterum iterumque osculatus est,
Dixitque: tune es Dominus meus ELIAS,
Cuius fama peragrauit omnes regiones,
Et cuius libri diffunduntur per omnes angulos?
Laudatus sit Deus aeternus,
Qui te huc perduxit,

Et

Et te mihi tradidit.
Iam itaque mane apud me,
Et esto meus magister;
Ego autem ero tibi pater,
Atque alam te, et familiam tuam.
Dabo tibi frumentum, mustum, et oleum,
Ac deriuabo opes meas in crumenam tuam,
Et omne, quod tibi deest, mihi curae erit.
Sic arcana dulciter communicauimus inuicem,
Ferrum enim ferro acuitur
De spiritu itaque meo in ipsum seposui,
Et ego quoque ab eo didici
Res bonas gratasque,
Quae cum veritate conueniunt.
Sic sequutus sum mandatum sapientis illius, et
dictum eius:
Accipe veritatem a quolibet, qui eam dicit.
Vnde summa prodit,
Quod libere profiteor,
Tanquam qui confitetur coram iudicio venerando
Rem, quae non reuocatur,
Quod docui Christianos,
Atque sic omnino feci.
At scitote quod nihilominus,
(Gratia sit Deo) Hebraeus sum,
Et Deum veneror,
Caeli et terrae fabricatorem.
Abest vero a me improbitas,
Et purus sum sceleris.
Sapientes enim nihil prohibent,
Nisi ne rationes cabbalisticas legis Christianis pro-
damus; Non

Praefatio secunda.

Non autem dicunt, eos docere illicitum esse,
Siquidem caput interdicti pertinet
Ad res, cum quibus coniuncta est traditio,
V. g. ad argumentum de creatione, de sublimiori
        prophetia, et ad librum Iezira,
Quae non explicant, nisi hominibus modestis,
Viris sapientibus et probatis,
Iisque Israelitis.
Sic verba illa: *quasi lapidem illigat fundae*,
De discipulo non modesto interpretati sunt,
Et hoc cum eo contenderunt qui adiicit lapidem
        Mercurio,
Ac dixerunt: qui docet discipulum impudentem,
        descendit in orcum cum moerore.
Et spiritus animaque eius disrumpetur,
Quia dictum est: comedet eum ignis haud sufflatus.
Sed haec spectant dumtaxat ad Israelitas;
Non autem ad Christianos aut Muhammedanos.
Porro quod in Gemara dicunt,
Nemini tradi cabbalisticas rationes arcanorum legis,
Nisi cui sint quinque illa bona;
Vt sit senex, spectatus,
Et reliqua, quae exstant in IESAIA:
Argumentum nobis fuerit sufficiens,
Quod sapientes non decreuerint,
Illum peccare, qui Christianum doceat.
Nam etiam secundum ipsorum dicta
Licet cum gentibus tractare
Septem praecepta Noachica.
Id quod factum meum valde excusat.
Quomodo enim iis haec indicare possimus,
Et rationem septem illorum praeceptorum tradere

Nisi primum norint
Intelligere linguam (Hebraeam?)
Porro possum in hac re niti
Multis roboribus magnis,
Quorum digitus minimus crassior est lumbis meis,
Et quorum nominibus memorandis indignus sum;
Qui plures Christianos docuerunt, quam ego;
Quorum quidam adhuc viuunt,
Quorundam autem spiritus sunt in paradiso.
Inter eos sunt docti et Rabbini,
Senes et viri conspicui,
Sapientes et Medici,
Et diuites, qui super fecibus suis congelarunt.
Ecquid ego facerem,
Qui constrictus fui laqueis paupertatis,
Vir humilis et depressus,
Filiis et filiabus oneratus,
Cuique nihil erat in manu?
Nam perditus erat ager meus,
In quo neque triticum fuit neque hordeum,
Sed clades et turbo.
Mixta sata fuere in eo,
Et prostrauit me tempestas bis.
Patauii iam opes mihi abstulerat;
Modo autem coniecit oculos suos
In omnia, quae mihi cara erant et bona,
Et tradidit ea victoribus.
Quod euenit anno 287 (Christi 1527)
Quum de vrbe Roma decretum esset
Excidium et exitium instar torrentis effusi.
Vnde non superfuit mihi obolus,
Et fuit mihi tempus durum,

Quia

Praefatio secunda.

Quia deerat vestis contra frigus,
Et domi meae nec panis erat nec lignum,
Mater autem aut pullis incubabat aut ouis,
Et filiae nubiles fieri incipiebant,
Ac more suo nuptui collocandae erant.
Qui vero talia fata habet,
Quid agat, ne peccet,
Quum ipsi facillima sit labendi occasio?
Hoc itaque vobis notate:
Ius naturae me docet,
Vitae conseruationi omnia cedere debere.
Porro etiam vobis indicabo
Magnum commodum, quod inde ortum est.
Nam ecce ego iuro,
Omnes christianos, quos noui,
Quos ego aut alii docuimus,
Omnes fuisse viros bonos probosque,
Et quidquid per Deum potuerunt,
Boni praestiterunt Israeli.
Sic lingua nostra dum Christianis facta est nota,
Etiam nobis fuit bono.
Quod mihi defensionis loco est
Ad sedandas murmurationes contra me.
Praeterea institutum primarium institutionis meae,
Et apud Christianos et apud Iudaeos,
Spectauit tantummodo ad grammaticam linguae
                          sanctae,
Et regulas, quas ipsis nouas proposui.
Dum autem in hoc studio legebatur coram me
Versus aliquis ex sacro codice,
Quare eum non explicassem?
Quod quum feci, paucis verbis feci, / Porro

Porro si non exposuissem ego eum,
Nonne tamen intellexissent eum,
Ex libris, quos habent,
Quosue intelligunt omnes,
In quibus inueniunt requiem et satisfactionem?
Immo adhuc continuo singulis diebus
Me Christiani requirunt,
Et ita aditum ad linguam (Hebr.) quaerunt.
Vnde exoror ab iis qui me rogant;
Et quare me ideo condemnetis,
Ac me habeatis contemtum?
Quodue ego pro me dixi hoc,
Itemque, si et ego quaedam accepi,
Et aperui os meum et edi, quod
Bonum est cognitioni et gustui,
Fauum mellis, verba grata,
Quae stillarunt ex ore eorum guttatim,
Ac edi nucleum et cortices reieci,
Nec comedi insipidum, aut albumen õui,
Sed gustaui paullulum huius mellis, moriar?
Quocirca audiatis verba mea sapientes,
Et cesset indignatio vestra a me.
Nam oculi vestri vident,
Quod mente simplici hoc egi.
Absit enim a me vt licitum declarem quod prohi-
                        bitum est,
Qui hanc rem alte in mente reposui.
Ceterum Deus cor respicit,
Quod est, vti est.

Vorrede des Verfassers.

§. 1.

Zu aller erst will ich die Deutung von Massora, und wo der Name מָסֹרֶת herkömt, erklären. Es ist wahr, daß es nur zweymal [1]) in der ganzen heiligen Schrift gefunden wird וַיִּמָּסְרוּ und לִמְסֹר. Rabbi David Kimchi erklärt es also: es zeigt an ein Geschenk von ganzem Herzen, und was dem andern übergeben wird u. s. w. bis dahin: von dem Satz וַיִּזְבְּחוּ יְיָ אֱלֹהֵינוּ ist der Targum וּמָסְרֵיהּ u. s. w. siehe den Radix, מָסַר. Ich sage, daß das Wort בְּתִיבָה durch das Wort מְסִירָה nicht anders kan übersetzt werden,

A   als

[1]) Diese 2 Stellen sind 4 Mos. 31, 5. 6.

als wenn das erste mit בְּיַד gefunden wird; אֶתֵן בְּיָדְךָ, oder וַיִּתְּנֵהוּ יְיָ אֱלֹהֵינוּ בְּיָדֵינוּ, u. d. gl. Ueberhaupt ¹) kan das Wort מְסִירָה nur gesagt werden von einer Sache, die man einem andern schenkt oder übergiebt, daß er damit machen kan, was er will. Eben so ists beym Lehren oder Erzählen; wenn jemand einen andern etwas lehret, oder ein Geheimnis vertrauet, das jener noch nicht gewust hat, so schickt sich dabey das Wort מסירה; wie in der Mischna ³) gesagt wird מֹשֶׁה קִבֵּל תּוֹרָה מִסִּינַי וּמְסָרָהּ לִיהוֹשֻׁעַ וְכוּ' (Moses empfing das Gesetz auf dem Berg Sinai,

2) Deutlicher; das Wort wird theils proprie gebraucht, von Uebergabe einer Sache oder Person in eines andern Gewalt, tradere in manum, potestatem alicuius; theils improprie, wie es die Rabbinen zu brauchen pflegen, exponere alicui, doctrinam impertire. Man kan es mit des Josephi ἀκρίβεια vergleichen, die er den Pharisäern beilegt. Buxtorf hat in commentario Massorae historico c. I. de nomine Massorae weitläuftiger aus des Kimchi libro radicum hiervon gehandelt; und Morinus lib. II. exercitat. XII. c. I. §. 4.

3) In Pirke Aboth, bald Anfangs. Der Satz, accepit *legem*, ist von *lege orali* zu verstehen; es ist aber sehr streitig, wie viel zu dieser gelerten Ueberlieferung, welche von Mose an statt finden soll, gerechnet werden möge. Manche Rabbinen begreifen sogar die Anzeigen von kri und ktib, und was man

nai, und übergab es dem Josua u. s. w.) So
ists auch bey dieser Massora, weil sie mündlich
von einem Gelehrten zum andern ist übergeben
worden, bis auf den Esra und seine Gehülfen;
und von diesen an die Gelehrten zu Tiberias, welche sie aufgeschrieben und ihr den Namen Massora
beygelegt haben. 4) In diesem Buche will ich Re-
geln

man ietzt masorethische Anmerkungen nennt, vom
Moses an, über seine eigene Bücher, darunter;
welche Meinung unser Verfasser nachher selbst ganz
recht widerlegt. Alle Nachrichten und Bestimmungen, deren Grund und Quelle die Juden weiter nicht angeben können, rechnen sie zu solchen
Ueberlieferungen, die von Zeit zu Zeit zugenommen haben. Diese engere Bedeutung aber, wonach Massora die Samlung von Anmerkungen begreift, so sich auf die Rechtschreibung des hebräischen Textes beziehen: ist ganz gewis viel spätern
Ursprungs; obgleich Buxtorf und andere diese Arbeit und schriftlichen Anzeigen solcher Beobachtungen, wie manche Rabbinen auch thaten, vom Esra
herleiten.

4) Dieses sagt Elias in der ersten Vorrede, die in
Rhythmis geschrieben ist, noch ausbrücklicher: major
pars virorum operis huius tunc commorabantur
in Tiberiade. Manus illorum fuit omnium prius
ad colligendam hanc artem laudatissimam. Etiam invenerunt scientiam punctationis, ab illis ea nobis
fuit tradita, (nimsareth). Man hat den Elias
für den ersten unter den Juden gehalten, der dieses
zu erzälen angefangen hätte, und Buxtorf, der
Sohn, dem es die meisten blos nachgesagt, hat es
gar

Vorrede des Verfassers.

geln mittheilen oder überliefern, daß man die dunkeln Worte in der grossen und kleinen Massora ⁵) verstehen könne; daher nenne ichs auch מְסוֹרֶת הַמְסוֹרֶת, welcher Name sich sehr gut dazu schickt.

Nun gar sehr und gar oft dem Elias aufgemutzt, in dem tractatu de punctorum vocalium etc. origine, capite 2. allein ich habe es schon anderswo historisch gezeiget, daß schon vor diesem Elias der gelerte spanische Bischof, Iacobus Perez de Valentia, in der Einleitung zu seinem commentario über die Psalmen, von der spätern Erfindung der Lese- und Tonzeichen, eben dieses behauptet habe. Hier ist das Wort Massora in der genauern Bedeutung, daß es blos diese Anmerkungen begreift, so die Rechtschreibung der hebräischen Bibel betreffen. Man kan sagen, daß es über diese geschriebene Massora nachher bey den Rabbinen abermalen eine mündliche Ueberlieferung gegeben habe, welche die besondere Erklärung dieser massoretischen ältern Anmerkungen anging, und viel rabbinische unnütze Einfälle in sich begreift.

5) Er hat also theils die Bombergischen gedruckten Bibeln vor sich gehabt, die er auch nachher anfürt; theils geschriebene Samlungen gebraucht, worin dergleichen Unterschied grosse und kleine Massora, schon beobachtet worden. Dergleichen Masoram manuscriptam hat Buxtorf zuweilen citirt, in dem tractatu de Punctorum vocalium et accentuum in libris V. T. hebraicis origine, antiquitate et authoritate, Seite 189 und sonst, auch in der Anticritica, S. 815 ꝛc. Es hat Elias selbst weiter unten von dergleichen besondern grossen Samlungen der Massora,

Vorrede des Verfassers.

Nun will ich ihre Beschaffenheit und Nutzen erklären, und ob sie von einem, oder von vielen Verfassern ist zusammen gesetzt worden; wer die Punkte und Accente erfunden und wenn sie zu den Buchstaben hinzugefügt worden. Ich werde die Meinungen der Alten und Jüngern 6), und auch meine

ra, so ausser und ohne den biblischen Text in einzeln Büchern enthalten gewesen, Meldung gethan; hat auch die ältesten masorethischen Anmerkungen unterschieden, von andern, die erst aus späterer Zeit herrüren, und nun freilich wol zusammen angetroffen werden; wie in Bombergs Bibel Rabbi Ben Chaim selbst nicht wenige solche kritische Anmerkungen, zu der alten Masora hinzugethan, und sie mit der ältern Masora zusammen gehalten hat. Diese Samlungen der Masora, wie sie in den Händen teutscher Juden, nach ihren teutschen Copeien angetroffen wird, ist gar oft auch unterschieden von den Anmerkungen, die in libris hispanis, Hierosolymitanis, oder auch Hilleliano gefunden werden; siehe z. E. Buxtorf de Masora p. 161; von Masora *separatim scripta* aber pag. 182.

6) Der Unterschied der alten und jüngern Grammaticorum unter den Juden, ist sehr gegründet; es hat auch Abraham de Balmis in seiner Grammatik, so hebräisch und lateinisch in Venedig gedruckt worden 1523 in 4. mehrmalen die viel schlechtere Gelersamkeit und Einsicht der jüngern Rabbinen ganz deutlich gestanden, und sichs zur Ehre gerechnet, nicht ihrer Meinung zu seyn; als Seite 234 (wenn man selbst die Seiten zält,) *cor posteriorum* (Rabbinorum) *est vt acus relarcientium* (diese Vergleich

meine eigene anzeigen; nachher will ich auch (so viel mir möglich ist) den Weg zeigen, welchen die Massorethen gegangen sind; das, was sie ausgerichtet, den Grund ihrer Meynungen, und worauf sie in ihrer Belehrung zu sehen oder nicht zu sehen für gut befunden haben.

Die mehresten glauben, daß Esra und seine Gehülfen, nemlich die Männer der grossen Versamlung, die Massore, Punkte und die Accente durch die ganze Schrift gemacht haben; und bringen einen Beweis dazu, von dem was die Talmudisten in Nedarim sagen. 7)

וַיִּקְרְאוּ

gleichung ist aus dem Talmud; die Stelle hat Buxtorf de Masora pag. 111, aus Erubhin;) in comparatione illorum (antiquorum); et ideo non curo verba horum grammaticorum, qui de prope venerunt; S. 235, vtinam posuissent manum supra os *postremi*, et non respondissent praesumtuosas temeritates contra expositiones nostrorum doctorum — illi autem sunt balbutientes labio; qui heri fuerunt, et non sciuerunt quicquam etc. S. 262, secta tertia, quae est opinio *plebis grammaticorum nostri temporis*, qui regnare fecerunt super se R. *Dauid* et R. *Moscheh Kimchi*, cogitantes, quod ex illis prodiret lex etc.

7) Diese Stelle, welche meist gleichlautend im babylonischen und hierosolymitanischen Talmud angetroffen wird, hat so wol der ältere Buxtorf de Masora pag 33 seq. als auch sein Sohn umständlicher, aus rabbinischen andern Schriften zu erläutern gesucht

(י) וַיִּקְרְאוּ בַסֵּפֶר תּוֹרַת אֱלֹהִים (זֶה מִקְרָא)
מְפוֹרָשׁ (זֶה תַרְגּוּם) וְשֹוֹם שֶׂכֶל (אֵלּוּ פְּסָקִים)
וַיָּבִינוּ בַּמִּקְרָא (זֶה פִּיסוּק טְעָמִים וְאָמְרֵי לֵיהּ
אֵלּוּ מַסוֹרֶת) (einige sagen dis ist die Massora)
עכ״ל.

Nach

sucht, in tractatu de punctorum vocalium et accentuum origine etc. pag 80 folg. wider die Auslegung des Elias und Cappellus. Morinus hat noch mehr Erläuterungen aus rabbinischen Schriften beigebracht lib. 2. exercit. XIV, c. 3. §. 2 seqq. schließt auch ganz recht: wenn, wie viele Juden und Christen glauben, diese Bücher schon zur Zeit des Esdra punctirt und accentuirt worden, so ist dis eben kein gros Lob für diese Synagogisten. Buxtorf hat mehrere Stellen gesamlet, wo unter dem Namen Masoreth dergleichen Beobachtungen angetroffen werden, von plenis, defectiuis, welches der mittelste Buchstabe im Gesetz sey, u. d. gl. und daß eine solche *traditio* vom Moses an manche Rabbinen geglaubt haben, wie dieses Elias hier voraussetzt, und ganz vernünftig untersucht; überall mit mehr anständiger Freiheit, als beide Buxtorfe gebraucht haben. Ich will die lat. Uebersetzung dieser Stelle, (die in Kleinigkeiten beym Buxtorf zuweilen abweicht) herschreiben. Et legerunt in libro legis domini; i. e. *textum* scripturae; *Explanate*, i. e. per Targum, expositione chaldaica; et posuerunt intellectum; i. e. versus (andere in Talmud jeruschalmi erklären es, accentus,) et intellexerunt lectionem; i. distinctiones accentuum, alii vero intelligunt insoras, traditiones.

(a) Nehem. 8, 8.

Nach dem natürlichen Verstande redet zwar dieser Vers nicht vom Esra, sondern er beziehet sich auf das vorhergehende וַיֵשׁוּעַ וּבָנִי וְשֵׁרֵבְיָה וְגו׳ bis auf die Worte: וְהַלְוִיִם מְבִינִים אֶת הָעָם. Von diesen §) sagt er weiter: וַיִקְרְאוּ בַסֵפֶר לַתּוֹרָה תּוֹרַת אֱלֹהִים u. s. w. aber nicht redet er vom Esra. Man kan aber diesen מדרש so verantworten; ויקרא בספר תורה אלהם זה מקרא, das ist, diese Männer haben zu erst die Schrift im Hebräischen gelesen, hernach (מפורש (זה תרגום d. i. sie erklärten dieselbe in Aramischer (*) Sprache, weil alle diese Sprache verstunden; ferner ושום שכל אלו הפסוקים, d. i. sie haben zwischen einem jeden Vers abge-

§). Diese Sache ist richtig, daß dieser Vers mit jenen Personen allen, die v. 7 genennt werden, zusammenhängt; aber diese Rabbinen reden auch nicht vom Esra allein, (obgleich einige die schriftliche Beisetzung der Accente dem Esra beilegen) sondern lassen alle viros synogogae magnae Theil haben an der traditione orali, die vom Moses an sich soll fortgepflanzet haben, bis auf diese Zeit. Elias wird das Ungeschickte dieser *tradition* gleich entdecken.

*) Die Rabbinen brauchen das Wort Arami, den Dialekt auszudrucken, der chaldäisch genennt wird, und in den Targumim gewönlich ist; er könte in manchen Büchern geradehin syrisch heißen. R. Asarias in Meor Enajim erzälet: daß die Juden unter der Zeit des andern Tempels bilschon *arami* geredet hätten.

Vorrede des Verfassers.

abgetheilet, wie sie es vom Moses her empfangen haben, wie die Talmudisten in Megillah so sagen: כָּל פְּסוּקָא שֶׁלֹּא פָּסְקֵיהּ לֵיהּ מֹשֶׁה לֹא פָּסְקִינָן לֵיהּ (wir dürfen keinen Vers endigen, wo es Moses nicht gethan hatte 9). Die den Vers auf Esra zogen, dachten, weil וַיָּשִׂימוּ der Singularis wäre; sie wusten aber nicht, daß es der Infinitivus sey, und es ist so viel als וַיָּשִׂימוּ, wegen des vorhergehenden Wortes, וַיִּקְרְאוּ und wegen des nachfolgenden וַיָּבִינוּ. Denn so werden alle Infinitivi in allen Stellen, im Singularis und im Pluralis, (*) in

9) Dieser Ausspruch komt öfter vor, und soll freilich eine mündliche *tradition* voraussetzen; wenn deren Richtigkeit und völlige unveränderte Erhaltung soll eingestanden werden, so ist gewis, daß eine jüdische Leichtgläubigkeit und unächte Andacht alles Prüfen und Nachdenken zugleich aufheben mus. Weder Sadducäer noch Karäer haben sich solche Ueberlieferung aufbinden lassen. Man ersiehet aber daraus, daß dieses voraussetzet, daß gemeine Juden zur Noth die zehen Gebote und kleinere eingefürte Stellen, nicht aber die ganzen fünf geschriebenen Chummaschim, oder auch einzelne Chummaschim, geschweige alle 24 Bücher, stets in den Händen gehabt haben; indem es nur den Gelerten hier beigelegt wird, daß sie verstanden hätten, wie man Theile und Abschnitte der geschriebenen Rede im Lesen unterscheiden solle.

(*) Das heißt, man kan es geben: er ponendo *posuit*, oder *posuerunt*, nachdem es der Zusammenhang mit

der zwoten und dritten Person, im männlichen und weiblichen, nach den vorhergehenden oder nachfolgenden verbis erklärt; es ist nicht hier der Ort, davon weitläuftig zu seyn. Anlangend, daß sie hier sagen: פיסוק טעמים ויבינו במקרא, ist so viel, soll heissen: sie machten, wenn sie lasen, in den Versen selbst Abschnitte, nach dem Verstande, wie es Moses den Aeltesten vorgelesen. Z. E. wenn er ihnen vorlas: (a) הֲלֹא הֵמָּה בְּעֵבֶר הַיַּרְדֵּן אַחֲרֵי, so hielt er ein wenig bey dem Worte אחרי stille, und hernach lase er weiter, דֶּרֶךְ מְבוֹא הַשֶּׁמֶשׁ, wie Raschi es hier erklärt. Dieses nennen die Talmudisten 10) פסוק טעמים, weil das Stillhalten dem Verse einen guten Verstand giebt; nicht aber, daß sie die Accente, die wir jetzt haben, schon hatten; denn sie waren noch nicht erfunden, wie ich nachher

mit sich bringt. *Ephodaeus* beim Buxtorf pag. 82 sagt gerade hin: ex sententia Rabbinorum nostrorum *Esra est auctor* accentuum etc.

(a) 5 Mos. 11, 30.
10) In der Stelle talmud. babyl. Megillah. steht im plurali, *Pissuke* teamim; in dem Tractat Nedarim, wo die Frage ist, ob man sich bezahlen lassen darf, wenn man Gesetz lehret: stehet der Singularis. Buxtorf sucht weitläuftig zu erweisen wider den Cappellus, Pesukim und Pissuke taamim sey nicht einerley.

Vorrede des Verfassers.

her erweisen werde ¹¹). Was jener sagte, es wäre die Massora, d. i. sie lasen alle Wörter, wie sie dieselben vom Moses her empfangen hatten, als die Karian und Katban, wie ich nachher erklären werde: das ist nicht so zu verstehen, daß sie die Massora mündlich herlasen, oder dieselbe bey den fünf Büchern Mosis, noch viel weniger bey der ganzen Schrift, geschrieben vor sich gehabt hätten, wie wir sie jetzt haben. Denn es ist kein Zweifel, daß Esra nur in den fünf Büchern Mosis allein geschrieben habe, weil so geschrieben stehet:

(ᵃ) הוּא עֶזְרָא סוֹפֵר מָהִיר בְּתוֹרַת מֹשֶׁה אֲשֶׁר נָתַן יְיָ יִשְׂרָאֵל und in einem andern Vers stehet (ᵇ)

עֶזְרָא הַכֹּהֵן הַסּוֹפֵר דִּבְרֵי מִצְוֹת יְיָ וְחֻקָּיו

und so wird auch im Syrischen gelesen:

סָפַר דָּתָא דְּאֱלָהּ שְׁמַיָּא

Nach

---

11) Elias verstehet es eben so von den Punctis vocalibus, als er hier von accentibus redet, für die Augen waren keine Zeichen oder Figuren in jenen ältern Zeiten da; aber in Absicht der Aussprache gab es freilich die Töne, welche man durch a, e, i, o, u, spricht; so gab es auch den Accent in der Aussprache, er machte vorne oder hinten das ausgesprochene Wort stimmen. Figuram oder signum, und rem oder potestatem hat also Cappellus ganz recht unterschieden.

(a) Esra 7, 6.   (b) v. 11.

Nach diesem aber kan ich nicht begreifen, was Esra in der Thorah sollte geschrieben ¹²) haben? denn

12) Es ist sehr wahrscheinlich, daß die nicht seltene Erzählung unter den Kirchenvätern, wie sie auch im 4 B. Esorä angetroffen wird, sich auf eine besondere Erklärung dieser Worte beziehe: daß vorher die Bücher Mosis und alle übrige Schriften verloren gegangen, und Esra alle diese Bücher jetzt aufs neue geschrieben habe. Buxtorf de Masora hat c. XI. die Stellen solcher Väter, Jrenäi, Clementis, Alex. Chrysostomi, Theodoreti, Tertulliani, Augustini, angefürt: daß Esoras die verlornen Bücher wiederhergestellet hat. Er hätte aber auch es ernstlich beurtheilen sollen, daß es eine schlechte Fabel aus dem 4 B. Esbrä seie; und dis hieße fast so viel, als alle diese Bücher hätten ihr Daseyn erst durch den Esbras bekommen. Selbst einige Rabbinen kommen dieser Vorstellung nahe; R. Asarias, in Meor Enajim (Buxtorf de punctorum antiquit. p. 121.) schreibt, daß Esra das Gesetz in der bisher verloren gegangenen hebräischen Sprache abermalen geschrieben habe בהשיבו אליהם את חתורת cum *reduceret* ad eos legem (i. Scripturam), lingua hebraica scriptam, quae (lingua) in captiuitate Babel non minus quam lex *obliuioni* data erat. Er braucht nachher eben das *verbum* שבכ p. 127 von der chaldäischen Uebersetzung, die schon vor der Zeit des Onkelos da gewesen, aber vergessen, das ist, wie er sagt, zerrüttet, oder verdorben worden war, daher sie Onkelos ausbessern müssen, gar nicht aber zu allererst eine solche chaldäische Uebersetzung gemacht habe. Das würde also heißen: Esra hat Abschriften vom Gesetze, oder von der ganzen Schrift,

denn es würde streitig bleiben, ob er nach einer Thorah, die er schon in Händen hatte, noch eine andere geschrieben, in welcher Abschrift er also nichts vermehrt noch ausgelassen: und so wäre er nur als ein anderer Schreiber anzusehen, der eine Thorah von der andern abschreibt. Was wäre nun dis für ein Ruhm für ihn, da es ein jeder gemeiner Schreiber thun konte? man kan nicht glauben, daß in ganz Israel kein anderer Schreiber als nur er gewesen wäre. Wenn man sagen wollte, daß diese Thorah, die er vor sich gehabt hatte, nicht recht wäre geschrieben gewesen, in den Meleim und Chaserim, und in den Abschnitten (Haphtharoth,) den Ptuchot und Setumot, und in den grossen und kleinen Buchstaben u. d. gl. [13]) er aber sie richtiger geschrieben hätte: so ist

auch

Schrift, die lex oft heißet, besorget; er schrieb an dem Gesetz, an der Schrift, daß es nun mehrere Abschriften geben konte.

13) Alle diese Dinge, oder Bemerkungen, ob ein Wort an einer Stelle müsse vollständig geschrieben werden, oder mangelhaft ꝛc. rechnen einige ernsthafte Rabbinen schon zu der Masora, die vom Moses herkam, und ihrer Wichtigkeit wegen so treulich fortgepflanzet oder alles im Abschreiben darnach eingerichtet wurde; bis es endlich schriftlich aufgesetzt worden, und Masora magna, parva, mehr als eine

auch dieses schwer zu begreifen, daß keine richtig geschriebene Thorah in ganz Israel sollte gefunden worden seyn ¹⁴). Dieses ist mir in Wahrheit viele

ne, daraus entstanden. Dis ist unter andern die Meinung des R. Gedalia; siehe Buxtorf de Masora pag. 113.

14) Es ist ganz richtig; man mag die Zerstörung des Landes, die Wegführung in die Gefangenschaft ꝛc. rechnen oder beschreiben, so gros, als man will: so ist doch kaum zu begreifen, daß gar keine alte ehmalige Abschrift sich solte gefunden haben, die man für richtig hätte halten, und neue Abschriften darnach nun besorgen können. Ausser, wenn vorausgesetzt wird, daß es nur etliche wenige Abschriften im Tempel, zum Gebrauch der Priester, oder mancher Könige, (denn die Einrichtung, die Maimonides cap. 3 halech. *Melech* mitgetheilet hat, ist eine artige Erfindung; wornach es im königl. Archiv so viel Abschriften, als Könige, gegeben hätte;) gegeben habe; so wenige Exemplare konten gar verloren gehen; und ich gestehe, daß ich noch nicht glauben kan, daß es wirklich Abschriften von diesen Büchern in den Händen des gemeinen Volks, im Unterschied der zum wirklichen öffentlichen Gottes- und Tempeldienst gehörigen Personen, gegeben habe. Viele Juden behaupten zwar das Gegentheil, daß jeder Israelite und Hausvater auch eine Abschrift vom Gesetz machen müssen, Morinus lib. 2 Exercit. XVI. c. 5. §. 6; aber wer es glauben kan, mag es glauben. Ich halte mich überzeugt, aus historischen Gründen, daß ein gleiches statt gefunden in Ansehung der Bücher des N. Testaments, welche wirklich auch in ältern Zeiten nicht in den Händen des gemeinen Mannes gewesen sind; ob man

le Jahre unbegreiflich gewesen; ich fragte viele Gelehrte darüber, bekam aber keine Antwort. Eben so ists mir auch mit der Beschaffenheit des Kri und Ktib gegangen, und zwar nach der grammatischen Meinung der Jüngern (Grammatiker), daß das Kri und Ktib daher entstanden sey, weil in der ersten Entführung die mehresten Bücher verlohren gegangen, und herumgeschleppt worden wären; die wenigen aber, die man gefunden, seien durch das Herumschleppen verdorben worden; die Schriftgelehrten wären gestorben gewesen; aber Esra und seine Gehülfen [15]) hätten es wieder

man gleich das Gegentheil gemeiniglich, als ganz ausgemacht, vorauszusetzen pflegt.

15) Man mus hier beim Buxtorf de Masora cap. 10 nachsehen, de viris synagogae magnae, Esra praeside; die Juden zälen zusammen 120 Glieder, davon Simeon, der Gerechte, der letzte gewesen seyn soll. So wenig diese jüdische Nachricht historischen Grund hat: so ist sie doch weit erträglicher, als die abergläubische Behauptung des sonst berümten Hillers, der in dem Arcano keri und ktib gar behauptete: alle diese Verschiedenheiten in den Buchstaben der hebräischen Bücher, rürten aus Eingebung des H. Geistes her. Im Grunde glauben dieses auch manche Juden, und leiten deswegen viele Geheimnisse aus solchen Verschiedenheiten her; aber daß ein christlicher Professor in neuern Zeiten dergleichen selbst im Ernst geglaubt, und andere bereden wollen,

wieder zur alten Zierde gebracht, hätten also diese
Bücher verbessert, und wo sie Stellen gefunden,
die

len, ist ein Beweis seines schlechten Geschmacks.
Nach solchen Grundsätzen wird das Judentum noch
lange stehen bleiben; die Apostel waren weit davon
entfernet. Man kan in *Cappelli critica sacra* den
Auszug aus der Vorrede des R. Ben Chaim über
die grosse Bombergische Bibel, mit des Cappelli
Erläuterungen über die verschiedenen Meinungen,
von dem Ursprunge solcher verschiedenen Schreibarten nachsehen, und was Burtorf dem Cappellus
geantwortet hat, in *Anticritica* Parte 2. capite 4.
Es ist hier nicht nötig, dieses weitläuftig zu entscheiden; so viel ist unleugbar, daß nach und nach
zufälliger Weise Verschiedenheiten im Abschreiben
entstanden sind; gemeiniglich aber, weil die Abschreiber die Sprache verstunden, in der Art, daß
beide Lesearten einen guten Verstand geben. Die
abergläubische Hochachtung aber, die gelerte List
und Absicht hat dazu geholfen, daß alles beides behalten worden, ohnerachtet ganz notwendig der erste Verfasser einer Schrift nur Eine Art zu schreiben ausgedruckt hatte. Einige andere Veränderungen sind bedächtig und weißlich gemacht worden,
und beziehen sich auf das moralische in der Sprache. Es ist also nicht unwahrscheinlich, daß wirklich, nach einer geraumen Zeit, Kenner und Liebhaber verschiedene codices aus verschiedenen Provinzen verglichen, und ihren Unterschied angemerkt
haben. Diese Art von Beobachtungen ist fortgesetzt
und erweitert worden, bis zur Bestimmung der
Zahl der Worte ꝛc. die so und so vorkommen, welches zählen sich auf die Absicht beziehet, daß nichts
weiter in den einheimischen codicibus geändert
werden solte. Solcher Beobachtungen wurden immer

Vorrede des Verfassers.

die in den Büchern verschieden waren, hätten sie den mehresten (Abschriften) geglaubt [16]), und sich nach ihrer Meynung gerichtet. Wo sie es aber nicht gewiß so ausmachen können: hätten sie eins inwendig und eins auswendig geschrieben, und nicht punktirt u. s. w. siehe die Vorrede des Rabbi

mer mehr gemacht; tausende und hunderte, sagt Elias, haben von Zeit zu Zeit dergleichen Anmerkungen gesammlet; aber sie sind in keinem Buche, noch weniger in der grossen rabbinischen Bibel, alle beisammen.

16) Dis ist eine alte Regel bey den Juden, *plures codices* bestimmten die wahre Leseart wider die wenigern; so kömt schon im talmudischen Tractat Soapherim vor c. 6, v. 4: *in vno libro inuenerunt* (nemlich Esdra und seine Gehülfen,) *scriptum* מעון, *deuteron.* 33, 37. *in duobus scriptum erat,* מעונה אלהי קדם, *duorum librorum lectionem confirmarunt, et vnius reiecerunt,* so auch in 2 andern angefürten Stellen, Exod. 24, 5. Morinus, der diese Stelle schon angeführt hat, lib. 2. Exercit. XII, c. 7. 2. setzt hinzu, daß auch Kimchi über 2 Samuel. 15, 21. eben dieses behaupte, (dergleichen auch in der Vorrede, wie gleich folgt, über nebiim rischonim,) daß diese *viri Synagogae magnae* sich blos nach der Mehrheit der *codicum* gerichtet. Im Buch Cosri c. 25 und sonst kommen mehr Stellen vor, welche auch sich blos auf Vielheit der *codicum* beziehen, wonach die wahre Leseart soll angenommen werden. Man kan auch die hiesige Ausgabe der *libellorum Weitenii, qui ad crisin et interpretationem N. T. pertinent,* vergleichen, pag.

B

bi David Kimchi, über das Buch Josua, und den Ephodi im siebenten Abschnitt. Abarbenel recensirt sie in seiner Vorrede zum Jeremia, und sucht weitläuftig ihre Fehler zu verbessern. Allein er verderbt vielmehr; denn seine vielen Worte sind nicht angenehm und dazu unnütze. Daher will ich auch nicht weitläufig seyn, sondern meine Meinung mittheilen, und auf die Worte der oben angeführten Männer antworten. Nemlich, wenn es so wäre, daß das Kri und Ktib wegen der oben angeführten Zweifel entstanden (und geschrieben worden) seye; was werden sie denn sagen von dem Kri und Ktib, das man in den Büchern findet, die schon von den Vertriebenen selbst sind geschrieben worden 17)? z. E. Haggai, Sacharia, Maleachi, Daniel;

---

17) Der Einwurf ist sehr wichtig für vernünftige Leser; gesetzt, daß auch in den ältern Büchern nach und nach Lesearten entstanden, welche nun zu entscheiden, und eine Schreibart wegzuwerfen, man sich nicht getrauete: warum haben denn diese Männer der grossen Synagoge, (die jene zweifelhafte Stellen älterer Bücher nicht entscheiden wollten,) in ihren eigenen Schriften jetzt zweierlei Schreibart zugleich angewendet? Elias disputirt nemlich wider die Meinung, daß diese schriftlichen Beobachtungen von Kri und Ktib von Esra herkommen. Aber sehr wenig Rabbinen beobachteten so viel Wohlanständigkeit

Vorrede des Verfassers.

Daniel; und Esra schrieb sein Buch und die Chronik, und Mardochai schrieb [18]) Esther, welche doch selbst Glieder von der grossen Versamlung gewesen sind. Z. E. In Esra stehet inwendig geschrieben (a) וְלֹא אֲנַחְנוּ זוֹבְחִים und auswendig haben sie geschrieben; es wird וְלוֹ mit vau gelesen. Wie ist es nun möglich, daß sie es aus Zweifel gethan hätten, daß sie nicht gewußt hätten, ob es לֹא oder לוֹ seyn soll? Da Esra bey ihnen war, so wird er doch gewußt haben, ob er mit einem aleph oder vau geschrieben habe? Eben so verhält es sich bey den andern Kri und Ktib in ihren Büchern.

digkeit und Freiheit in ihren Beobachtungen oder Belehrungen, als Elias; behaupteten sie doch so gar, auch die Talmudisten, daß die Masora über lecta et non scripta, und scripta et non lecta, vom Moses selbst herkomme: da doch dergleichen Verschiedenheiten nur in den historischen Büchern angetroffen werden, die lange nach Mosis Zeiten gehören.

18) Mardochai ist nach der Meinung vieler Juden Urheber von dem jüdischen Roman, so das Buch Esther heißt; und weil er ein Mitglied von der grossen Synagoge war, so hatte er freilich ruach hakkodaesch, und daher muste dis Buch öffentlich vorgelesen werden. Elias behauptet deswegen noch nicht selbst, daß Mardochai Verfasser sei, wenn er sehr vieles nur ex hypothesi redet in dieser gelerten Abhandlung.

(a) Esra 2, 4.

Man kan auch nicht sagen, daß die letztern von der grossen Versamlung, das Ari, nach dem Tode der Verfasser, aus Zweifel geschrieben hätten; weil sie Ruhe hatten, so sind keine Bücher in den wenigen Jahren verlohren gegangen, da die Zeit der grossen Versamlung nur gegen 40 Jahre gedauret hat, wie es aus dem Seder Olam und Kiblad Harabad [19] bewiesen ist. Und noch eins; wenn Ari und Krib wegen der oben angeführten Zweifel entstanden wären: so müßten sie von ohngefähr vorkommen, nach der Verschiedenheit der Bücher, daß eines (kri, da, und das andere dort, sehr wenig, vorgekommen wäre; aber nicht auf Einem Worte viel mal [20]); als 22 mal ist שרה in der

---

[19] Der Sepher *Kabalah*, dessen Verfasser R. Abraham Bardior ist, davon, nach gewönlicher Abbreviatur, die Anfangsbuchstaben in dis Wort HaRaBad zusammen gezogen worden.

[20] Auch diese Anmerkung ist sehr gegründet; eben dasselbe Wort wird z. E. wie hier am Ende ohne ה gefunden, und in den Abschriften so fortgepflanzet, ob man gleich im Lesen es so ausspricht, daß ein ה dazu komt. Buxtorf gibt die Zahl von der Schreibart ohne ה, nur ein und zwanzig, nicht 22 an; de Massora pag. 124. Vollständig mit dem ה komt es ein einzig mal vor, 5 Mos. 22, 19. er fürt auch einige elende Ursachen an, aus *Meor Enaim* parte

der Thorah, wo es נַעֲרָ geschrieben ist und נַעֲרָה gelesen wird; auch 7 mal stehet עֲפוֹלִים geschrieben, und es wird טְחוֹרִים gelesen; so auch 5 mal stehet עֲיָרִים geschrieben ²¹), und es wird עֲנָיִים gelesen und zweymal umgekehrt, u. d. gl. viele. Wie kan der Zweifel auf alle נערה und עפולים ²²),

und

parte 3, c. 28. Es gibt aber keine Gründe, als die nachherige Veränderungen der Sprache, worauf sich Keri beziehet, wie in vielen Stellen; der Name Naar war ehedem generis communis; wie schon Sixtinus Amama, Hottinger und andere es eingesehen haben. Hiezu komt noch die Ungewißheit und Verschiedenheit der Sache selbsten; in manchen codicibus ist dasjenige Ktib, was in andern Kri ist. Hiezu kan man den Grund nicht in jenen Zweifeln suchen, worin sich die ersten Urheber der Vergleichung, oder Recension solten befunden haben.

21) Es ist sichtbar, daß die Figur ו und י ist verwechselt, und daher ein Buchstabe für den andern geschrieben worden; beiderley Schreibart hat man nun angemerkt, wovon die eine aus einem Feler der Schreiber entstanden. Daß man es durchaus nicht hat entscheiden, und von nun an nur das Eine, als das richtigere behalten wollen, daran ist theils die politische Absicht der Rabbinen, theils das Ansehen, worin manche Handschriften oder Recensionen einer andern Provinz gestanden, Schuld.

22) Gehört unter die Redensarten, welche nachher eine Gestalt von Unanständigkeit bekommen haben; man vergleiche Morini lib. 2. exercit. 22, c. 6. Petrus Galatinus nennt es curialitatem, lib. I. de arcanis cathol. verit. c. 8. Es ist kein Zweifel, daß diese Ver-

und עביים gefallen seyn? Und noch viel weniger
kan ich das begreiffen, was sie in diesem oben gemeldeten Abschnitte sagen:

אָמַר רַבִּי יִצְחָק קָרְיָין וְלֹא כַּתְבָן וְכַתְבָן וְלֹא
קָרְיָין הָלָכָה לְמֹשֶׁה מִסִּינַי

(Rabbi Isaac sagt, daß die gelesen und nicht geschrieben werden, oder umgekehrt: eine Belehrung
ist, die Moses auf dem Berg Sinai empfangen hat)
Die gelesen aber nicht geschrieben werden, sind,
z. E. פָּרָת דְּכָלְכָתוּ, und איש דכאשר ישׂראל u d gl.
die geschrieben aber nicht gelesen werden, z. E. (bey
jslach) אַל יִדְרוֹךְ ידרוך הַדּוֹרֵךְ und בָּא דְיִכְלָה
Da wird das zweyte ידרוך nicht gelesen u. s. w.

Nun wünschte ich, daß man aufmerksam seyn
möchte, wie schickt sich bey diesen Fällen הלכה
למשה מסיני zu sagen [23]), da kein einziges von allen

Vertauschung wohlanständigerer Wörte nicht aus
dem Grunde entstanden seyn kan, daß man nicht gewust und also gezweifelt hätte: ob dieses oder jenes
ehedem geschrieben worden wäre.

23) Es ist schon in dem talmudischen tractat Nedarim,
c. 3 von beiden Arten der Beobachtungen das da-
malige Verzeichnis gegeben worden, 1) *lecta* et non
scripta; 2) *scripta* et non *lecta*; s. Morini lib. 2.
exercitatio 17. c. 8 Jerem. 51, 3. steht dieses, *ten-
der*, qui tendit, offenbar durch einen ehemaligen Fehler, doppelt; (Buxtorf de punctorum antiquitate
p. 180.

ten Beyspielen, die sie angeführt haben, in der Thorah befindlich ist 24)? auch keins von denen, die

p. 180 sagt, quid *absurdi*, si dicamus Esdram in majore parte exemplarium *reperisse bis* scriptum etc. und wir fragen, quid absurdi, si id non dicamus?) so auch diese Zahl quinque, Ezech. 48, 16. die übrigen 3 Worte, אם, ואת, נא, verändern gar nichts, sie mögen im Texte stehen, oder nicht. Da die Talmudisten nur fünf solche Worte zälen, so hat die Massora achte gezält, und darunter doch eins weggelassen, von denen, welche die Talmudisten benenneten; die Massora zeigt diese Worte an Ruth 3, 12. (Siehe Buxtorfs Tiberias, p. 398. der Ausgabe in 4.) Im tractat Sopherim werden 6 Worte gezälet, scripta et non lecta, und sind nur die 2 von jenen talmudischen dabey, Jerem. 51. und Ezech. 48. In den 3 ersten aber stimt diese Anzeige zwar mit den Stellen überein, 2 Sam. 13, 33. 15, 21. Jerem. 39, 13. aber nicht in den angegebenen Worten. Lud. v. Cappellus hat in critica sacra lib. 3. mehr von dieser Verschiedenheit, und Buxtorf hat in der Anticritica p. 478 seq. geantwortet, nach seiner Art. Es ist also freilich an dem, daß man nach und nach, in manchen Provinzien solche Beobachtungen zu machen angefangen hat, mit Vergleichung einiger codicum; es ist aber albern gnug, daß die meisten Juden gar wichtige Sachen hieben vermuten; sie dachten wol, ihre Abschreiber hätten niemalen im Gebrauche ihrer Augen sich geirret; oder es wären niemalen einige bedächtige Aenderungen vorgenommen worden.

24) Omnia lecta et non scripta, scripta et non lecta, sunt in prophetis; Ieremia, Ezechiele, Regibus; vnicum in deuteronomio habetur, VI, 1; quod tamen *bi-*
blia

die die Massoreten noch oben darauf vermehrt haben; denn Rabbi Isaak bringt nur 5. und sie bringen 8; so auch von denen, die gelesen aber nicht geschrieben werden, bringt der erstere 5. und die andern 10 Exempel, und von allen ist kein einziges in der Thorah. Wie kan er also sagen 'הלמ von Sachen, die damals noch nicht da waren? Es ist aber noch nicht genug, indem so gar einige Neuere gesagt haben, daß alle Kri und Ktib in der ganzen heiligen Schrift, הלמ sind; wo haben sie es aber so gelernt? da Rabbi Isaak es nur auf die קריין ולא כתבן und ולא כריין sagte, welches die kleinste Art ist unter allen sieben Arten, wie ich in der andern Tafel §. 1. erklären werde. Wenn es aber mündlich so empfangen und überliefert ist, daß alle diese (Veränderungen) 'הלמ sind: so will ichs auch annehmen, denn אמת

blia Veneta (Bombergs, wonach Elias sich hier richtet;) non exhibent, nec exhibendum monent. Nec nunc ibi legitur את, sed ואת, (mit ו voran) vt etiam legerunt paraphrastae Onkelos et Ionathan. Coniicit R. Iarchi, haberi apud Ieremiam; sed ibi non reperitur. Fatetur auctor *additamentorum* talmudicorum, dictionem istam non amplius reperiri in eorum codicibus. Morinus am angefürten Orte num 8.

הם אמת ודבריהם אמת, (ſie und ihre Worte ſind wahr) ²⁵). Sonſt hätte ich geſagt, daß nur das Kri und Ktib in der Thorah הלכ׳ם ſeie; und die Männer von der groſſen Verſamlung, als Haggai, Sacharia, Malachi, Daniel, Hanania, Miſchael, Aſaria, Eſra, Nehemia, Mardochai, Serubabel, und noch andere, die bis 120 zu dieſen ſich gethan haben, daß, ſage ich, dieſe aufgeſchrieben haben, was ſie mündlich empfangen hatten: daß Moſes das Wort nicht geleſen hätte, wie es geſchrieben iſt, wegen eines

25) Dieſe Erklärung des Elias iſt wol eben ſo zu verſtehen, als wenn Gelerte im Anfange des 16 Jahrhunderts ſo oft ſagten: ſalvo tamen in omnibus S. *eccleſiae* iudicio; oder ſubiicio iſta ſ. eccleſiae iudicio. Denn unter den Rabbinen hat eben dergleichen Orthodoxer Zorn und Eifer für die reine Lehre, das iſt, für ſtete Beibehaltung aller alten Meinungen und folglich groſſer Ehre aller Lehrer, als unter den Chriſten, und ſelbſt unter den Proteſtanten, Platz gehabt. Wie übrigens traditio Moſis *e monte Sinai* von den Juden verſtanden werde, hat Buxtorf, nach ſeiner Art erleutert, in dem Buch de punctorum antiquitate p. 366. ſeq. und der Vater. de Maſſora pag. 42. der Ausgabe 1665. Die Juden haben hiedurch, und durch die Erfindung von ſynagoga magna ihre Glaubensgenoſſen im Gehorſam und Unterwürfigkeit erhalten, daß niemand ſelbſt Unterſuchungen angeſtellet hat.

Geheimnisses [26]); das er dem Josua hinterließ, und dieser den Aeltesten, diese aber den Propheten u. s. w. und auswendig haben sie geschrieben, wie es gelesen wird; und Esra war der Schreiber davon. Das wäre also dasjenige, was er in der

[26] Von den Männern der grossen Synagoge s. Buxtorf de Masora pag. 90. 91. Ich habe schon sonst angemerket, daß die gelertern und aufrichtigern Rabbinen es selbst wohl eingesehen haben, daß in den Büchern Mosis so wol als sehr vielen andern unter denen, so sie die Schrift nennen, meistentheils ganz gemeine und unfruchtbare Erzälungen enthalten sind, welche sich auf die ehemalige geringe Fähigkeit der nächsten Leser und Zuhörer beziehen, und an sich auf keine Weise für andre Menschen, die nicht eben so unfähig sind und bleiben, zur Erweiterung und Besserung der moralischen Erkentniße gebraucht werden können. Daher haben sie eine solche Auslegung und Anwendungsart eingeführet, die stets algemeine Wahrheiten enthält, also von iedermann auf seinen moralischen Zustand angewendet werden kan. Sie haben daher auch die geringsten Dinge, Veränderungen der Schreibart in eben demselben Worte ꝛc. dazu gebraucht, Geheimnisse vorzugeben, um den Inhalt und das Ansehen dieser Bücher zu erheben; es würde sonst die Lehre Christi, die viel leichter und fruchtbarer ist, notwendig den Juden viel würdiger und grösser vorkommen müssen, als ihre einheimischen gewönlichen Vorstellungen und Belehrungen. Was manche Geheimnisse oder geheime Gründe und Absichten nennen, haben andere ganz klärlich Kindereien, und solche Gründe genent, welche für Kinder gut genug wären.

der Thorah ²⁷) geschrieben hätte. Eben so haben sie es in den Propheten und Hagiographis gemacht; daß sie es mündlich von den Propheten und Gelehrten der Zeiten empfangen hatten, daß solche Worte nicht sollen gelesen werden, wie sie geschrieben sind. Aber von den Büchern, die nach der Entführung sind geschrieben worden, haben sie keine Kabbala nötig gehabt; weil die Verfasser selbst noch da waren. Wenn sie also ein Wort gefunden haben, daß ihnen nach dem Verstande des Inhaltes fremde schien, so sagte ihnen der Verfasser, warum er es mit Fleiß so geschrieben habe; alsdenn schrieben sie es auswendig, wie es gelesen werden soll ²⁸). Mit diesem wird meine Frage,

die

---

27) Er konte ja auch die Thorah selbst geschrieben haben; woran wol ohnehin kein Zweifel ist.

28) Diese Erklärung ist ganz ungegründet; die Urheber jener Schriften, oder so genante Propheten hatten ja die Absicht, verstanden zu werden; darum schrieben sie einen Aufsatz, daß sie aber daneben etwas anders im Sinn behalten, und dieses den Gelerten oder ihren Schreibern gleichsam ins geheim vertrauet hätten, ist mit nichts historisch zu erweisen. Es ist petitio principii; oder es setzt voraus, daß ein Schriftsteller einige Worte anders geschrieben habe, als sie gelesen werden solten. Diese Verschiedenheiten, so sich in einem Worte befinden, sind erst nachher entstanden, da ein solcher

Auf

die ich oben wegen זובחים אהבו ולא vorbrach-
te, beantwortet seyn; denn er gab eine Ursache an,
warum er es so geschrieben habe. Eben so, wenn
sie im Haggai gelesen haben וְאֶרְצָה בּוֹ וְאִכָּבֵד ‚*)
so sagte Haggai zu ihnen: sie sollen nicht וְאִכָּבֵד
sondern וְאִכָּבְדָ als wenn ein He²⁹) zu letzt stünde,
lesen, und sagte ihnen die Ursache davon; ich habe
es so geschrieben, wegen der fünf Sachen, die
im ersten Tempel, aber nicht mehr im zweyten, gewesen sind; nun schrieben sie auswendig ואכברה קרי
und so machten sie es bey allen andern Büchern,
die damals sind geschrieben worden. Ueberhaupt
haben die Männer von der grossen Versammlung
das

Aufsatz nun mehrmalen abgeschrieben wurde; und
blos eine abergläubische Hochachtung gegen die formam scripturae externam ist die Quelle von solchen
Vermutungen und Erklärungen, wie es wol möge
gekommen seyn, daß es Verschiedenheiten gibt.

a) Haggai 1, 8.
29) Diese seltsame Erklärung, warum hier das ה
nicht geschrieben worden, komt schon im Talmud
vor Massechet Ioma, c. 1. und in En Israel; woraus Kimchi über Haggai 1 und andere Rabbinen
es entlenet haben; s. Hakspan Milcellan. lib. 2.c. 3;
wo er auch mehrerer christlichen Gelerten Urtheile
davon anfüret. Solche Anmerkungen sind recht im
jüdischen Geschmack, und ganz characteristisch;
wovon man wol sagen kan, der Buchstab tödtet.

das Kri in der Thorah nach der mündlichen Ueberlieferung, in Ansehung der Ursachen, von Moses her; in den Propheten und Hagiographis aber, nach der von den Propheten und Gelehrten dieser Zeiten; in den Büchern aber nach der Entführung, von den Verfassern selbst, empfangen. Es ist also nicht wegen der Zweifel, über die rechte Schreibart, entstanden, wie viele geglaubt haben. Und da ich nachforschte und untersuchte, was es mit der Wissenschaft des Kri und Ktib für eine Bewandnis hätte: so fand ich auch dieses, daß niemals ein Kri und Ktib wegen des Chasser und Male gefunden wird; nemlich, daß in der ganzen heiligen Schrift nicht ein Wort gefunden wird, da das inwendige geschriebene vollständig, und das auswendige, welches gelesen wird, mangelhaft sey, oder umgekehrt. Die Ursache ist, weil niemals wegen des Chasser und Male die Bedeutung des Wortes verändert wird 30). Auch dieses habe

---

30) Daß Worte zuweilen mit einem Buchstaben, (nemlich von diesen אהוי) mehr oder weniger geschrieben angetroffen werden, (plenae oder deficientes) rürt wirklich von dem Unterschied der Zeit und der Abschreiber her; es haben aber auch schon in alten Zeiten

habe ich gefunden, daß man niemals ein Kri und
Ktib

die Rabbinen geheime Absichten und Gründe vermutet; warum z. E. das Wort תולדות zuweilen mit dem ו und sonst in der letzten Sylbe ohne ו gefunden werde. Es ist aber offenbar, daß es so zufällige Gedanken sind, als in den moralisationibus historiae romanae. Die Masora merket solchen Unterschied eines Worts an, wie oft es mangelhaft vorkomme; es war nemlich in den codicibus, die sie brauchten, kein Unterschied, und sie wolten diese Rechtschreibung beibehalten, als eine erhebliche oder nötige Sache. In codicibus aber anderer Provinzen wird eine grosse Verschiedenheit gefunden; daher auch manche Rabbinen von den masorethischen Anzeigen abzugehen, kein Bedenken tragen. So hat Aben-Esra bey והכהו, Jerem. 18, 3 ganz recht geschrieben: die masorethische Anzeige, es mangele hier ein א, und solle stehen והנה הוא,) seie unrichtig; es seie in dieser Orthographie) Ein Wort. Eben derselbe (über Exodi 25, 31) schreibt: ich habe Exemplarien gesehen, welche durch die Gelerten von Tiberias recensirt waren; worüber 15 aus ihren Aeltesten eine eidliche Versicherung ertheilt hatten, daß sie drey mal jedes Wort, jeden Punkt, und alle male und chaser angesehen haben; und doch fande sich das Jod in dem Worte, תיעשה. Aber in codicibus, so aus Spanien, Frankreich und jenseit des Meeres waren, habe ich es doch anders gefunden; (nentlich ohne Jod) In dem Buch Cosri wird auch schon von den Bemerkungen des chaser und male gemeldet. Der Aberglaube vieler Juden ist so weit gegangen, daß sie sogar ein Exemplar der Thorah für unächt erklärten, wenn darin aus chaser ein male und umgekehrt, im Schreiben

Ktib wegen der Punkte ³¹) oder Accente antrift; nemlich, daß dieses nur der Unterschied seyn sollte, daß das Kri auf eine andere Art als das Ktib punktirt wäre. Auch wird das Kri und Ktib nicht gefunden in Ansehung des Dagesch und Raphe, oder

gemacht worden, wie Buxtorf aus der Vorrede zu dem Buch Minchat Cohen (dis Buch handelt von allen plenis und defectiuis,) anführet, in dem tractatu de antiquitate punctorum, p. 357. und da Aben Esra gar nichts aus diesen sichtbar zufälligen Veränderungen, der Rechtschreibung machte: haben dennoch die meisten Juden ihren Aberglauben behalten. In der venetianischen grossen Bibel hat R. Ben Chaiim oft selbst aus andern codicibus eine andere Rechtschreibung angezeigt, wenn die Masora ein chaser meldete. S. Buxtorfii anticriticam pag. 821 sqq.

31) Buxtorf hat in der Abhandlung de punctorum antiquitate pag. 189 es zu behaupten gesucht, daß allerdings in der Masora derer Punkte namentlich Meldung geschiehet, Tsere, Sägol, Cholem, Ribbuz, Schurek, noch ausser dem Kamez und Patach; allein Elias wendet ein, daß diese Anzeige mit Namen von jüngerer Zeit seie. Es ist auch andem, daß in manchen Abschriften der Masora wirklich mehrere solche Anzeigen von vocalibus vorkommen, die im Druck nicht da sind; welches allerdings beweiset, daß in diesen Beobachtungen von Zeit zu Zeit etwas hinzugethan worden. Uebrigens sind solcher Anzeigen in der gedrukten Masora so wenig: daß freilich a potiori gesagt werden muß, die (alte) Masora erstreckt sich nicht auf die Verschiedenheit der Vocalzeichen.

oder wegen מלעיל und מלרע, oder wegen יָמִין und שְׂמֹאל (im Buchstaben שׁ) oder wegen מַפִּיק und לֹא מַפִּיק, auch nicht wegen der grossen Accente 32) oder anderer Accente. Die Ursache ist, weil in ganz Israel in Lesung der Worte kein Unterschied war: denn alle haben in der Thorah ohne Punkte gelesen, wie sie es von Moses gelernet hatten; und in den andern Büchern, wie sie es von den Propheten gelernt hatten: und die Punkte, die sie hernach erfunden 33) haben, sind nur Zeichen

32) Taamim *maphsikim*; wovon man Soph Pasuk sagt.
33) Buxtorf und mehrere, die ihm geradehin folgten, pflegen zu sagen: Elias sey der erste, der diese Meinung behaupte, von späterer Erfindung der Zeichen zu der Aussprache, oder der Vocalen; und Deyling hatte gar in der Vorrede zu Dachsels Bibliis accentuatis es für ein Glück gehalten, daß die Schande dieser Erfindung und Meinung nicht einem christlichen Gelerten, sondern diesem gelerten Juden allein eigen werde. Allein diese Betrachtung war sehr übereilt, der Historie nach; wie sie, der Sache nach, sehr unerheblich ist. Es ist keine Schande hierin zu suchen; vielmehr eine Ehre, wenn Gelerte nicht geradehin glauben, was andere vor ihnen, ohne Untersuchung glaubten; am wenigsten ist es der vernünftigen Achtung der heil. Schrift zuwider, wenn man nicht alte jüdische Meinungen und Einbildungen beibehält. Der Historie nach aber hatte schon lange vorher der spanische Bischof Jacob Perez

chen und Merkmale zur Aussprache; ³⁴) daher kan̄
dabey kein Kri und Ktib stat finden. Eben so
betref-

rez de Valentia, in seinem commentario über die
Psalmen und cantica, eben dieses behauptet, und
es wahrscheinlich aus rabbinischen ältern Schriften gelernet.

34) Die Aussprache selbst ist unter den gelerten Juden ehedem nach dem Unterschied der Provinzen und
der eigenen Uebung, gar sehr verschieden gewesen,
wenn auch der Hauptklang einerley blieb; sie rümen daher manche ältere Gelerten, welche eine so
zarte und richtige Aussprache gehabt hätten, welche nachher verloren gegangen. Es könte also einigen Unterschied in der Aussprache geben: aber
Elias hat recht, daß keine Anzeigen von solcher
Verschiedenheit sich in den ältern massorethischen
Anmerkungen finden. Aben Esra und andere melden, daß das Kamez in Spanien nicht die gehöri-
ge Aussprache habe; welche sich bey den Gelerten
von Tiberias, in Egypten, und Africa befunden habe. Uebrigens hätte freilich schon der Unterschied
der Punctation, in Stellen, die an sich Parallel
sind, können anmerkungswehrt geachtet werden,
wenn ehedem dieselbe da gewesen, oder zweierley
Punctation in einerley Worten, als gegenwärtig
in die Augen gefallen wäre. (3. E. 2 Chronick. 9,
14. und 1 König. 10, 15 rc.) Zuweilen ist die Ursache ganz sichtbar in einem Feler, den der Abschreiber der Consonanten (ehe noch Puncte da waren, begangen hat; wenn z. E. 1 Mos. 10, 28. der
Mann Obal hies, und 1 Chronick. 1, 22. Ebal stehet:
so ist klar, daß aus dem ו, oder Fulcro das Cholem,
ein י worden; welcher Fal auch in Mos. 36, 22.
Hemam, und 1 Chronick. 1, 39. Homam, vorkomt.

C

betreffen die Verwechselungen und Verschiedenheiten der מדינחאי und מערבאי ³⁵) niemalen die Punkte und Accente. Die מדינחאי sind die von Babel, und מערבאי sind die aus dem jüdischen Lande, zu denen wir alle in diesen Ländern gehören, daher wir uns auf ihre Leseart verlassen, und ihnen

komt. Nachdem nemlich ein ו oder ein י stunde, so sprach und schrieb man ein o oder ein e dazu.
35) oder die variae lectiones *orientalium* und *occidentalium*; sie sind in der Bombergischen ersten Ausgabe der Bibel in Folio gedruckt worden, wobey Felix Pratensis die Aufsicht hatte; aber niemand hat die geringste Nachricht ertheilet, wo man dis Verzeichnis hergenommen habe; man weis also auch nicht wie alt es ist ꝛc. So viel ist gewis, daß unter den abendländischen Juden, die in Palästina, unter morgenländischen aber die babylonischen verstanden werden; so heißt der Talmud Jeruschalmi, Talmud der Kinder des Westen; Talmud babeli aber, Talmud filiorum *orientis*. Diese Verschiedenheiten, wie sie ietzt im Druck bekant sind, gehen nicht auf die Bücher Mosis, und sind der Zahl nach 216; beziehen sich auch blos auf die Orthographie, ohne den Sinn und Verstand zu verändern. Cappellus hatte schon geurtheilt: es seie ungewis, ob der Herausgeber dieser Kleinigkeiten, nicht möge manche viel erheblichere Abweichungen mit Fleiß unterdrückt haben, um nicht Anstoß zu machen. Buxtorf hat freilich andere Gedanken; s. Anticritica p. 510 seqq. Es ist übrigens wahrscheinlich, daß die Samlung selbst sehr alt ist, wie der Unterschied des doppelten Talmuds schon von alter Zeit her ist.

ihnen darin folgen. Die Verwechselungen zwischen denselben bestehen in Wörtern, Buchstaben, in Ktib und Kri, und in Male und Chasser; aber nicht in den Punkten und Accenten. Dieses ist ein Beweis, daß diese חילופים aufgeschrieben sind, ehe die Punkte und Accente erfunden worden; aber was die פלוגתות zwischen dem Ben Ascher und Ben Naphtali betrift, die nur in den Punkten und Accenten bestehen: so ist kein Zweifel, daß sie erst nach der Erfindung derselben sind gesamlet worden [36]). Diese zween gedachten Männer, waren

zween

---

[36] Diese varietates oder dissensiones der Leseaxten, nach der Recension des Ben=Ascher, (R. Aharon, der Sohn Mosis, von dem Stamme Ascher) der in Palästina ein Vorsteher der Schule zu Tiberias gewesen, und R. Jacob, der Sohn Davids, vom Stamme Naphtali, der unter den babylonischen Juden diese Würde hatte, sind öfter bey der hebräischen Bibel gedruckt; etwas mehr kan man in Buxtorfs anticritica p. 512 seq. und in seinem tractatu de punctorum antiquitate parte I. c. 15. nachsehen, wo er auch Zeugnisse des Aben Esra, Kimchi, Balmes anbringt, welche dieses bestätigen, daß die abendländischen Juden geradehin dieser Recension in den Puncten und Accenten folgen. Die massora parva hat bey 2 Mos. 21, 19. auch davon Meldung gethan: Es ist פלוגתא, dissensio über diesen Accent, zwischen Ben Ascher und Ben Naphtali; hier wird er so gesetzt, wie es Ben Ascher recensirt hat. Dis ist

zween Lehrer in der Massore; der eine hieß Jakob Ben Naphtali; der andere Aharon Ben Ascher. Ben Maiemon schreibt im Buch Ahaba, in dem 8. Abschnitt also: das Buch, worauf wir uns in diesen Sachen verlassen, ist das bekannte Buch in Egypten, welches die 24 Bücher in sich fasset; welches seit vielen Jahren in Jerusalem war, um darnach die Bücher zu corrigiren; und auf dieses haben sich alle verlassen, weil es Ben Ascher 37) corrigirt und viele Jahre damit zugebracht hatte; er corrigirte es so oft er es abschrieb, und nach diesem habe ich mich in meiner Thorah,

die

ist ohne Zweifel ein Nachtrag zu der ältern Masora; und Elias schließt nicht ohne Grund, daß diese varietates gesamlet worden, nachdem vor einiger Zeit die Puncte und Accente beigeschrieben zu werden pflegten.

37) Des Ben Maiemon Stelle, welche Cappellus in arcano punctationis revelato dazu gebraucht hatte, darzuthun, daß dieser Ascher die Puncte mit eigner Mühe und vieljähriger Arbeit beigeschrieben habe, hat Burtorf so zu erklären gesucht, daß dennoch die Puncte lange vorher schon da gewesen seyn könten; s. de punctorum antiquitate p 270 273. Richard Simon hat sowol von der Recension des R. Hillel als dieser des R. Ascher, einige nüzliche Beobachtungen, in der histoire critique du V. 1. c. 22. Jene varietates des Ben Ascher sind wahrscheinlich aus oder nach diesem Exemplar gesamlet worden.

Vorrede des Verfassers.

die ich geschrieben habe, gerichtet. Eben so richten wir uns in diesen Ländern nach seiner Leseart; und die Morgenländer richten sich nach der Leseart des Ben Naphtali. Die Verschiedenheiten von den Accenten, die zwischen ihnen sind, betreffen nur die kleinen Accente; als Meteg, Maccaph, Munach und einen und zwey Paschtin. Dieses alles wird in dem Buche Tob Taamim, welches ich willens bin herauszugeben, deutlicher erklärt werden. Auch die Streitigkeiten zwischen ihnen, von den Punkten, sind nur über Cholem und Kämetskatuph, über das grosse Kamets und Patach, über Schva und Chatephpatach, auch über Dgaschin und Ruphe, über Milel und Milra [38]). Die Hauptsache, so aus meiner Abhand-

---

38) Es sind also wirklich alle diese Anzeigen und varietates unerhebliche Kleinigkeiten; weil nemlich der Text schon nach der masorethischen Recension abgeschrieben zu werden pflegte, und man davon durchaus sich nicht entfernete; gesetzt auch, daß es babylonische oder in andern Exemplarien gegeben hätte, welche auch in den Worten und Buchstaben des Textes erheblichere Abweichungen enthielten, so wurden sie so wenig weiter der Anmerkung werth geachtet, als wenig sich abenländische Juden in Abtheilung der Paraschen ꝛc. nach den codicibus anderer Provinzen richteten. Es war eben so eine festgesetz-

handlung folgt, ist diese: daß man niemals ein Kri und Ktib wegen des Chasser und Male, oder wegen der Accente und Punkte, findet: daher will ich auch den Leser in den 24 Büchern, die so wol in grossen als kleinen Format im Jahre ער״ה ³⁹) in Venedig gedruckt worden, warnen, daß er sich nicht an die falschen Worte kehre, nemlich die Worte, die am Rande als ein Kri und Ktib gedruckt sind, von Chasser und Male, Milel und Milra und mit Veränderung der Punkte und Accente oder sonst, wo es nicht seyn sollte; wie ich oben geschrieben habe. Denn der Setzer ⁴⁰) ver-

gesetzte Einrichtung, als ehedem in Egypten, in Antiochien, u. s. w. die Recensio der 70, nach dem Hesychius und Lucian gebraucht zu werden pflegte; und wie die Bücher des N. T. ehedem auch nach einer kirchlichen Observanz in den Hauptprovinzen pflegten ein wie allemal abgeschrieben zu werden; und wenigstens Abschriften aus der egyptischen Diöces nicht wenig verschieden waren von andern, des Orients und Occidents.

39) Das ist im Jahr 278, aber liphrat Katon, oder nach der kleinern Zahl, daß die millenarii felen; nach christlicher Zeitrechnung im Jahr 1517. siehe R. Simions catalogue des editions de la lible.

40) Im Text heißt er hammeniach. Es ist an dem, daß manche Abdrücke, wo ein gelerter Jude die Aufsicht hatte, in dergleichen Dingen, welche den Juden eigentlich geläufig sind, vielmehr Genauigkeit haben. Es ist aber auch wahr, daß Christen hätten

Vorrede des Verfassers.

verstunds gar nicht, weil er kein Jude war; und that es nur, weil er öfters Verschiedenheiten in den Büchern fand, die er vor sich hatte. Er wußte aber nicht, welches davon recht wäre; so schrieb er eins auswendig und eins inwendig, und öfters setzte er das rechte inwendig und das falsche auswendig 41); und ofte umgekehrt; war also wie einer,

ten in den von ihnen, zu ihrem Gebrauche, besorgten Ausgaben, vieles besser einrichten können, indem viele solcher Zeichen und Einrichtungen bey uns zu gar nichts nutzen, als daß eine ähnliche jüdische Denkungsart hie und da eingefürt und behalten worden, die doch nur auf ehemalige Zeiten und sehr mittelmäßige Leser sich bezog, die unter den Juden freilich eben nicht viel Gelegenheit zum Urtheilen, und zu rechtmäßiger Abänderung alter Gedanken, bekommen konten. Man hat sogar in christlichen Ausgaben manchen jüdischen Aberglauben fortgepflanzet; Elodim an statt Elohim gedruckt ec. Wir solten vielmehr alle Nachrichten schon lange zusammen gesucht haben, woraus wir die Verschiedenheiten anderer codicum oder Recensionen nach und nach hätten kennen lernen, welche von der in Europa bekannten masorethischen einsitigen Recension abweichen. Hiedurch würde schon lange vieler jüdischer gelerter Aberglaube aufgehoben worden seyn, der auch bey christlichen Gelerten so festen Platz nach und nach genommen hat.

41) Der Verfasser setzt also voraus, das Kri seye eigentlich die rechte wahre Schreibart, das Ktib aber seie unrichtig. Es ist aber schon vom R. Simon angemerkt worden: daß es in den codicibus hebrai-

der in der Finsterniß herumirret; daher muß man sich nicht daran kehren, denn es sind Fehler.

Ehe ich von dem Inhalte des Kri und Ktib aufhöre zu reden, will ich noch etwas anzeigen. Da ich noch Lust hatte zu wissen die Anzahl der Karian und Katban, in der ganzen Schrift: so zählte [42]) ich sie ofte, und fand ihre Zahl 848. und habe

---

hebraicis hierin keine Gleichförmigkeit giebt, wie es folglich auch keine gewisse Anzal der Karian und Katban giebt. In vielen Fällen ist der Verstand oder die Bedeutung einerley, man mag das *Ktib* oder Keri vorziehen; es betrift nemlich eine blosse Verschiedenheit des Schreibens, nicht aber der Sache. In manchen Fällen läßt es sich gar wol ausmachen, daß die eine Schreibart aus der andern, durch ein Versehen der Augen bey dem Schreiber, entstanden ist. Fälle, wo nach moralischen Gründen bey der Veränderung der Sprache oder der Gewonheit zu reden, an statt alter Ausdrucke andere gesetzt worden, die weniger Anstos und Uebelstand bey den jetzigen Lesern machten: gehören nicht hieher; man kan sie als Glossen ansehen.

42) Nemlich nach den (gedruckten) Exemplarien, die Elias in Händen hatte, worin es also eine einzige und gewisse Anzal gab; indem der Herausgeber nur so viele hatte im Druck anzeigen lassen. Dagegen die andern Ausgaben Münsteri, und Rob. Stephani, nicht selten von jenen Bombergischen Ausgaben, auch Ariä Montani, abweichen; wie Capellus schon angefürt hat. Die Zahl der Karian mus notwendig verschieden seyn, nachdem ehedem Abschreiber zuweilen selbst ihren Verstand gebraucht,
und

Vorrede des Verfassers.

habe sie folgender maſſen angemerkt; von den Karian und Katban ſind 65 in der Thora; 454 in den Propheten, und 329. in den Hagiographis. Es iſt zu verwundern, warum man nur in der Thora 65 Kri und Ktib findet; wovon allein 22 mal נַעֲרָ geſchrieben ſtehet, welche (Stellen) נַעֲרָה gelesen werden. In dem Buche Joſua, das nur ein Zehentheil gegen dieſelbe iſt: findet man 32, und in dem Buche Samuel, das kaum der vierte

E 5 Theil

und einen offenbaren Schreibfehler fernerhin nicht behalten, ſondern nur die Eine richtigere Schreibart vorgezogen haben; dieſe haben viel weniger Karian, als andere, die ſich lauter Geheimniße einbildeten, und alles, was ſie in verſchiedenen Copeien vorfanden, anzeigten. Es iſt eben dergleichen Ungewißheit in der Zahl der Buchſtaben und Worte; wie R. Simon aus einer Handſchrift von Perpignan ſolche Zahlen über die 5 Bücher Moſis angefürt hat; histoire critique du V. T. liv. I. chap. 26. Wenn ein Abſchreiber die Worte, wo Male und Chaſſer angemerkt werden, nicht beide unterſcheidet, ſondern nur eine Rechtſchreibung ſtets vorziehet: ſo muß die Zahl ſeiner Buchſtaben von andern abweichen, die blos ihrer Abſchrift folgten, ohne darüber zu urtheilen. Wer die Stellen nicht weiter unterſchied, da in manchen codicibus Worte zuſammen als Eins geſchrieben, in andern aber unterſchieden werden, als zwey: der muſte auch eine andere Zahl der Worte haben. Man kan hiervon die einzeln Beyspiele leicht nachſehen, im Cappellus, und Buxtorfs anticritica parte 2. c. 4, pag. 479 seqq.

Theil von derselben ist: findet man 133. Man wird auch sehen, daß von den vielen Sugin und Schitin und Alphabetin von Karian und Katban, in der grossen Massora, kein einziges aus der Thorah angefürt ist. Z. E. 62 Wörter von den Mukdamin und Meucharin, 43) und 12 Wörter, die kein vau zum Anfange haben, und werden doch damit gelesen; und 11 Wörter umgekehrt, 18 Wörter haben kein vau am Ende des Wortes und werden mit vau gelesen, und 11 umgekehrt 44); 29 sind הם am Ende des Wortes mangelhaft, und werden doch mit hem gelesen, und zwey Wörter umgekehrt. Weiter, Alphabetin von 75 Wörtern, die in der Mitte des Wortes ein jod haben

---

43) Mukdam umeuchar, zu bald und zu spät gesetzt; welche der Stelle nach verschrieben, oder einer eher als der andere gesetzt worden, wie Predig. 9, 4. bey dem Wort יבחר angemerkt ist: dis ist eins von den 62 Worten, welche geschrieben sind mukdam umeuchar; im keri stehet, יחבר, das ח eher als das ב. Freilich kan nur das eine davon das erste und ächte Wort gewesen seyn.

44) Man vergleiche, um nicht mehr anzuweisen, blos Buxtorfs anticriticam pag. 489 seqq. in der Maßora *finali* sind alle diese Bemerkungen zu finden; die Zahl weicht zuweilen ab von einigen Ausgaben der hebräischen Bibel.

haben, und es wird ein vau dafür gelesen; und ein Alphabet von 70 Worten, umgekehrt. Von diesen allen ist kein einziges in der Thorah; so auch die Verschiedenheiten zwischen den Morgenländischen und Abendländischen betreffen nicht die Thorah. Es muß zum wenigsten eine Ursache davon da seyn; sie ist mir aber nicht bekannt 45). Ich habe

---

45) Vielleicht haben die Urheber dieser kritischen oder orthographischen Beobachtungen, wornach sie ihre bisherige Recension zu bestätigen gesucht haben, diese Arbeit gar nicht auf die 5 Bücher Mosis erstrecken wollen, und schon gewust, daß der bey ihnen gewönliche Text des Pentateuchi keiner Gefahr einer Aenderung weiter unterworfen sey; darum war eine solche besondere Bestätigung der bey ihnen eingefürten Art der Abschriften, nicht nötig. Oder sie hatten nur von den andern Büchern dergleichen Abschriften, die sie ietzt vergleichen konten; oder furchten sich vor der Menge der Abweichungen, die sie schon merkten. Es kan eine besondere historische Voraussetzung und Meinung den Grund davon enthalten, daß diese Gelerten nichts von dieser Art Verschiedenheiten über die Bücher Mosis gesamlet haben; sonst ist kein Zweifel, daß es in Abschriften der B. Mosis ehedem eben sowol Abbreviaturen mag gegeben haben, wie in jenen andern Büchern; denn manche solcher Verschiedenheiten scheinen am natürlichsten aus Abbreviaturen hergeleitet zu werden. Wenn man aber voraus setzt, es seien die Bücher Mosis schon damalen seit geraumer Zeit ohne Abbreviaturen geschrieben worden; so würde es freilich

habe also von dem, (was ich vor nöthig hielt) die Kariäh und Katban zu erklären, wol genug gesagt. -

Nun will ich auch etwas von dem Mleim und Chasserim sagen. Ich glaube, daß in den Worten, worauf sie Mleim und Chasserim geschrieben haben, die grosse Versamlung nichts neues aufgebracht habe; sondern Esra hat sie in der Thorah geschrieben, so wie er sie in einem alten Exemplar gefunden hatte, so nach der Thorah des Moses abgeschrieben war, welche er auf dem Berg Sinai empfangen, und der Prophet Jeremias verborgen [46] hatte, nach der Meinung derer, die

dieses

---

freilich auch keine solche Verschiedenheiten bey den καλλιγραφοις, von den ταχυγραφοις, gegeben haben.

[46] Dergleichen jüdische Meinungen von der Benennung ehemaliger Dinge, welche nach dieser niedrigen Denkungsart, von grosser Wichtigkeit waren, haben änliche unedle Urtheile unter den Christen veranlasset. Jeremias hat daher, wie einige Juden ehedem vorgaben, (im Ernst, oder um ihre ganz andern eigene Meinungen zu verstecken,) gerade vor dem Meßias wieder erscheinen sollen; da würden denn auch alle andere ehemalige Heiligthümer wieder zum Vorschein kommen. Dergleichen jüdische Seltenheit verspricht auch der Verfasser von Apocalypsis, Kap. 2, 7. von dem Baum des Lebens, aus dem Paradies. Von dem Mleim und Chaserim

hat

dieses behaupten; und Esra hatte nichts darin vermehrt noch verringert. Eben so ists mit den Vollen und Mangelhaften in den Propheten und Hagiographis; wenn sie die ächten Bücher der Verfasser hatten, als das Buch des Jesaias, welches er selber geschrieben hatte, oder die Psalmen vom David selbsten, und die Sprüchwörter vom Salomon, und die andern oder ein Theil davon, das sie besaßen: so brauchten sie keine mündliche Ueberlieferung dazu, sondern sie ließen es so, wie sie es fanden, voll oder mangelhaft. Aber wenn sie dieselben (Originale) nicht hatten, welches wahrscheinlicher ist, so haben sie sich nach den mehresten Copeien, die sie hier und da gefunden, gerichtet. Denn sie hatten nicht die 24 Bücher zusammen 47), sondern sie haben sie erst zusammen gefügt,

hat Morinus viel mehr gesamlet, lib. 2. Exercitat. 19. c. 1. und 2.

47) Es ist ganz wahrscheinlich, was Elias hier annimt, daß die 24 Bücher nicht gleich, so bald sie da waren, in eine Samlung gebracht worden; sondern, daß erst Zeit dazu gehöret hat. Man siehet dieses, daß keine authentische alte Samlung, z. E. von den Zeiten der Propheten her, da gewesen ist, schon aus der Verschiedenheit der Ordnung und Folge der Bücher; von welchen gleich nachher mehr gesagt wird, in Ansehung der Talmudisten und der nach-

gefügt, und haben sie in drey Theile getheilt, nemlich תּוֹרָה, נְבִיאִים, כְּתוּבִים, und haben die Propheten und Hagiographa ohne Ordnung hingesetzt; denn die Talmudisten haben ihre Ordnung in Baba Bathra erst bestimt; welche folgende ist. Von den Propheten, Josua, die Richter, Samuel, die Könige [48]) Jeremia, Jesaia, Hesekiel, und die zwölf kleinen. Von den Hagiographis: Ruth, Psalmen, Hiob, Sprüchwörter, der Prediger Salo=

nachherigen Massorethen. Die Abtheilung aber in legem, prophetas, et hagiographa, ist wol unstreitig so alt, als hier voraus gesetzt wird; so bald man nemlich eine bestimte Anzal von heiligen Büchern, in Ansehung der Palästinischen und Syrischen Juden, festgesetzt hatte. Dieses gehört mit zu der diesen Juden eigentümlichen Einrichtung des Grundes und Anfangs ihrer öffentlichen Religion; woran Samaritaner, und griechische Juden sich nicht binden liessen.

48) Bishieher, von Josua bis 2 Bücher der Könige, nente man nachher diese Bücher nebiim rischonim, die ältern; und jene übrigen 16 Bücher, die nebiim acharonim, oder späteren, letzteren Propheten. Der Gebrauch dieses Namens hat in Ansehung der erstern eine andre grössere Bedeutung; Josua, die sogenannten Richter, Samuel! heissen auch nabi, sind aber unleugbar grössere Personen, als die nachherigen nebiim: jene hatten unmittelbaren Antheil an der Regierung des damaligen Staats; welcher Einflus mit den eigentlichen Königen aufgehöret hat.

Vorrede des Verfassers.

Salomon, das Hohe-Lied, die Klage-Lieder, Esther, und die Chronik. Sie gaben gegründete Ursachen von dieser Ordnung an; es ist aber hier nicht der Ort, sie anzuführen. Die Massoreten haben die Propheten in eben der Ordnung, ausser, daß sie den Jesaias vor den Jeremias und Hesekiel gesetzt; weil er vor diesen lebte. Und diese Ordnung findet man in allen richtigen Büchern der Portugiesen; aber in der Deutschen und Franzosen ihren Abschriften, ist die Ordnung nach den Talmudisten. In den Hagiographis haben die Massoreten ihre Ordnung also geändert: die B. der Chronik, die Psalmen, Hiob, Sprüchwörter, Ruth, das hohe Lied, der Prediger Salomon, die Klagelieder, Esther, Daniel, Esra. So sind sie auch in den portugiesischen Büchern; aber in den deutschen sind sie also: Psalmen, Sprüchwörter, Hiob, die 5. Megilloth, Daniel, Esra, Chronik. Die 5. Megilloth pflegen sie nach der Ordnung, wie sie in der Synagoge gelesen werden, zu setzen, nemlich das hohe Lied, Ruth, Klagelieder, Prediger Salomon und Esther.

Vorrede des Verfassers.

Nun komme ich zu dem, was ich im Anfange dieser Vorrede versprochen habe, nemlich, daß ich auch meine Meinung von der Beschaffenheit der Punkte und Accente sagen will; und rüste mich gegen diejenigen, die da sagen, sie wären auf dem Berg Sinai gegeben; und will zeigen, wer sie erfunden, und wenn sie erfunden worden sind. Wenn mich aber jemand überführen kan, daß diese meine Meinung wider die Meinung der Talmudisten, oder wider die wahre Rabbala des Sohars streite [49]) so soll meine Meinung der seinigen

---

[49]) Elias muste freilich schon vorher sehen, was für Geschrey und Orthodoxen Lerm seine freie Untersuchung erregen würde; ohnerachtet er damit in Absicht der Lehrsätze des Judentums selbst, nicht die geringste Veränderung veranlassete. Wie die Juden alle Strichlein und Häcklein, aus einem niedrigen Aberglauben ehedem für heilig gehalten haben, weil sie eine vernünftige Art der Religion nicht kanten, die alsdenn nicht mehr den Juden eigentümlich hätte bleiben können: so ist es zu verwundern, daß christliche Gelerte noch häufig eben diese Gedanken von göttlichem Ursprunge und wesentlichem unveränderlichen Gehalt der Puncte in Ansehung des wahren Verstandes aller Stellen, eben so eifrig und ernstlich vertheidigen. Man meint nemlich, die christliche Religion oder ihre Lehrwahrheiten beruheten auf dieser Punctation; dis ist eben so wenig wahr, als daß alle Bücher und alle Theile aller Bücher einen Inhalt hätten, den die Christen mit

nigen unterliegen; bis jetzo habe ich aber noch keinen Beweis gefunden, oder gesehen und gehört, oder irgend etwas, worauf man sich verlassen könte: daß die Punkte und Accente auf dem Berge Sinai seien gegeben worden. Ich will nun alles anführen, was ich davon in einigen Abhandlungen der jüngern Rabbinen, aber noch nicht bey den Talmudisten, gefunden habe. Rabbi David Kimchi schreibt im Michlol, da er den Satz der Talmudisten anführt: daß man zwischen הַדְּבָקִים Raum lassen müsse, und sagt: בְּכָל־לְבָבְךָ hat ein Kamets, wegen des Makkeph, und wenn man es ohne Makkeph lesen möchte, müßte es ein Cholem haben; und dieses haben die Rabbinen nicht gesagt,

mit einerley Ehrerbietung und Erwartung göttlichen Unterrichts, den Lesern anbieten. Aber viele Gelerte warten erst auf eine gewisse Anzahl und Menge; als bekomme eine Einsicht alsdenn erst ihren guten Grund, wenn eine ziemliche Anzal Vertheidiger oder Theilnemer angewachsen ist. Mehr als Ein ganz Jahrhundert ist eine halbfanatische Vorstellung unter uns eifrigst behauptet, und von solchen orthodoxen Philologis gar den studiosis theologiæ durch die formulam consensus Heluetici, mit einem Eide, aufgedrungen worden. Wie weit sind selbst Protestanten von der christlichen vernünftigen Freiheit abgekommen.

gesagt, die Vokalen, wie sie Moses auf dem Berg Sinai empfangen hatte, zu verwechseln. Man muß aber dieses genauer untersuchen, da seine Worte sich widersprechen, die er schon bey der Conjugation Niphal von den Perfectis gesagt hatte [50]) Die Erfinder der Punkten haben zwischen dem Perfecto und Participio singularis einen Unterschied gemacht; weil sie gleich gelesen werden, und haben den zweiten radikal Buchstaben im Praeterito

[50]) Diese Stelle hat Buxtorf de punctorum antiquitate et origine pag. 34 seqq. angefürt und seines theils zu widerlegen gesucht; auch Morinus hat sie gebraucht, lib. 2. exercitat. XII. c. 9. und dazugesetzt: hae — loquendi vt decernendi formulae, (die *metaknim*, im plurali, die ordinatores punctorum,) luculenter demonstrant, nec *Kimchium* nec alios antiquiores Rabbinos exsistimasse, *punctorum inscriptionem diuinum esse inuentum* — — longe enim reuerentius de punctatione scripsissent — an Esdram et Synagogam magnam ita definite, nullo alio addito elogio מנקדים, *institutores, ordinatores* punctorum et accentuum appellassent? dis ist wol ganz richtig aus solchen leichten Beschreibungen zu schliessen, daß Kimchi und andere gelerte Juden den Figuren der Puncten kein stetes und mit den Buchstaben gleichzeitiges Daseyn oder göttlichen Ursprung, beigelegt haben. Es ist indes unsre Absicht nicht, mehrere neuere Gelerte unter uns, welche ebenfals Buxtorfs Meinung behalten haben, anzufüren und zu widerlegen; die gute Denkungsart des Elias fält genug in die Augen.

Vorrede des Verfassers.

scrito (Niphal) mit einem Patach, בְּמֻקָד und das Participium mit einem Kamets כְּמֻקָד punktirt. Aus diesen Worten ist zu schlüssen, daß er auch geglaubt hatte, daß gewisse Männer die Punkte erfunden haben, nemlich - ‒ ‒ u. s. w. ‒ Da er also in jener Stelle sagt, wie sie Moses auf dem Berge Sinai empfangen, meynt er damit nicht die Gestalt der Punkte, sondern nur die 5 grosse und 5 kleine Vokalen in der Aussprache; daher sagt er auch, לְהַחֲלִיף הַתְּנוּעוֹת (die Vokalen zu verwechseln) und nicht הַנְּקֻדּוֹת, (die Punkte), auch daß er כַּאֲשֶׁר כָּתְבוּ u. s. w. und nicht אֲשֶׁר כָּתְבוּ sagt, ist wohl zu merken, wie ich geschrieben habe; ich kan ietzt nicht weitläuftiger seyn. Der Verfasser Levi Bar Joseph, des Buchs Semadar, schreibt also im Anfange desselben: Wenn jemand fragen möchte, wie ists zu beweisen, daß die Punkte und Accente von Gott sind, so dient zur Antwort, daß es ein deutlicher Vers sey, da geschrieben stehet: a) וְכָתַבְתָּ עַל הָאֲבָנִים אֶת כָּל דִּבְרֵי הַתּוֹרָה הַזֹּאת בַּאֵר הֵיטֵב. Wenn nun die Punkte und Accente, welche die Worte

a) 5 Mos. 27, 8.

Worte deutlich machen, nicht wären, so würde sie niemand erklären können, als שְׁלֹמָה, שְׁלֹמָה, שְׁלֹמָה, שלמה, שְׁלֹמָה. Man urtheile aber, ob dieses ein guter Beweis sey, daß man sich darauf verlassen könne. Ich habe noch in einem andern Buche, mir deucht es heißt Horiat Hakkore (weiß aber nicht wer der Verfasser ist), gefunden: Es wollen einige, welche in den Accenten erfahren sind, die aber nicht die Wahrheit davon erlangt haben, fragen: warum man nicht auch 2 Sarkoth auf Einem Worte, wie 2 Paschtim, gemacht habe? Wenn sie aber wüßten, daß nur ein Sarka vorhanden sey, und daß dem Moses nur einer mit nachfolgendem Segol gezeigt worden, so würden sie dieses nicht fragen. ꝛc. Dieses alles aber ist eitel und falsch; denn es werden ofte 2 Sarkoth gefunden, wie ich in dem Buche Tob Taam in der Figur des Sarka erklären werde. Ich habe auch folgendes in einem Buche, das hier bey der grossen Massore gedruckt worden ist, gefunden, (man sagt es wäre das Buch Haschimschoni, ich aber sage, daß es vom Rabbi Moses Hanikdan ist, wie ich im Schaar Schibre Luchot erklären werde). Es ist wahr, daß die Punkte auf dem Ber-

ge

ge Sinai gegeben sind, allein sie sind vergessen worden bis auf Esra, der sie wieder entdeckte [51]). In Wahrheit, ich sehe das Wahre nicht; sondern dieses ist wahr, daß die Thorah, die Moses den Kindern Israel vorlegte, ohne Punkte, ohne Accente, und ohne Zeichen, daß sich die Verse endigen, gewesen ist; so wie wir heute [52]) noch sehen. Und nach der Meynung der Kabbalisten ist die ganze Thorah wie Ein Vers; oder, wie einige sagen, Ein Wort, geschrieben gewesen; und ziehen daher göttliche Namen daraus, wie Rambam in seinem

[51] Diese Meinung, von verlornem Gesetze, und dessen Wiederherstellung durch die Männer der grossen Synagoga findet sich so wol unter sehr alten Christen, die es wol aus den Händen griechischer Juden haben, als auch unter Rabbinen; sie scheinet aber mehr auf einer Vermutung und Einbildung zu beruhen, daß in der babyl. Gefangenschaft freilich alles theils verloren theils so versteckt worden, von Jeremia und andern, daß daher das Gesetzbuch wieder aufs neue zusammgetragen werden müssen, und Jeremias als Vorläufer des Meßias, und als der Prophet, von welchem Moses eben geweissaget habe, diese versteckten Heiligtümer wieder hervorbringen werde. Ich glaube, es entdeckt sich bey solchen Vermutungen der Mangel wirklicher Historie von Begebenheiten jener Zeiten.

[52] Nemlich in den Abschriften, welche in den Synagogen gebraucht werden.

seinem Eingange zur Erklärung der Thorah schreibt. Ich aber sage, wenn es wahr wäre, daß die Punkte auf dem Berge Sinai gegeben worden: so müßte man hierin streiten, ob Gott sollte dem Moses die Figuren der Punkte und Accente aus Feuer gezeigt haben [53]), und dazu gesagt hätte, dieses ist ein Kamets (̣) dieses (-) ein Patach dieses (̣) ein Tsere, und dieses (̈) ein Segol, dieses (~) ein Sarka und dieses (̣) Paser, u. s. w. und Moses habe sie den Kindern Israels gezeigt; hätte sie aber nicht mit den Wörtern zusammen gesetzt; und so wäre ja dieses Vorzeigen den Israeliten keine grosse Hülfe gewesen. Wollte man sagen, er hätte sie zu den Wörtern hinzugethan: so müssen wir behaupten, daß er ein Buch ausser der Thorah geschrieben hätte, so wie unsere heutige [54]) Chumaschim mit Punkten und Accenten; und habe

[53]) Juden, nach ihrer gemeinen Denkungsart, werden hierin keine Schwierigkeiten finden; denn alles, was ihre Vorfaren und Thorah angehet, ist bey ihnen ganz unstreitig so wichtig, daß Gott sich gar wol die Mühe nicht verdriessen lassen mus, allerley Wunder, auch ohne Nutzen, zu thun; nur daß die Juden Ehre davon haben, und es rümen können, stat ihrer jetzigen eigenen Vorzüge.

[54]) Nemlich gedruckte fünf Bücher Mosis.

habe mit ihnen darin gelesen, bis sie es konten, und wer Lust hatte, schrieb sichs ab. Wie schickt sich aber hieben, vergessen? man müßte sagen, alle diese Bücher wären verlohren gegangen; dieses ist aber kaum zu glauben. Auch in dem Medrasch der Rabbinen, so sie bey den Versen ויקראו בספר תורת אלהים wie ich oben gemeldet habe, anbringen, wird nichts von den Punkten erwehnt. So ist auch die Meynung des Abrahams Aben Esra in dem Buche Zachut: Es sind viele Ausleger, welche behaupten, daß der Maphsik sich geirret habe; sie haben aber nicht recht, und von derselben Meynung ist Rabbi Moses Hakkohen u. s. w. bis auf die Worte: und ich wundere mich ausnehmend, daß sich der Maphsik sollte geirrt haben; auch wenn es nur Esra gewesen wäre; kurz es ist nach demselben kein solcher Gelehrter mehr gewesen, denn wir sehen, daß er in der ganzen heiligen Schrift richtig abgetheilt hat 55). Maphsik ist der die

Abthei-

---

55) Buxtorf hat auch diese Stelle aus dem Buche Zachuth mitgetheilt, Seite 11. 12. am angefürten Orte, auch auf diesen daraus vom Elias hergeleitteten Grund, sehr mühsam geantwortet. Die Stelle aber

Abtheilung durch Accente gemacht hat. Und ich wundere mich über ihn, daß er denselben im Singularis nennt; da es kein Zweifel ist, daß es mehrere gewesen sind, wie ich nachher erklären werde: er nennt sie auch selbst im Pluralis in dem Buche Mosnaim. Man siehet doch aus seinen Worten, daß seine Meynung ist, daß die Accente nicht auf dem Berge Sinai gegeben sind. Eben so habe aber, so Buxtorf aus einem andern Buche des Aben Esra, Mosne leschon hakkodesch anfürt, um daraus die wahre Meinung dieses Verfassers besser zu erklären: hat Morinus lib. 2. exercit. 12. c. 7. gerade dazu angewendet, seine ganz andere Meinung damit zu bestätigen, daß die Massorethen der Zeit nach später seien, als der Talmud, indem er die Massorethen offenbar erst hinter den viris synagogae magnae, *Thanaim*, und *Amoraim* oder Talmudisten setzt. Beiderley Massorethen, wie er sie unterscheidet; so wol die, qui textum scripturae, litteras et dictiones recensuerunt, numerarunt, Keri et Kitib ad marginem notarunt, als auch, qui puncta invenerunt. Wenigstens, wenn auch Aben Esra den viris Synagogae es beilege, daß sie die Urheber der parascharum, versuum et pausarum seien: so seie es nur seine eigene Meinung; er habe es aber nicht als gewis, und bei den Juden schon ausgemacht, behauptet; wie Morinus auf seine opuscula Hebraeo samaritica cap. 3. verweiset, wo er dieses weitläuftiger mit mehreren testimoniis des Aben Esra gezeigt habe. Wenigstens sieht man, aus dem, was Elias gleich unten saget, daß er diese Stelle aus Mosnaim gar wohl gewußt habe.

be ich in einem Buche, das Zach Sephathaim heißt, gefunden [16]): Wir müssen wissen, daß die Punkte auf dem Berge Sinai sind gegeben worden; aber die Tafeln sind nicht punktirt worden, sondern, als Gott im Hebräischen redete, so verstunden die Zuhörer alle Sylben, die grossen und kleinen Vokale; so wie man an der Aussprache [57])

erken-

[56]) Diese Stelle hat Buxtorf an angefürten Orte mitgetheilt, S. 36. 37. auch den Einwurf abzulenen gesucht; wem diese Antworten, so er gibt, Genüge thun, der behält seine Meinung. Die Frage ist aber offenbar diese, ob diese in der Bibel mit den Buchstaben verbundene Zeichen, nach der Meinung der Juden, von der Zeit Mosis an sind darunter geschrieben gewesen? Und dis wird ganz gewis in dieser Stelle verneinet.

[57]) Es wird nemlich eine genaue und Sprachgerechte Aussprache hier gemeinet; über die vorzügliche Pronunziation sind aber die Rabbinen selbst nicht einig; sie gestehen vielmehr, daß dieser Vorzug der ächten Aussprache nun meist verloren und unbekant worden sei. Man kan beim Morinus lib. 2. exercitatio 18 c. 1. und beim Buxtorf mehrere Stellen hiervon finden, de antiquitate et origine punctorum, von Seite 23 an; darin lectoribus *tiberiensibus* beigelegt wird: quoad varietatem, seu distinctam pronuntiationem *punctorum*, (בקדות) quae solent pluries diversimode legi: *tiberienses elegantissimi sunt et exercitatissimi* prae omnibus Iudaeis, vbique terrarum. Es erstreckte sich diese genaue Pronunziation auch auf kesch dagessatum und raphatum. Buxtorf schließt hieraus: daß die Juden den Tiberiensibus nicht

erkennen muß, was ein Chasak, (fortis) oder Raphe (lenis) ist; also muß man auch den Unterschied bey dem Lesen durchs Gehör bemerken, zwischen אָ Kamets, und אַ Patach, zwischen אֵ Tsere und אֶ Segol, zwischen אֹ Cholem und אֳ Chateph Kamets, zwischen אוֹ mit vau und אֹ ohne vau, und zwischen אִי mit jod und אִ ohne jod. Auch schreibt der gelehrte Verfasser des Kosri im dritten Memar seines Buches, folgendes: Es ist ohne Zweifel, daß sie es in dem Gedächtnis verwahrt haben, von Patach, Kamets, Scheber (d. i. Chirek), Schua, und die Accente u. s. w. bis auf die Worte, und sie haben die 7 Könige und Accente zu den Buchstaben nach der Einrich-

nicht die Erfindung der Puncte, sondern nur die genaue Aussprache beilegten; ich glaube aber jeder Leser wird eben hieraus, daß blos diese tiberienses diesen Vorzug haben, nach dem Geständniß der Juden, weiter schliessen: daß also die Juden auch einen Grund von diesem Vorzuge voraussetzten, der sich weder vor der Zeit dieser tiberiensium, noch nach ihnen, bey andern Juden fande. Und was mag wol dieser Grund gewesen seyn, als daß sie zu bestimter Aussprache auch bestimte Zeichen gemacht haben? Sie konten aber ihre eigne Fertigkeit nicht an Juden mittheilen, die nicht ihre unmittelbaren Schüler seyn konten; daher behalten sie auch ein Verdienst vor andern voraus.

richtung die sie vom Moses empfangen hatten, hinzugethan; und was glaubst du, weswegen sie erst die heilige Schrift mit Versen, hernach mit Punkten, hierauf mit Accenten und dann mit der Massore, mit Verwahrung der vollen und mangelhaften versehen haben, bis sie endlich ihre Buchstaben gezählt haben 58). Hieraus
siehet

58) Diese Stelle hat Morinus lib. 2. exercit. 13. c. 2. weitläuftiger erläutert, und den ganzen Zusammenhang derselben mitgetheilet; auch davon gesagt: euidentissimum est, auctorem Cozri credidisse, Mosen puncta *non inscripsisse textui sacro*, sed diutissime in cordibus sacerdotum. regum, iudicum etc. conseruata fuisse etc. Nur ist die Frage, wen versteht dieser Verfasser, wenn er sagt: sie haben 17 Könige gesetzt 2c. sind es die Massorethen, oder Esra und viri Synagogae? Elias ziehet es auf die Massorethen, welches Morinus selbst dafür hält; theils, weil dieser Verfasser des Buchs Cosri ohne alle Umschweife so schlechtweg redet, wie er von Esra und seinen Gehülfen zu reden wol nicht gewont war; theils, weil auch Aben Esra, qui consobrinus Eliae fuit, (andere machen den AbenEsra zum Eidam) eben so denkt, im Buch Zachut; diese Stelle ist vorhin S. 55 schon da gewesen. Buxtorf aber, der diese Stelle auch wiederholt, S. 26, hat im folgenden weitläuftig den Sinn dieser dunkeln Stelle anders zu bestimmen gesucht; daß der Verfasser viros Synagogae magnae verstanden habe, welches der commentator, R. Iehuda Muscatus und andere Juden auch dafür hielten. Er fürt auch an, daß R. Asarias in Meor Enaiim von dieser Stelle sage,
daß

siehet man, daß seine Meynung nicht ist, Moses hätte sie geschrieben, sondern es wurde in dem Herzen verwahrt, wie Moses gelesen hatte; nemlich wie er den Unterschied zwischen Kamets und Patach, zwischen Tsere und Segol u. d. gl. gelesen hatte. Es wäre zu wünschen, daß uns dieser Gelehrte erklärt hätte, auf wen das (שיש״ב) und sie haben hinzugethan, gehe; auf die Männer der grossen Versammlung, oder auf die Massoreten? nach meiner Meynung geht es auf die letzten.

Dieses ist meine Meynung, daß die Punkte und Accente nicht vor Esra gewesen sind, auch nicht zu seiner Zeit, auch nicht nach ihm; bis der Talmud geschlossen worden ist. Ich habe klare und richtige Beweise dazu; erstlich man findet niemals in allen Worten der Talmudisten im Talmud, in Erzählungen und in Medraschoth, die geringste Spur von einem Punkte oder Accente "),

denn

---

daß er das nomen אנשים, viri, in einem alten codice noch gefunden habe; welche Leseart Buxtorf vorziehet; so eben nicht nach kritischen Regeln von ihm geschiehet, zur Sache aber nichts hilft.

59) Buxtorf hat weitläuftig auf diesen Einwurf geantwortet, im angefürten Buche, Seite 76 seqq. Er fürt Stellen an, wonach manche Rabbinen sagen,

Vorrede des Verfassers. 61

denn wie ists möglich, wenn sie hätten die Punkte und Accente gehabt, daß sie nicht hätten einmal sollen Kamets, Patach, Segol oder Tsere, so auch Paschta, Darga, Tebir u. d. gl. erwähnen? Man antworte mir nicht, von dem was sie bey einigen Worten sagen אל תקרי כך אלא כך (man lese nicht so sondern so [60]), als *)* וכל בניך בניך

gen, der Talmud selbst seie mit musicalischen Zeichen und Puncten versehen gewesen, in manchen Abschriften; weil diese talmudischen Stücke gesungen worden; welches offenbar zur Sache nicht gehöret, da nach Erfindung der sichtbaren Puncte freilich auch manche Exemplare des Talmuds können damit versehen worden seyn. Er mus gestehen, nullum omnino nomen vllius puncti vel accentus in Talmude legitur; leugnet aber die Folge, daß also damalen die Puncte noch nicht in der Bibel gestanden. Andere Stellen, wo von accentibus und maioris geredet wird, ziehet Elias auf potestalem et sonum vocis expressum, oder rem; Buxtorf aber auf *figuram* vel *scripturam*, oder auf rei *signum*.

[60]) Viel solcher Stellen hat Morinus, und Buxtorf besonders gesamlet, Seite 101; sie beziehen sich freilich auf die Einfälle der Rabbinen von anderweitigen allegorischen oder geheimen Verstande solcher Stellen; allein es ist doch noch immer gewiß, daß man viel deutlicher und kürzer diese allusiones hätte anzeigen und merklich machen können, wenn man den Unterschied der Bedeutung oder des Verstandes so gleich durch Namen der Vocalen, die eine andere Bedeutung unter eben diese Buchstaben mit bringen, hätte bestimmen können.

a) Jes. 54, 12.

auch man לְמוּדֵי יי אל תקרי בָּנַיִךְ אלא בֹּנַיִךְ leſe nicht ᵇ) וְשָׂם דָּרֶךְ ſondern יָשֵׂם דֶּרֶךְ. Eben ſo iſts wenn ſie ſagen, יש אם למקרא, אם למסורת. Denn dieſes alles beſtätiget meine Meynung, daß ſie keine (ſichtbaren) Punkte hatten, ſondern ſie waren gewont, ohne dieſelben zu leſen; darum ſagten ſie: man leſe nicht ſo, ⁶¹) ſondern ſo. Denn hätten ſie die Punkte vom Berge Sinai, und das Wort wäre alſo (ſichtbar) punktirt geweſen: ſo hätten ſie ſich nicht unterſtanden zu ſagen, man ſoll es anders leſen. Ein Vernünftiger ſiehts ein, und weiß, daß es an dem iſt. Noch ein ſtarker Beweis iſt, daß die Talmudiſten in Baba Bathra ſagen כי יואב הרג את רבו על שעשה מלאכת יי רמיה da er ihm nemlich vorlas תִּמְחֶה אֶת זֵכֶר עֲמָלֵק wenn ſie nun die Punkte gehabt hätten, und es hätte זֵכֶר mit 6 Punkten geſtanden, wie ſollte er זָכָר mit 2 Kameis geleſen haben? Das kan gewiß nicht ſeyn ⁶²). Noch ein Beweis von dem,

b) Pſ. 49, 22.   was

61): Wie es ganz gemein und gewönlich iſt; ſondern ſo, damit eine rabbiniſche neue Gloſſe ſtatt finde, von eſt mater lectionis, eſt mater Maſorae ſiehe Buxtorf Seite 103 folgg.

62) Dieſe Stelle oder Parabola aus Baba Bathra
hat

Vorrede des Verfassers.

was im ersten Perek von Chagigah auf diesen Vers gefunden wird, ויעלו עולות ויזבחו זבחים u. s. w.

8) 2 Mos. 24, 8. hat ausser andern, auch Morinus lib. 2. exercitat. XII. cap. 4. weitläuftiger mitgetheilt und erläutert; es ist ganz richtig, daß sich dis alles blos auf diese ehemalige Abschriften der Bibel beziehet, welche nur die Buchstaben enthielten, und keine sichtbaren Zeichen der Aussprache noch bey sich hatten. So bald man diese 3 Buchstaben, in jenem Zusammenhange, 5 Mos. 25, las und aussprach, so war gar keine Zweideutigkeit; es lautete entweder Sakar, oder Seker. Es kam aber auf den Lehrer an, weil keine Lesezeichen dabey geschrieben waren, das eine oder das andere Wort aus diesen 3 Buchstaben zu machen; darum wird es so beschrieben, daß David und Joab eine Frage angestellet, wie diese 3 Buchstaben in der Aussprache lauten? Es hätte aber niemand darüber fragen und zweifeln können, wenn das Wort durch die Lesezeichen eine bestimte Bedeutung gehabt hätte. Burtorf beantwortet diesen Einwurf de punctorum antiquitate et origine Seite 108 folg. es hätte gar wol auch in einem punctirten codice das eine Wort für das andere gelesen werden können; daß der Schreiber nicht recht gelesen, und der Lehrer nicht gehörig Achtung gegeben hätte; oder es wäre dieses Wort verblasset und nicht recht sichtbar gewesen, (librum habuit scripturae obsoletae et euanidae; es seie ohnehin eine rabbinische Erdichtung. Diese Antwort, so Burtorfs Vater schon gegeben, ist wol sichtbar ganz ohne Warheit und Grund; auch fictiones Rabbinorum müssen doch nach ihrer ihnen bekanten jüdischen Geschichte und Lage oder einheimischen Zustande fingirt werden seyn. Der jüngere Burtorf setzt hinzu: dis würde gleichwol nichts wider die beweisen, welche den Ursprung

u. f. w. Mar Sutra sagt, לפיסוק טעמים u. f. w. Daraus ist auch bewiesen, daß sie keine Accente hatten, siehe was Raschi daselbst erklärt. Noch mehr: weil die Namen der Punkte und Accente mehrentheils nicht aus dem Hebräischen sondern, aus dem Syrischen und Babylonischen sind [63]) als חולם, מלא פום, צרי, סגול, so auch תביר, דרגא, דגש, מעיק, u. d. gl. Wenn es wahr wäre, daß sie auf dem Berge Sinai sind gegeben worden, wie komt das Syrische dahin? Da doch alle Gebote im Hebräischen sind gesagt worden. Daher sage ich, es ist gewiß, daß die Punkte noch nicht in den Zeiten der Talmudisten gewesen sind; noch viel weniger zu den Zeiten der grossen Versamlung; denn diese Männer hatten derselben nicht nöthig, da sie so ohne Punkte und Accente lesen

sprung der Puncte vom Esdra herleiten; es hätte auch wol an dieser Stelle ein codex punctatus durch den Abschreiber unrichtig geschrieben seyn können; es hätte auch eine verschiedene Puncration in verschiedenen Büchern geben können. Dis ist wol alles ganz schlecht geantwortet.

63) Buxtorf hat Seite 192 seqq. auf diesen Einwurf, nach seiner Art, geantwortet; Morinus aber hat noch einige andere Beispiele aus dem Talmud beigebracht, welche eben dergleichen Ungewisheit der Aussprache beweisen, als vorhin die 3 Buchstaben.

sen konten, und lasen mit Stillhaltung, wo der Verstand aus war; und wo der Verstand nicht aus war, hielten sie nicht stille; so wie sie es gehört und empfangen hatten von den Propheten; wie die Talmudisten sagen: und die Propheten überantworten es den Männern der grossen Versamlung, und den Gelehrten, die damals waren, nemlich die von dem grossen und kleinen Sanhedrin; und die Priester haben es von ihnen empfangen, und von einem Geschlechte zum andern fortgepflanzt, bis sie aus Gewohnheit ohne Punkte und Accente lesen konten.

Viele werden fragen, wie ists möglich gewesen, ehe die Punkte sind erfunden worden, einen Knaben aus einem Buch, das nicht punktirt war, richtig lesen zu lehren? dieses ist aber keine Frage; weil das Hebräische damals die Muttersprache war; denn sie hatten keine andere Sprache, bis sie sind aus ihrem Lande vertrieben worden. Und wenn ein Knabe schon die Buchstaben gelernt hatte, so las sein Lehrer mit ihm im Buche einen Vers 2. oder 3. mal, bis er ihm geläufig war; und weil der Knabe die Sprache verstund, war es ihm leichte die Worte zu behalten, die er gelesen hatte, und allerwerts, wo er sie fand, las er sie, ohne anzustossen. Dieses deutlicher zu machen, will ich erzählen, was ich in Rom gesehen habe: es waren drey Chaldäische Männer aus dem Lande des Prete Johann (nach Rom [64] gekommen, nach welchen der Pabst Leo der Zehnte geschickt hatte; sie waren gelehrt und ihre Muttersprache ist Arabisch; aber sie haben eine besondere Sprache zum Bücher schreiben, und haben ihr ganzes Evangelium in derselben, sie ist Leschon

[64] Diese Nachricht, welche Elias hier giebt, ist merkwürdig, ob er gleich die Absicht nicht eben gut ausdruckt, warum der Pabst solche Ausländer habe kommen lassen; die vulgatam des N. Testaments, nach ihren syrischen Büchern zu corrigiren. Es ist auch nicht genau geredet, aus dem Lande des Prete Johann, oder Iohannis presbyteri; als welcher schon lange vor diesem 16 Jahrhundert nicht mehr lebte; man pflegte aber allerdings noch so zu reden; nur war man uneinig, wo dieses Land und Reich zu suchen sey? Einige suchten es in Abyßinien, und dahin gehört auch wol, was Raynaldus unter dem Jahr 1514 meldet, von dem König David, der mit den Portugiesen in einiger Bekantschaft gestanden, von dem eine Gesandschaft auch an den Pabst Leo gekommen; andere suchen dis Land richtiger in der asiatischen Tatarey. Man ist aber nicht gewis, ob sich Elias nicht mit einigen Maroniten etwa irret, da er von syrischen Abschriften redet, und die Muttersprache dieser Ausländer arabisch gewesen seyn soll.

Vorrede des Verfassers.

Leschón Chasdim, die auch sonst genannt wird אַשׁוּרִי, בָּבְלִי, אַרְמִי, טוּרְסָאִי, oder כַּבְרָא, תַּרְגּוּם. Sie hat also 7 Namen; darum schickte der Pabst nach ihnen, daß er nach ihren Büchern sein lateinisches Evangelium nachsehen wollte. Damals sahe ich bey ihnen die Psalmen im aramischen geschrieben, nemlich mit aramischen Buchstaben; denn ihre Aussprache und Gestalt sind den Hebräischen sehr ähnlich; und habe gesehen, daß sie in diesen Psalmen ohne Punkte gelesen haben; ich habe sie gefragt, ob sie Punkte oder Zeichen und Merkmale hätten, die das Leichte der Sylbe anzeigen, und sie haben mir geantwortet, nein, sondern wir sind schon von Kind auf bis jetzo in dieser Sprache bekannt, darum können wir ohne Punkte lesen. Also sehen wir, daß es durch die Uebung möglich ist, ohne Punkte lesen zu lernen: und eben so gings uns, ehe die Punkte sind feste gesetzt worden, und diese Zeit hat bis zur Zeit da der Talmud geschlossen worden, gedauert; das ist bis 3989 65) Jahr seit Erschaf-

fung

65) Die Juden sind in Bestimmung der Zeit, wo des Talmud Anfang und seine Vollendung zu setzen, selbst nicht einig; die Mischnaioth, so den Juden, mit

sung der Welt, und 436 Jahr nach der zwoten
Entführung. Von dieser Zeit an weiter hat die
heilige Sprache abgenommen, bis zu der Zeit der
Massorethen; diese sind die Männer von Tiberias in Mösia ⁶⁶); sie waren sehr gelehrt, und geschickt

mit dem Beinamen der Heilige, beigelegt werden,
setzen einige in das Jahr der Schöpfung 3949, oder
nach der zweiten Zerstörung des Tempels, ins Jahr
120, das wäre das Jahr 189 nach christlicher Rechnung; andere setzen es 30 Jahre später, ins Jahr
3979. Die christlichen Gelerten sind ebenfals sehr
getheilet in den Meinungen, über der Zeit der
Mischna und des doppelten Talmuds, (oder der
Gemara) welcher ganz deutlich sich auf eben diese
Mischna beziehet, und sie als älter voraussetzt. Man
kan die vornemsten Meinungen der Juden beim Buxtorf p. 396. und Morinus nachsehen, lib. 2. exerc. 6.
c. 1 seqq. alwo auch Kap. 4, v. 3. diese Stelle unsers
Elias vorkomt, dessen Rechnung nach einer andern
Stelle desselben freilich nicht eintrift. Andere Juden
zälen über 4000 und fast noch 200 Jahre seit der
Schöpfung bis auf die Vollendung der Gemara.
Morinus setzt die Vollendung des Talmuds ins 7
christliche Jahrhundert; andere ins 9 oder 10te;
dis ist wol etwas zu sehr hintangesetzt: aber es ist
gewiß, daß die gemeinen Vorstellungen von dem
hohen Alter der Mischna, (schon im Anfang des 2ten
Jahrhundert) und der Gemara eben nicht gewis und
zuverläßig sind.

66) Dis ist die gewönliche Schreibart; so hat Buxtorf
und andere dieses Wort, so im textu מישׁיא geschrieben wird, ausgedruckt, quae est Moesia; siehe
des Vaters Tiberias cap. 3. p. 11. der Ausgabe in 4;
wo

schickt in der heiligen Schrift, und reiner in der Sprache, als alle Juden, die damals und nachher gelebt haben ⁶⁷), wie ihnen Rabbi Jona, der

Gram-

wo auch pag. 14. des R. Jacob Beschreibung mitgetheilt wird, doctrinas accentuum, quas composuit R. Aharon, filius Ascher, ex loco siue vrbe *Moesia*, quae vocatur Tiberias; daher Münster in seiner Grammatik es so umschrieben hat, Iudaei illi Tiberitae, qui scil. habitabant in *Moesia* Paphlagoniae, in klein Asien also, an dem Pontus Euxinus. Eben so füret, der jüngere Buxtorf, in der Schrift de punctorum antiquitate et origine, pag. 25. die Stelle des R. David Kimchi, aus seinem Michlol an, lectionem Resch raphati et dagessati nos non audimus; wir können es in der Aussprache nicht unterscheiden; inueni autem in libro Eli, filii Iehudae hannosis; signum, siue differentiam istam Resch dagessati et leuis, habere filios (מעשיה,) *Mŏesiae*, quae est Tiberias etc. Ich weis nicht warum man dis hebräische Wort so lieset, daß Moesia heraus kommen mus, so sich doch auf keine Weise zu Tiberias schickt, welche Stadt die Juden geradehin in Paläſtina sezen, und zu Galiläa rechnen. Ich dächte, man könte es sicher corrigiren, wenn sich auch die spätern Juden, durch den latein. Namen, den sie in der Geographie fanden, haben irre machen lassen. Wenigstens kan *Moesia* nicht statt finden. Asien oder dergleichen.

67) Buxtorf de punctorum antiquitate hat von pag. 20 an, und folgg. mehr solche Stellen angefürt, von dem Vorzuge der Gelerten zu Tiberias in genauer Kentnis der Aussprache; und Morinus lib. 2. exercitat. 17, cap. 1. wie er Kap. 2. hingegen aus dem Talmud Zeugnisse anfürt, daß die Juden von Tiberias und Galiläa, in jener ältern Zeit, verachtet worden,

Grammatiker, das Zeugnis gibt, da er von den Buchstaben בגד כפת handelt: In dem Reich mit Dagesch und ohne daſſelbe ſind die Männer von Tiberias geſchickt, aber wir nicht; denn ſie ſprachen beſſer als alle Juden. Eben ſo ſchreibt Rabbi Abraham Aben Eſra in dem Buche Zachuth: dieſes iſt der Gebrauch der Gelehrten von Tiberias, und ſo iſts recht; denn von ihnen waren die Maſſorethen, und von ihnen haben wir alle Punkte empfangen ꝛc. Dieſes aber habe ich gefunden, daß die Maſſorethen den Punkten keine Namen beygelegt haben, auſſer Kamets und Patach, und unter dieſen verſtunden ſie auch Tſere und Segol; nemlich ſie nannten Tſere auch Kamets, und Segol auch Patach, und als die erſten Grammatiker gekommen ſind, haben ſie in der Benennung einen kleinen Unterſchied gemacht, nemlich dieſes . קָמֵץ גָּדוֹל dieſes .. קָמֵץ קָטֹן, dieſes .: פַּתַח גָּדוֹל und dieſes . פַּתַח קָטֹן, aber die andern Punkte haben ſie nicht in der groſſen und kleinen Maſſore mit ihren Namen erwehnt; ſondern

worden, von den übrigen Juden. Er ſchlieſſt alſo daraus, daß erſt nach den Talmudiſten jene Juden zu Tiberias dergleichen Anſehen und Ehre erlanget haben.

dern sie haben das Chirek אִי, das Cholem אֹ, das Schurek אוּ das Kibuts אֻ genant; aber dem Schva und den drey Chatphin haben sie andere Namen gegeben, wie ich in der zwoten Tafel im 3 §. erklären werde. Z. E. Da sie in der Massora sagen, בָּא מְלִיץ חַד אוּ וְחַד אִי

הָאַמֹר יֹאמַר אֱלֹהִים אָנִי, לֵית וְחַד הָאָטוּר לַמֶלֶךְ בְּלִיַעַל aber nicht sagen sie, חַד חוֹלֶם וְחַד שׁוּרֶק. Eben so 27. Wörter wo אִי stehet, und ein jedes hat seines gleichen nicht, als יָפִיל, לֵית, לָלִין, לֵית, und sagen nicht: die ein Chirek haben. Daß man in einigen Ausgaben, Cholem, Chirek, oder Schurek findet: das sind nicht die Worte der Massorethen, sondern ein Witz des Schreibers, daß er zeigen wollte, er verstünde die Massore [68]). Dieses ist die Ursache, warum sie den andern keine Namen, als Kamets und Patach, gegeben haben: weil die Figuren der

andern

---

a) Hiob 34, 18.

68) Buxtorf hat selbst in der Anticritica gar häufig es angemerket, daß zu der alten Massora von jüngern Abschreibern oder gar von dem Herausgeber, R. Chaiim, gar oft jüngere Stücke und Beobachtungen zugesetzt worden seien.

andern Punkte, Buchstaben die ihnen ähnlich sind, zum Merkmal haben, diese sind vau und jod, אֵ, אָ, אִ so haben sie es bey diesen Namen bewenden lassen; aber Kamets und Patach, die keinen ähnlichen Buchstaben haben, mußten sie mit besondern Namen anzeigen. Eben so bey dem kleinen Kamets und kleinen Patach; weil sie mehrentheils keinen ähnlichen Buchstaben haben, wie ich in Perek Schirah erklärt habe: so nannten sie dieselben קָמֵץ קָטָן und פַּתָח קָטָן, und hernach sind andere Grammatiker aufgestanden [69], die

[69] Von dem Grammatiker Jehuda Chiug an; der diese alten Zeichen, schon mit diesen nun bekanten Namen nennt; אָ, Kamets, אַ, Patach, אֵ, Tsere, אֶ, Segol, אִ, Chireck, אֹ, Cholem, אֻ, Schureck. Buxtorf hat mehr gesamlet, das hieher gehöret; wie in eben diesen tractatu de punctorum antiquitate pag. 190. aus dem Buche Arugas Habbosem eben diese Stelle von *haccusar* angeführt wird, welche bald nachher hier folgt: *Cosar vero appellat chirek Scheber magnum*; die Massorethen aber haben nur die Beschreibungen i. u. o. ohne besondere Namen; Seite 191 folgt eine Stelle aus dem Buche Cosri, part. 2. §. 80. von Eintheilung der Vocalen. Morinus hat diese ganze Disputation des Cosri, der die Parthey der Karaiten daselbst nimt, etwas erleutert, lib. 2. exercitat. 13, capite 2. §. 8; übrigens aber, wie nicht unbekant ist, behauptet, daß die Einrichtung der Puncte und
der

Vorrede des Verfassers.

die die Namen verändert haben; diese nanten das kleine Kamets, Tsere, und das kleine Patach, Segol. Hierin stimmen alle überein; aber in den Namen der andern Punkte stimmen nicht alle überein; einige nennen dieses אוֹ Cholem, und einige Male Pum (volles Maul) und eben so nennt es Rabbi Salomo Jsaak, siehe bey dem Worte יְכַסֵּימוּ. Wir Deutschen nennen dieses מְלֹא פוּם ich weiß aber nicht wo es herkomt; denn in allen Büchern von der Grammatik und Punkten findet man nicht, daß es so genannt wird; sondern Schurek, und wir nennen dieses אֻ Schurek, die Grammatiker aber nennen es drey Punkte, oder Kibbuts; das gewöhnlichste ist קִבּוּץ שְׂפָתַיִם; einige sagen, קִבּוּץ פּוּם. Was einige Chirek nennten, das nennten andere שֶׁבֶר, so nennts auch Rabbi Aben Esra an vielen Orten, und schreibt, es heiße so im Arabischen. Der gelehrte Kusri nannte das Chirek שֶׁבֶר גָּדוֹל und das Tsere שֶׁבֶר קָטֹן: mir ists aber gewiß, daß sie das Chirek der kurzen Sylbe, nemlich ohne jod, nur שבר nannten und das mit dem jod blos Chirek.

Ich
der ganzen Grammatik einer Nachahmung der Araber zuzuschreiben sey.

Ich habe nun weitläufig genug gezeigt, daß die Punkte und Accente nicht auf dem Berge Sinai gegeben worden, und daß sie auch die Männer der grossen Versamlung nicht erfunden haben; sondern die Massoreten, die nachher aufgestanden sind, wie ich erklärt habe; das ist gewiß, daß dieselben die ganze heilige Schrift bey ihrem Stande erhalten haben; denn sie hätte ohne Zweifel, wenn dieselben nicht gewesen wären, ihre Ehre verlohren, und die Thorah wäre sehr verschieden geworden; es wären nicht zwey Bücher von der Schrift gewesen, die übereingestimmet hätten, so wie es andern Büchern gegangen ist. Man siehet ja, wie viel Veränderungen und Verwechselungen in dem Targum des Onkelos gefunden werden; ohnerachtet man ein Buch darüber gemacht hat, das Massoreth Hatargum über die Thorah heißt; welche Massore aber nicht die Zahl der Wörter und Buchstaben u. d. gl. in sich fasset, sondern es werden nur einige einzelne Wörter, bey denen der Targum anders als sonsten bey ihres gleichen lautet, gezählet; eilfmal wird יָדַעְתִּי durch יֵדְעָא verdolmetschet, und die andern durch יְדִעִית, so auch 3 שָׁבוּ werden durch אוֹרִיכוּ und 2 עֵץ durch

Vorrede des Verfassers. 75

durch אֲלַן verdolmetſcht, und viele dergl. Man findet dieſelben in meiner Vorrede des Buches der radicum, das ich über den ganzen Targum verfertiget habe; nemlich אוּנְקְלוֹס über die Thorah, und יוֹנָתָן über die Propheten und עֲקִילוֹס über die Hagiographa, von welchem einige ſagen, es wäre der Targum von Rabbi Joſeph; ich habe meinem Buche vor ſeiner Geburt den Namen מְתוּרְגְמָן gegeben, und hoffe zu Gott, daß ich es bald in Druck werde geben können, und zu ſehen, ehe ich ſterbe [70]).

Aber

[70] Aus der Vorrede des Elias zu dieſem Buche, Methurgeman, hat Morinus libro 2. exercitatio 8. cap 6. num 9 eine kleine Stelle angefürt, des Inhalts: daß vor Erfindung der Buchdruckerkunſt der Targum über die Propheten ſo ſehr ſelten geweſen ſey, daß man kaum ein einzig Exemplar davon in mancher Provinz und groſſen Gegend angetroffen; daß aber Targum des Onkelos, (über die Bücher Moſis,) faſt in jedermans Händen geweſen, weil die Juden alle Sabbat eine Paraſchah hebräiſch und chaldäiſch leſen müſſen. Kurz vorher, num 8. hat Morinus des R. Azarias Anmerkung beigebracht, aus Imre Binah c. 48, welcher die gemeine Meinung der meiſten Juden, welche Onkelos und Akilas, für eine und dieſelbe Perſon hätten, umſtändlich, durch gute Gründe, widerlegt hat. Er merkt beſonders an, daß Akilas keine chaldäiſche Ueberſetzung gemacht habe, wol aber eine griechiſche;

wie

Aber das Hauptwerk, was die Maſſoreten gebraucht haben, iſt: daß ſie ihre Kräfte angeſtrengt, und nicht geruhet, bis ſie alle Verſe, Worte und Buchſtaben von jedem Buche gezählt haben, darum ſind ſie auch סוֹפְרִים 71) (Zähler) genannt

wie er denn auch 13 Beiſpiele anbringt, griechiſcher Worte, ſo dem Akilas beigelegt werden: es ſeie alſo Akilas vom Onkelos unterſchieden; weiter: zuweilen wird zwar Akilas angefürt; er habe ſo und ſo es gegeben, und folgt doch ein hebräiſches Wort, und kein griechiſches, da mus man merken, daß das griechiſche Wort ausgelaſſen worden iſt. Er fürt darauf noch eine Stelle an, aus Midraſch Coheleth über cap. 11, 3. wo des Akilas Name gemeldet wird, und doch eine chaldäiſche Ueberſetzung folget; da ſagt Azarias: du kanſt ſicher glauben, daß dis ein Feler im Abſchreiben iſt; es ſolte wol Jonathan geleſen werden, für Akilas; ob gleich nicht gewis iſt, daß Jonathan über die Hagiographa (Ketubim) ein Targum gemacht habe. Onkelos kan es nicht ſeyn. Der Joſeph, dem man targum über Hagiographa beilegt, pflegt noch durch den Beinamen caecus oder luscus unterſchieden zu werden.

71) So ſtehet ſchon im Talmud, tract. Kiduſchim; quare vocati ſunt priſci (*Riſchonim*,) Scribae, *Sopherim*? quia numerarunt omnes litteras legis, dicentes, quod *vau* dictionis גחון, leuit. 11, 42. eſt *media littera* libri legis; דרש דרש, leuit. 10, 16. media *dictio* legis; והתגלח, leuit. 13, 33. medius *verſus* legis. Eben dergleichen findet man in tractatu Sopherim c. 9. andere Stellen hat Buxtorf, der Vater

de

genannt worden. Man siehet, daß sie durch ihren Fleiß erlangt haben, daß sie wußten, das vau
von

de *Masora*, oder in commentar. masorethico c. XI.
Diese ganze Arbeit ist übrigens schon von mehrern
verständigen Juden als ziemlich unerheblich und un-
fruchtbar angesehen worden; Morinus hat selbst
seine Uebersetzung jener Stelle des Buchs Cosri: —— (*numerarunt* omnes litteras, et declararunt,
quod vau dictionis גחון medium est legis, war vor-
hergegangen) numquid vides, quod opus eorum in
hoc vanum fuit et superuacaneum aut diligens occupa-
tio in re damnabili, weitläuftig erläutert und gerettet,
lib. 2. exercitat. 13. c. 2. §. 6 seqq. Man köute auch
wol diese letzten Worte בדברי חובה geben, in
rebus cetera satis honestis, et ad officium boni Iudaei pertinentibus, und ist doch eine Beurtheilung,
daß diese Arbeit zwar einen ganz pflichtmäßigen Gegenstand gehabt, aber sehr schlecht und ohne gehö-
rige Betrachtung eines Zwecks, angewendet worden. In eben dieser Abhandlung Kap. 9, hat Morinus auch solche Aussprüche gelerter Juden gesamlet, welche gar schlecht von dieser mühsamen Arbeit
der zälenden Masorethen, urtheilen; besonders
des AbenEsra: wer hieben stehen bleibt, similis est
ei, qui manu sua tenet librum *Medicinae*, et defati-
gat se *in numerando*, quot *paginae* in libro, quod *lineae* in pagina vnaquaque, quot *litterae* in vnaquaque lineа — ecce, qui scit Masoram, et aliam scientiam non didicit, similis est camelo, gestanti onus;
qui oneri, quod gestat est inutilis, atque etiam onus
ipsum ipsi est inutile; welche Stelle des AbenEsra
auch Ephodäus wieder angefürt hat, zu beweisen,
daß manche gelerte Juden eben nicht viel aus solcher Arbeit gemacht haben. Es ist desto mehr zu ver-
wun-

78 **Vorrede des Verfassers.**

von גחון a) sey die Hälfte von der Thorah in den Buchstaben; und דָרֹשׁ דָרַשׁ מֹשֶׁה ist die Hälfte von den Wörtern in der Thorah, und וַיָּשֶׂם עָלָיו אֵת הַחֹשֶׁן b) ist die Hälfte von den Versen, und eben so bey einem jeden Buche von den 24 Büchern. Eben so haben sie gezählt die Verse, Worte und Buchstaben eines jeden Abschnitts in der Thorah, und haben Merkmale darauf angegeben; als in Paraschah Breschith sind 146 Verse, das Merkmal ist אֲמַצְיָה: in Noach sind 153, das Merkmal ist בְּצַלְאֵל, und so bey einer jeden Paraschah, haben sie einen Menschennamen zum Merkmal gegeben. Die Buchstaben in der Parschah Breschit sind 1915, das Merkmaal ist אך עץ שור 72).

Nun wundern, daß christliche Gelerte sich von solcher masorethischer Arbeit gar sehr viel einzubilden pflegen; daß sie besonders ad conseruandam integritatem scripturae geholfen habe. Welche schlechte Begriffe von Integritas scripturae! und von Notwendigkeit diese elende Integritatem zu bewaren!

a) 3 Mos. 11, 42.   b) 3 Mos. 8, 8.

72) Hievon mus man Buxtorfs tiberias oder commentarium masorethicum nachsehen; cap. 12. wo die masorethischen Anmerkungen von ganzen Versen, mitgetheilt werden; Kap. 13, die Anmerkungen über die Worte; Kap. 14 folgg. über die Buchstaben.

Vorrede des Verfassers.

Nun will ich aber auch zeigen, wie so ein א Tausend und ein א neunhundert bedeutet. Die Kabbalisten und Massoreten haben die fünf End-buchstaben zu den andern hinzugethan, so sind alle Buchstaben 27 an der Zahl; diese haben sie in drey Theile getheilt, nemlich 9. zu jedem Theil; das erste Theil ist von א bis ט der Einheiten, das zweyte ist von jod bis zade der Zehner, und das dritte ist der Hunderte, nemlich ץ. ף. ן. ם. ך. ת. ש. ר. ק auf diese Art kommt die Zahl der Buchstaben bis tausend; denn das ת ist 400. das ך 500. das ם 600. ן 700. ף 800 das ץ 900. Die Zahl tausend fängt sich wieder von Aleph Beth an, und man schreibts aus, אָלֶף. Es ist einer der da sagt, es heiße deswegen אֶלֶף: wenn aber eine andere Zahl dazu kömmt, schreibt man

staben. Nun mus man den commentarium *criticum* oder Buxtorfs castigationes in Masoram, über alle einzele Bücher dazu nemen, um einzusehen, wie wenig bis eine solche gute Verwarung und Sicherheit der so und so gezälten, so wol ganzen Redensarten, als einzeln Worte, und der Verschiedenheit der Bedeutungen, seie und seyn könne; indem Buxtorf etliche hundert Feler in diesen gedruckten Ausgaben der Masora theils verbessert theils angezeiget, und ihre Ausbesserung andern überlassen hat.

man nur א, darum ist אך 1900. Eben so die Verse von Breschit sind 1534, das Merkmal ist אך לה, und so auch die Zahl der Verse von der ganzen Thorah sind 5842, und die Zahl der Buchstaben von der ganzen Thora, ist 600045. Wir finden auch, daß sie die Zahl eines jeden Buchstaben gezählt haben; die Zahl der Alphin ist 42377, der Bethin 38218, und der Gimeln 29537 und so von einem jeden Buchstaben. Es ist hierauf ein hübscher Charus gemacht worden, der sich so anfängt: אהל מכול בניני, und ich habe gehört, daß Rabbi Saadias Haggaon ihn gemacht habe; es ist dis wahrscheinlich, weil man fremde und schwere Wörter darin findet, die nicht aus der Schrift sind, und dergleichen findet man in seinem Buche Amunoth. Vielleicht werde dieses Gedicht am Ende dieses Buchs mit einer Erklärung drucken lassen; indem es sonst schwer zu verstehen ist [73]).

Ich

---

[73]) Dieses Gedicht ist in der Baselischen Ausgabe dieses Buchs Massoreth Hammassoreth, die ich zu dieser Uebersetzung in Händen habe, nicht befindlich; Buxtorf, der Vater, hat es c. 13. des commentarii masorethici aus der venetianischen mitgetheilt, mit einer Uebersetzung, die sich mehr auf die Sache, als auf die

Vorrede des Verfassers.

Ich will wieder zum vorigen kommen und sagen, daß nach dem Werke, so die Massoreten gemacht

die einzele Worte beziehet; es soll am Ende dieser Uebersetzung mitgetheilt werden. Raf Saadias Haggaon lebte in der ersten Hälfte unsers zehnten Jahrhunderts, als Vorsteher der jüdischen Academie zu Sora in Babylonien. Schikard hat sich die Mühe gegeben, alle Summen aller einzelnen Buchstaben, wie sie in diesem Gedicht angegeben werden, in seinem Buche Bechinath *happeruschim*, zu berechnen 815280, qui numerus, an de sola lege accipiendus, an de vniuersis bibliis inquirant alii, schreibt Buxtorf, illud probabilius. In der That, es wäre dis eine sehr würdige Beschäftigung für uns Christen, παλαιοτητα γραμματος wieder mit allem Ernst zu treiben, und uns dabey eine grosse Hochachtung der heiligen Schrift einzubilden, welche der muhammedanischen Arbeit sehr ähnlich ist, indem der *coran* eben so durchgezählet ist. Rabbi Joseph, *del Medico*, cretensis, scribit, setzt Buxtorf hinzu: Rabbini nostri dicunt, *sexaginta* sunt myriades litterarum legis, sicut sunt *sexaginta* myriades animarum Israelis. Iuxta supputationem R. Saadiae sunt 80 circiter myriades; quomodo hoc sit intelligendum et haec concilianda, ego non assequor. Deus illuminet oculos nostros in aduentu Messiae Regis nostri! amen Dieser Wunsch träfe leichter ein, wenn christliche Gelerten die jüdische Neigung und Hochachtung der παλαιων und αθενων στοιχειων von Zeit zu Zeit zu schwächen, und πνευμα, oder τελειοτητα zu befördern suchten. Was aber die Verschiedenheit der Zahlen dieser Buchstaben betrift: so ist es gar leicht begreiflich, wenn man die Ungleichheit der Rechtschreibung berechnet, ob Worte als Mleim oder Chaserim geschrieben worden; so in den Abschrif-

macht haben, es nicht möglich ist, daß eine Verwechselung oder Veränderung in der Schrift vorgefallen oder noch vorfallen kan; daher haben die Talmudisten nicht umsonst gesagt מסורת סיג לתורה (die Massore ist ein Zaun für die Thorah) 74).

Eben schriften nach der Verschiedenheit der Provinzen und Gelerten einen grossen Unterschied der Zahlen machen mus. Jene 60 Myriades, so diese Juden mit der Zahl der 600000 Israeliten berechnen, kan recht seyn; und 800000 kan auch recht seyn, wenn die Proselyten, die etwa dazu gekommen, mit gezälet worden. Da ist Weisheit!

74) Elias hat wol nur ad hominem also geurtheilet, um nicht zu sehr anzustossen, da er ohnehin von seinen Glaubensgenossen schon viel Unlust auszustehen hatte; es ist wenigstens kaum glaublich, theils, daß er überhaupt selbst dieses im Ernst dafür halten solte, daß durch solches Zälen der Worte, ob sie beisammen, ob sie zu Anfang oder Ende vorkommen, und der Buchstaben, eine Sicherheit und gleichsam ein Zaun, wie das alte masorethische Sprüchwort lautet, solte zu Stande gebracht worden seyn, wonach wirklich keine Veränderung im Schreiben statt finden könne; theils, daß er den Begrif von Massora, der in jenem Ausspruche auf die mancherley eingefürten Erklärungen und Zusätze der Rabbinen gehet, so wenig richtig solte gekant haben, daß er ihn hier von dem Zälen und Ausrechnen der Buchstaben nemen solte. Morinus hat lib. 2. exercitat. XX. c. 1. weitläufiger hievon gehandelt, und es hinlänglich widerlegt, daß dieses Zälen wirklich aus alten Zeiten, und an sich zuverläßig und von einigem solchen Nutzen sey, als Elias hier sagt; Richard Simon hat in histoire critique livre I. chap 26

aus

Vorrede des Verfassers.

Eben so sagten sie auch von dem Vers, איש *)
75) חרבו על ירכו מפחד בלילות) Das wäre die
Massore, und die Merkmale, damit nicht das
Gesetz in der Gefangenschaft vergessen werde. Die
Massoreten waren zu hunderten und tausenden
viele

aus einer Handschrift (über den Pentateuchus) zu
Perpignan, die Zahlen der Buchstaben, nach allen
5 Büchern angegeben, da bisher nur die Buchstaben von genesi bey der rabbinischen grossen Bibel
(in Venedig und Basel gedruckt,) angezeigt worden,
und zwar nur die Zahl 4395, welche Zahl freilich
falsch seyn mus, wie Rich. Simon es schon beur-
theilt hat. Jene Handschrift zälet in Genesi 20713
Worte, und 78100 Buchstaben; (wonach jene kleine Zahl 4395 nur einige paraschas begreifen kan;
oder es felet noch ein Zahlbuchstabe.) Das 2te
Buch Mosis hat nach dieser Anzeige, 63467 Buchstaben; das 3te Buch, 44989 Buchstaben; das
4te, 62529 Buchstaben; das 5te, 54892 Buchstaben. Wer dis nun nicht glauben will, mag es
nachzälen. Nun ist aber weiter nichts hiemit zu
Stande gebracht, als die Buchstaben in einem be-
stimten Exemplare, sind gezälet worden; wonach
man aber andere Abschriften in andern Ländern
und Zeiten, wegen anderer Orthographie, nicht beurtheilen kan; wenn man nur an matres lectionis
denkt, ist dis schon klar. Indes würde bennoch
dis nichts helfen, wenn nicht die Buchstaben aller
Verse und aller Worte, und zwar mit Anzeige wie
vielmal jeder Buchstab, wieder gezälet worden.

a) Hohelied 3, 18.
75) Vnius cuiusque ensis super femur suum, propter
timores nocturnos; das ist ein Denkmal des rabbinischen Witzes.

viele Jahre lang; man weiß aber nicht die Zeit ihres Anfangs und Endes [76]. Auch noch jetzt ists erlaubt, wenn jemand Merkmale oder Regeln, Zahlen von Wörtern, oder sonst etwa einen Satz von der Massore geben will; aber unter der Bedingung, daß man nichts darf vermehren noch abbrechen von dem, was die Männer der grossen Versammlung beschlossen haben, in den Mleim und Chaseriin, in Kri und Ktib, in den grossen und kleinen Buchstaben, in den Pruchot und Setumot der Thorah u. d. gl. Man darf auch nicht wider die Massoreten streiten in den Punkten und Accenten, und in den Zahlen der Wörter, die sie gezählt, und Merkmaale darauf angegeben haben [77].

Ich

---

[76] Dis weis also Elias auch nicht, mit historischer Zuverläßigkeit; sondern er vermutet es. Dieses Zälen der Buchstaben ist wol erst aus jüngern Zeiten; im Talmud und alten Nachrichten, ist nichts davon anzutreffen.

[77] Es soll nemlich die Arbeit der eigentlichen Massorethen unterschieden bleiben, von den änlichen Arbeiten späterer gelerten Juden. Es ist aber allerdings gar viel zu corrigiren und zu ändern in diesen massorethischen Zahlen, wie oft ein Wort so oder so vorkomme.

Ich habe selbst wieder neue Sätze und Regeln von dem Inhalte der Massore angemerkt, die noch nicht bey den Erstern gefunden werden, und habe sie in meinem grossen Buche zusammen getragen, über welchen ich mehr als zwanzig Jahre zugebracht habe, und habe es ספר הזכרונות genannt; ich hoffe mit Gottes Hülfe, daß es bald ans Licht kommen werde, da ich es schon in Paris zum Druck gegeben habe. Die grosse Massore ist sehr weitläufig und ich schätze, wenn alles, was ich in meinem Leben von derselben gesehen, zusammen wäre: daß sie so viel als die 24. Bücher ausmachen würde; und habe bereits in der poetischen Vorrede gemeldet, daß man kein Buch von derselben findet [78]), ausser das Buch אכלה ואכלה, das wegen des Anfangs also heißt. Auch alle Massore, die hier in Venedig bey den 24 Büchern in grossem Format gedruckt worden, ist mehrentheils aus diesem Buche. Rabbi David Kimchi führt dasselbe bey dem Radix קרב an. Es ist auch das

---

[78]) Ich habe schon vorne angefürt, daß Buxtorf in der Anticritica mehrmalen eine Masoram MStam anfürt. Von dem Buch haschronoth, und von Achla veachla mus man Wolfs Bibliothecam Hebraicam nachsehen.

das, was man am Rande der Bücher findet, nur ein Auszug aus der grossen Massore; denn die Massoreten haben gewis dieselbe nicht am Rande der Bücher geschrieben, weil sie da keinen Platz hatten; sondern sie haben dieselbe in besondere Bücher geschrieben; dieselbe öffentlich gelehret, und die Abschriften hin und wieder ausgetheilet. Die Abschreiber der heiligen Schrift aber haben, was ihnen gefallen hat, ausgesucht, und dasselbe am Rande geschrieben; einer machte es weitläufig und der andere kurz, nach der Grösse des Formats, wie ich schon in der poetischen Vorrede gemeldet. Daher haben sie auf den Seiten der Bücher die Anspielungen, Merkmale und Zahlen der Wörter, und der Bedeutungen kürzlich mit Abbreviaturen, und durch Notarikon angezeigt, und das ist, was sie die kleine Massore genennt haben, wie es nachher in den Schibre Luchoth wird erklärt werden. Auf demselbigen Worte, wo sie etwas angemerkt haben, machten sie ein Ringelchen, oben über die Mitte desselben; anzuzeigen, daß etwas darüber auswendig angemerket ist, als וַיִּבְדֵּל wird 3 mal in der Schrift gesunden; so zeigt (der circellus) auf das auswendige, ג

oder

Vorrede des Verfassers.

(oder die Zahl 3.). Eben so machten sie auf ein Wort, daß nur einmal gefunden wird, ein Ringelchen; um auf das auswendige ליח oder ל zu zeigen; dis wird auch in nächst gemeldeten (Schibre Luchoth) erklärt werden. Und wenn ein Ringelchen zwischen zwey Wörtern stehet, so beziehet sich das auswendig Angemerkte auf beyde nächste Wörter; als בָּרָא אֱלֹהִים, (am Rande) דסמיכי (79) ג׳; פְּנֵי תְהוֹם, ב׳ דסמיכי, רוּחַ אֱלֹהִים, ה׳ דסמיכי

und

---

79) S. Buxtorfs Clauis Masorae unter dem Worte סָמִיךְ, hier felet am Ende das ן finale, daß das ganze Wort hies, דסמיכין, dreimal stehen diese 2 Worte, bara elohim, so beisammen. In der kleinen Masora wird gemeiniglich nur die Abbreviatur דס׳ oder דסמי׳ gefunden. Eben so wird auch ל׳ angemerkt; es wird nirgend wieder so zusammen angetroffen. Uebrigens hat Buxtorf in dem commentario critico gar oft angemerkt, daß der circellus in den vorigen Ausgaben der grossen Bibel an einem unrechten Ort gesetzt worden; als Genes. 2, 2. Dieses beziehet sich vornemlich auf die sogenante Masoram *paruam*; Buxtorf druckt dieses alles so aus: *Vox* textus, ad quam nota masorethica pertinet, *circulo* superne notatur. Si *plures circuli* sunt, tunc *ordine* notae ipsis respondent; si *ad medium duarum* pluriumue vocum *circulus positus sit*, tunc ad eas coniunctim Masora referenda est. Dergleichen kritische Merkmale und Zeichen einer besondern Beobachtung schon in Schriften griechischer und lateinischer Verfasser von den sogenanten grammaticis gebraucht worden,

und in den richtigsten Ausgaben stehet nicht דסמיכי dabey; denn es ist nicht nöthig, wie ich in der zwoten Tafel §. 6. erklären werde. Wenn 3 oder 4 Wörter zusammen stehen, worüber sie etwas angemerkt haben: so machten sie allemal zwischen zwey und zwey Wörter ein Ringelchen, als את השמים ואת הארץ, am Rande stehet 13, so auch וידבר יי אל משה ואל אהרן, stehet: 12, und ofte haben sie auf einem Worte zwey Ringelchen gesetzt, um die beyden auswendig angemerkten Sachen anzuzeigen; als מחטו לי, stehet, א eins zeigt an, daß es von den 5 Wörtern in der Thorah ist, bey denen ein Aleph mangelt, und gehet aufs ג.

Man muß wissen, wenn sie eine Summe von einem Worte, wie viel mal es gefunden wird, anzeigen wollen: so haben sie nicht dasselbige Wort selbst

worden, deren Bedeutung verschieden war; obelus, um das Wort oder den Satz für überflüßig und unrecht zu beurtheilen; asteriscus, einen Zusatz anzuzeigen, u. s. w. Hier ist das Zeichen blos ein Merkmal einer dazu geschriebenen Beobachtung, derer Gelerten, welche ihre besondern Bemerkungen nach den gehabten Handschriften der hebräischen Bibel mittheilen.

Vorrede des Verfassers. 89

selbst so oft angeführt; sondern die ersten Wörter des Verses worin das Wort stehet. Z. E. לָאוֹר sind sieben; und ihr Merkmal ist ᵃ) וַיִּקְרָא אֱלֹהִים
וְהֹלַכְתִּי עִוְרִים, יְיָ צַדִּיק, עַל כֵּן רָחַק (ᵇ
זָעַק יְיָ, לָאוֹר יָקוּם, מְגַלֶּה עֲמֻקוֹת,
diese alle sind die Anfangsworte der Verse, in denen לָאוֹר stehet: und ofte haben sie auf dieselben ein Merkmal im Syrischen gegeben, als auf לָאוֹר, ḥ und ihr Merkmal ⁸⁰) ist
צְוַח סוּמְיָא וְסַבַּר לְמֵיפַק בְּלֵילְיָא וְסִימָן בְּצַפְרָא
man untersuche, so wird man finden, daß dieses Merkmal mit den oben gemeldeten 7 Versen übereinstimme. Aber wenn die ersten Anfangsworte

F 5   gar

---

a) 1 Mos. 1, 5.   b) Jes. 42, 16.

80) וְסִימָן, et symbolum, clamauit (beziehet sich auf וַיִּקְרָא) caecus, (die Stelle Jes. 42, 16. deduxi *caecos per viam*) et exspectauit (Iesai. 59, 9. *exspectauimus lucem*;) exire. (Mich. 7, 9. *exire me facit in lucem*) noctu (Iobi 12, 22. *reuelans profunda e tenebris*) et surrexit (Iobi 24, 14. ad lucem *surgit latro*;) inane, (Zeph. 3, 5. omni *mane* profert judicium suum.) Buxtorf hat diese Stelle besonders erklärt in claue Masorae c. 13. Durch diese schwere und dunkle Anzeige ist freilich die Masora gleichsam den Gelerten eigentümlich geblieben, welche allein solche *textuales magistri* waren.

gar zu häufig vorkommen, als וַיֹּאמֶר, וַיְדַבֵּר, וַיְהִי u. d. gl. so haben sie nicht dieselben, sondern 2. oder 3 Hauptwörter des Spruchs zum Merkmal genommen. Sie haben auch öfters die Bücherordnung der Schrift geändert, damit durch den gehörigen Zusammenhang der Worte ein deutliches Merkmal herauskomme, z. E. וְטוֹב, ה, und ihre Merkmale sind ²) רָץ הַבָּקָר וְאֶל, וְהַנַּעַר שְׁמוּאֵל וּשְׁמוֹ שָׁאוּל בָּחוּר הוֹסֶפֶת חָכְמָה וַיִּמְצְאוּ מֵרֵעָה, und auf Syrisch sind diese die Merkmale טַלְיָא בְחִירָא רָהֵט וְאַשְׁכַּח חָכְמְתָא (ein auserwehlter Jüngling lief u. s. w.) da sind also die beyden ersten Wörter aus Samuel, das dritte aus dem ersten Buch Mosis, das vierte aus der Chronik, und das fünfte aus den Königen.

Ueberhaupt sind ihre mehresten Anmerkungen nur auf Wörter und Sachen, wo zu besorgen ist, daß man sich irren könte z. E. אֱלֹהִים וְרוּחַ, ה, weil die andern alle יְיָ רוּחַ heißen, so auch 32. weil alle andere וַיְהִי heißen u. d. gl. viele. Eben so

²) 1 Mos. 18, 7.

Vorrede des Verfassers. 91

so haben sie nur auf einem solchen Wort לית ge=
schrieben, bey dem man sich irren könte, als
וַיָּבֹאוּ ,7. יֹאכַל ,17. וַתֵּרֶא ,30. aber auf die
Wörter, bey denen man sich nicht irren kan, als
מְרַחֶפֶת ,יְקַוּוּ, u. d. gl. haben sie nicht לית ge=
schrieben: und am meisten sind sie besorgt gewe=
sen, bey solchen Wörtern, die praefixa haben,
wenn andere ihres gleichen keine haben; man kan
dieselbigen in meinem Buche Hasichronoth fin=
den. Einige behaupten, daß sie auch manche
Worte, bey denen nichts zu besorgen ist, anfüh=
ren; und daß sie deswegen sie zählen, damit man
von ihnen Forschungen, (Medraschim) Erklä=
rungen, Gesetze und Urtheile lernen könte: als
בְּרֵאשִׁית ד ג, d. i. (Peresch) es ist etwas hiebey
nachzuforschen; so auch וַיַּבְדֵּל, ג, ") eine An=
spielung auf die drey הַבְדָלוֹת, die man am Aus=
gange des Sabbats sagt בֵּין אוֹר לַחֹשֶׁךְ u. s. w.
u. d. gl. sind sehr viele; und auf allen ist was zu for=
schen.

81) Burtorf hat das übrige Zeichen ד״ס, so in ma=
gna und parua Masora der ersten und dritten Ausga=
be der grossen Bibel gefunden wird, als unrecht
auszustreichen befolen, weil masora magna finalis
nur von dem Worte vaiabrel allein, handelt.

schen. Daher schrieben die Massoreten ihre Zahl; und hievon ist ein Buch geschrieben worden, so man dem Rabbi Jakob, Baal Haturim zuschreibt. Ich habe gesehen, daß dieser nur solche Wörter die 2. 3. 4. oder 5 mal, und nicht mehr gefunden werden, erkläret; was soll man aber mit denen machen, die 10, 20, oder 100 und noch mehr mal gefunden werden? als בעיני, 139. ראש, 151. wie ists möglich, auf allen eine Ursache anzugeben? aber die Thorah ist als ein Hammer, der einen Felsen auf viele Theile zertheilt, und dieselbe wird auf 70 Arten [82]) untersucht, Hiemit

---

[82] Dieser Ausspruch, von den gar vielen Arten der Auslegungen, ist gar nicht unbekant; R. Asarias hat in meor Enaiim, gesagt: Moses hat gar wichtige Gründe gehabt, keine Punkte beizusetzen, damit niemand seine Gesetze ohne Beihülfe der mündlichen *tradition* zu verstehen sich einbildete, — es ist bekant genug, daß das Gesetz 70 panim, (Angesichte) hat, oder so vielerley Auslegungen ꝛc. man kan mehr Stellen der Rabbinen in Buxtorfs tractatu de origine punctorum nachsehen, pag. 45 seqq. pag. 98 seqq. Ich glaube man kan dis gar wohl als eine kluge oder absichtliche Einrichtung der Rabbinen ansehen, welche theils hiemit sich ganz nothwendig machten, und eine grosse Ehre beilegten; theils das Volk bey dem Judentum erhielten; in der That aber ganz andere, nützlichere und brauchbare

Vorrede des Verfassers.

Hiemit sind die Vorreden durch Gottes Hülfe geendiget, und nun will ich mit dessen Hülfe das Werk selbst anfangen.

barere Anmerkungen oder Lehrsätze einschoben, als unter den einheimischen Erzälungen häuslicher oder sehr mittelmäßiger Begebenheiten befindlich waren. Diese nützlichen moralischen Wahrheiten haben diese Rabbinen nicht aus jenen Büchern und Texten selbst gelernet und hergeleitet: sondern theils aus platonischer oder anderweitiger gesunder Uebung des Nachdenkens, theils selbst von manchen würdigen christlichen Lehrern, welche den Unterschied zwischen äusserlichen unerheblichen Historien, und algemeinen ewigen Wahrheiten gar sehr ausgebreitet haben.

Inhalt.

In §. I. (dibbur) wird erklärt, daß das mehreste Chaßser und Male nur auf das ruhige vau nach Cholem und Schurek, und aufs ruhige jod nach Chirek und Tsere, angegeben worden ist.

In §. II. werden die Stellen, wo das vau nach Cholem mangelt, bey den verbis und nominibus, und der Unterschied, zwischen denselben, gezeigt.

§. III. Die nomina, die Milra sind, haben vorne ein vau nach Cholem, und die Milel sind haben keines; und alle Cholem in den participiis von Kal, sind mehrentheils mangelhaft; die mehresten plurales des weiblichen Geschlechts sind in der letzten Sylbe voll mit vau.

§. IV. Wenn das vau mit dem Schurek mangelhaft ist, und statt desselben ein Kibbuts gesetzt wird.

§. V. Ein jedes Wort, wo ein grosses Chirek, nemlich Chirek mit jod, statt findet: ist mehrentheils voll mit jod; und ein Wort wo Cholem statt findet, ist mehrentheils ohne vau.

§. VI.

Inhalt.

§. VI. Wo das ruhige jod nach Tsere und Segol, auch das nach Kamets, bey den suffixis der dritten Person, vorkömt.

§. VII. Von den Vollen und Mangelhaften der kleinen Worte, die nur eine Sylbe haben.

§. VIII. Wie es auf einem Worte, wo zwey oder drey ruhige sind, die theils voll und theils mangelhaft sind, angemerket wird.

§. IX. Die Wörter, welche ein ruhiges Aleph oder nicht haben, und Maphkin Aleph oder nicht Maphkin Aleph genannt werden.

§. X. Die Wörter, die am Ende ein He haben, sind mangelhaft oder voll; sie werden Maphkin He genant, und sind von 4 Arten.

Von der zwoten Tafel
über Mamar.

§. I. Von Kerian und Katban; sie werden in 7 Arten eingetheilt.

§. II. Von Kemazin und Prachim.

§. III. Von Dejaschin, Raphin, Maphkin, und etwas von Schwa.

§. IV.

§. IV. Von Millel und Milra, und Psakim.

§. V. Von Schirim, Sugin, Damian und Dich-wathon.

§. VI. Von Smichim, Jechidin und Murdaphim.

§. VII. Von Nessibim oder Meschamschim und Kar-chin.

§. VIII. Von Sbirim, Matim und Chaluphim.

§. IX. Von Atin, Tebim, Milin, Ktiin, Pschatim, Wadim, Muldamin und Meucharim.

§. X. Von bekaria, bessiphra, belischna, beiniana, bepassuk.

Erste Abhandlung.

§. 1.

Ich Elias, Levi, der Verfasser dieser Schrift, habe schon in meiner Grammatik, Perek schira¹) erkläret, daß die Buchstaben אהוי ²) die Sylbe verlängern und nicht ausgesprochen werden; denn das ist ihre Art, in der Mitte und am Ende des Wortes zu ruhen, und sie beziehen sich auf die fünf lange Vocalen ³), welche ich mit diesen

---

1) Diese Abtheilung Perek Schira hat der Verfasser auch schon in der Vorrede angefürt; man sehe von seiner Grammatik Wolfs bibliotheca hebraica.

2) Für Iehu, sagt man nun gewönlicher אהוי; von litteris occultationis et *protractionis*, י, ו, א, hat Morinus einige Stellen gesamlet lib. 2. exercitat. 18. c. 4. n. 8. seqq.

3) *Hattenuoth* sind eigentlich die Töne selbst, wodurch consonantes oder stumme Buchstaben beweget, das ist, ausgesprochen werden; diese sind, was das Gehör betrifft, in allen Sprachen immer da; aber Figuren oder Zeichen, so den Ton oder Klang den Augen

sen Worten אליהו טוב bezeichnet habe. Es wäre billig, daß nach einem jeden langen Vocal einer von diesen Buchstaben אהוי folgete; nemlich, nach einem Kamets in der Mitte des Wortes, müßte ein stummes א; und am Ende des Wortes eben ein solches א oder ה folgen, wie nach einem Chirek und Tsere, ein stummes י, und nach einem Cholem und Schurek ein stummes ו stehen müste. Allein in der (heiligen) Schrift kommen sie mehrentheils nicht also vor, daher nennen die Lehrer der Massore dergleichen Worte (חסרים) mangelhafte;

Augen sichtbar machen, sind nicht zugleich und notwendiger weise da, sondern beziehen sich auf die regelmäsige spätere Einrichtung und Cultur einer Sprache. Daher konte es eine hebräische Sprache, für das Gehör geben, ehe es Vocales und Buchstaben für das Gesicht gabe; die freilich nicht auf einmal, so wie wir ietzt hebräische Punkte, (nekudoth) kennen, da gewesen sind. Die Unterscheidung in lange und kurze *tenuoth* ist ebenfals erst aus jüngerer Zeit; und ist es gar nicht dieser Elias erst, der dergleichen Meinungen oder Hypotheses aufgebracht hat: sondern fast hundert Jahr vor ihm hat der Bischof, Iacobus Perez de Valentia, in seinem schon oft gedrucktem commentario in Psalmos gar viel umständlicher hievon, als einer historischen Sache, erzälet; man sehe auch *Morini* exercitat. 18 c. 8. und von matribus lectionis, auch ob ה quiescens heiße, c. 4.

Erste Abhandlung.

hafte; diejenigen aber, wo diese Buchstaben dabey stehen, (מלאים) vollständige⁴). Wisse, daß die mehresten חסרים und מלאים, welche die Masorethen bezeichnet haben, sich auf ו und י beziehen, die da ruhen mitten im Worte; nemlich, das ו nach Cholem und Schurek; daß י nach Chirek

---

4) Je mehr man geschriebene codices der hebräischen Bibel, in Ansehung der eigentlichen Orthographie, genau untersucht und vergleichet: desto mehr wird es gewis, daß es in Ansehung dieser Orthographie gar sehr grosse Verschiedenheit und Abweichungen gegeben hat, in Ansehung der Provinzen und Zeiten, aus welchen solche codices, oder ihre gewesene Originale, her sind. Es wäre der Mühe freilich wehrt, daß genauere Beobachtungen über solche verschiedene Schreibarten gesamlet würden; wonach sich auch manche Abweichungen in alten Uebersetzungen leichter würde erklären lassen. Man hat diese Buchstaben (אוי) matres lectiones genant, אמות הקריאה, weil sie stat der vocalium ehedem häufig gebraucht wurden, wenn Hebräisch ohne Puncte geschrieben oder gedruckt wurde. Diese masorethischen Anzeigen beziehen sich übrigens auf diejenige codices, so die Urheber dieser Masora in Händen hatten; es gibt daher codices, welche mit den Anzeigen, so die Masorethen geben, nicht einstimmig sind, und eine andere Orthographie beobachten, woraus man nun ebenfals nach und nach dergleichen Beobachtungen samlen müste, um bessere und gegründetere Folgen für die Geschichte der hebräischen heiligen Bücher daraus herzuleiten, als aus den masorethischen Anmerkungen geschehen kan.

rek und Tſere. Am wenigſten aber haben ſie *Male* oder *Chaſer* auf א und ה angemerkt, wie ich nachher mehr erklären werde.

Ich will alſo an den חסרים des ו mit Cholem anfangen, weil ſie die mehreſten ſind; und ſetze als bekannt voraus, daß die mehreſten Cholmim in der Schrift 5) das langtönige ו nicht haben; daß auch die Maſſorethen nicht alle Cholmim insgeſamt, die ohne ו geſchrieben ſind, als Chaſerim, (mangelhafte) auch nicht alle, die mit dem ו vorkommen, als Mleim, (vollſtändige,) angemerket haben: ſondern nur diejenigen Wörter, wo Cholem mit dem ו ſonſt mehrentheils gebräuchlich iſt (wie ich

---

5) In der Schrift, in Anſehung der mehreſten bisherigen Abſchriften, die gemeiniglich kein groſſes Alter haben. Dieſe Art von maſorethiſchen Beobachtungen beziehet ſich alſo auf die codices, die ſie in Händen hatten, und auf die relative öftere Art der Orthographie eines und deſſelben Wortes. Sie haben alſo vorausgeſetzt, es ſeie ein Grund da, daß ſtets dieſe Rechtſchreibung fernerhin beibehalten werden müſſe, in den beſondern Stellen; und dieſe Arbeit hatten ſie alſo für ihre Zeitgenoſſen, in einer und derſelben Provinz beſtimt, wo das Anſehen der Maſorethen ſelbſt wirklich gros war. Es gehörte mit zu ihrer gelerten Arbeit und Tradition, oder zu dem Inhalt von Beſchäftigungen, den ſie ihren Schülern mittheileten; weiter gieng die erſte Abſicht nicht; ſie konte nicht weiter gehen:

ich nachher erkläre). Wenn sie aber nun zuweilen ohne ׳ vorkommen, so haben sie solche als (chaserim) mangelhafte, angemerkt; so auch die Wörter, wo Cholem mehrentheils kein ׳ zu haben pflegt, und man doch ein ׳ zuweilen findet, haben sie diese wenigern als Meleim, (vollständige,) angezeichnet.

Ueberhaupt aber bey allen Wörtern, die häufiger vollständig als mangelhaft angetroffen werden: zählen sie nur die mangelhaften; wenn aber diese, (Chaserim) häufiger als jene vorkommen: so zählen sie nur jene, (Mleim) wie ich im folgenden § weiter erklären werde [6]). Man muß ferner wissen, daß niemals ein Punkt (Selbstlaut) wegen

---

[6]) Es ist natürlich, daß sie sich nach dem Gesetz der Sparsamkeit gerichtet haben; aber eben dieses, daß sie diesen Grundsatz beobachten können und wollen, setzt voraus, daß sie Abschriften gehabt haben, die von einander nicht abgingen, und daß sie davon gewis waren, ihre Schüler würden eben diese Vorschriften nun ferner behalten und alle neuen Abschriften nach diesen festgesetzten Anzeigen und Beobachtungen genau einrichten lassen. Dagegen in andern Provinzen, welche die Auctorität dieser Gelerten nicht gelten liessen, die Abschriften unleugbar nicht einstimmig waren; weil man eine solche übertriebene Hochachtung gegen einige codices nicht angenommen hatte, als hier eingeführet war.

Erste Abhandlung.

gen des (Chaſer) Mangels oder (Male) der Völle, (im Schreiben) verändert wird; ausgenommen, das Schurek mit dem ו, wird ins Kibbuts verwandelt; wie ich §. 4. erklären werde. Desgleichen wird auch niemals die Bedeutung eines Wortes wegen eines Mangels oder der Völle (im Schreiben) verändert 7); daher findet man auch niemals, daß der Unterſchied zwischen קְרִי oder der Leſeart am Rande, und כְּתִיב, oder der Leſeart im Texte, im Mangel oder Völle beſtehe, wie ich ſchon in der Vorrede gemeldet habe. Es iſt auch zu merken, daß ein Unterſchied iſt, wo die Maſſorethen blos חסר angezeichnet haben, und zwiſchen וחסר, mit der Partikel ו, ſo auch zwiſchen מלא, und ומלא, dieſes werde ich in der andern Tafel im 8ten Abſchnit 8) erklären, wie auch die Beſchaffenheit von מָלֵא חָסֵר, und חָסֵר דְחָסֵר oder מָלֵא דְמָלֵא oder חָסֵר מָלֵא.

§. 2.

7) Man kan es ſich ånlicher maſſen vorſtellen: wie im Teutſchen die Orthographie, ſo häufig ein h einrückt, (langſahm, thun, tun ꝛc.) nichts in der Bedeutung ändert.

8) Er nent es mamár, wie dieſe erſte Abhandlung dibbur heißt.

Erste Abhandlung.

§. 2.

Es ist in der ganzen Schrift [9]) nicht ein (שֵׁם) Nomen, das sich auf ein Cholem endiget, und nicht voll, mit dem ו, geschrieben wäre, ausser einige die von der Regel abweichen; wie ich im folgenden §. erklären werde. Jene also, werden nicht als voll (Meleim) angezeichnet, weil sie die mehresten sind; wie ich schon vorher gemeldet habe. Weiter, gleichwie die nomina mehrentheils vollständig (geschrieben) sind, so findet man die (הַפְּעָלִים) verba, am öftersten mangelhaft, z. E. auf dem Wort [10]) פְּקוֹד ist die Zahl viere angemerket; zwey volle und zwey mangelhafte. Nemlich פְּקֹד כָּל בְּכוֹר und פְּקֹד כָּל זָכָר [a]) sind beyde mangelhaft, weil sie Zeitwörter sind; aber [b]) פְּקוֹד וְשׁוּעַ und יוֹשְׁבֵי [c]) פְּקוֹד sind voll, weil sie nomina sind [11]); so auch die futura, אֶפְקֹד, יִפְקֹד etc. sind

---

a) 4 Mos. 3, 40.   c) Jer. 50, 21.
b) Hesek. 23, 23.
9) In geschriebenen Exemplaren der hebräischen Bibel.
10) Es stehet Millat.
11) Dieser Unterschied beweiset, daß man nach und nach angefangen habe, durch eine verschiedene Orthographie für die Leser die Bedeutungen leichter

am öftersten mangelhaft, und werden daher nicht angezeichnet, weil sie die mehresten sind; und ohnerachtet in den zwo Arten von verbis, da der zweyte Stambuchstab quiescens ist, das ו zum Radix gehöret, (יָשַׁב, תָּשֹׁב, אַבָא, יָבָא, תָּבָא, כָּבָא,) so sind sie doch mehrentheils mangelhaft, und nur die vollen werden nach der Massore angezeichnet. Dagegen solche nomina, die sich mit Cholem endigen, als גָדוֹל, כָּבוֹד, קָדוֹשׁ, שָׁלוֹם, לְרָחוֹק, וּלְקָרוֹב, לְצָפוֹן, וּלְדָרוֹם, גִבּוֹר, שְׁאוֹל, חֲמוֹר, תְּהוֹם, wie auch die nomina, welche einen zugesetzten Buchstaben am Anfange oder zuletzt bekommen haben, als מִזְמוֹר, אֶשְׁכּוֹל, זִכָּרוֹן, שִׁגָּעוֹן, עֵרוֹן, וְתִמָּהוֹן als לֵבָב, auch wo das ו zum Radix gehöret; als מָעוֹן, מָלוֹן, מָכוֹן, und dergleichen, werden nicht als volle angemerket, da sie die mehresten sind, sondern nur die Mangelhaften werden gezehlet, als קָדוֹשׁ sind drey mangelhafte, wie auch im statu constructo קָדוֹשׁ drey, גִבּוֹר drey, שָׁלוֹם drey, זִכָּרוֹן sind drey mangelhafte. Es sind nur wenige

kentlich zu machen; welche Absicht sich schon auf spätere Zeiten beziehet, und gar nicht in die ältern Zeiten schon gesetzt werden kan.

Erste Abhandlung.

ge, die allezeit mangelhaft geschrieben sind, daher war nicht nöthig, dieselben als Mangelhafte anzumerken, als קָטֹן, מְאֹד, כֹּחַ. Von den Wörtern וְכֹל, לֹא werde ich im 8. §. (dieses Abschnits) handeln. Die Vollen, welche ich oben beschrieben habe und ihres gleichen, die mit dem ה des weiblichen Geschlechts, vorkommen: sind auch die mehresten; als גְּדוֹלָה, קְרוֹבָה, רְחוֹקָה u. d. gl. aber im plurali, sowol im männlichen als weiblichen Geschlecht, sind sie mehrentheils mangelhaft, als גְּדֹלִים, קְדֹשִׁים, גְּבֹרִים, קְדֹבִים, רְחֹקִים, גְּדֹלוֹת, קְרֹבוֹת, רְחֹקוֹת, das geschiehet, weil zwey (נָחִין) ruhende, quiescentes, darin vorkommen; wie ich an seinem gehörigen Orte im 8. §. erklären werde. So auch alle Cholemin, die vor dem Thau im plurali des weiblichen Geschlechts stehen, müssen voll geschrieben werden, weil sie am Ende des Wortes stehen, als חֲפֵרוֹת, חֲרָקוֹת, וְהָרֵעוֹת, לִרְקָחוֹת, לְטַבָּחוֹת, וּלְאֹפִית und werden also nicht als volle von den Masorethen angezeichnet. Eben so sind alle participia (benonim und Paulim) von nächst gedachter Zahl und Geschlechte, als בְּקוּדוֹת פֹקְדוֹת, auch in allen Conjugationen von

allen

allen Arten, anzusehen; und ist nicht nöthig Beweise davon anzuführen. Alle plurales des weiblichen Geschlechts, die ohne ו sind, werden als Mangelhafte gezählet, als ⁽ᵃ⁾ נְעָרֹת, בְּתוּלֹת, ⁽ᵇ⁾ וְנַעֲרוֹתֶיהָ הֹלְכֹת, טוֹבַת מַרְאֶה, und in participiis ⁽ᶜ⁾ יוֹשֶׁבֶת בְּבַיִת אֶחָד, von den paulim (participiis passiuis,) werde ich an dem gehörigen Orte nachher im 4. §. handeln, wie auch im 8 §.

§. 3.

Man findet nicht anders ein nomen von drey ausgesprochenen (mobiles,) Buchstaben, daß die erste Sylbe ein Cholem mit dem ו (oder Male) sey, als nur, wo der Ton in vltima ist; denn diejenigen, wo der Ton nicht in vltima (millel) ist, haben die Cholem in der ersten Sylbe mehrentheils ohne ו. Die vollen sind diese, שׁוֹשָׁן, תּוֹלָע, אוֹצָר, אוֹפָן, גּוֹרָל, כּוֹכָב, עוֹלָם, so auch mit einem Tsere, als שׁוֹרֶק, עוֹרֵב, אוֹיֵב, יוֹבֵל, sind am öftersten voll, und seltener Mangelhafte, als לְעֹלָם ist 18 mal mangelhaft, גֹּרָל vier mal

a) Esth. 2, 3. c) 1 Könige 3, 17.
b) 2 Mose, 1, 5.

„(בלישנא) ¹²) הוֹתָם siebenmal (בלישנא),
איב drey (בלישׁן): was בְּלִישָׁנָא sey, werde ich
in der andern Tafel im zehnten Abſatz (Mamar)
erklären. Eben die nomina, wo das י, der erſte
Buchſtab der drey Stambuchſtaben, nicht da iſt,
und welche (nomina) mit einem מ oder ת vermehret worden, ſind mehrentheils voll, als
תּוֹרָה, תּוֹשָׁב, מוֹצָא, מוֹרָא, מוֹעֵד, מוֹפֵת u. d. gl.
und der Mangelhaften ſind ſehr wenig. Aber
אוֹתוֹ, אוֹתְךָ, אוֹתִי, אוֹתָם, אוֹתָה ohnerachtet
ihr Ton in vltima iſt, ſind ſie doch mehrentheils mangelhaft; daher werden nur ¹³) die
vollen

12) Dieſes Worts maſorethiſchen Gebrauch erläutert
Buxtorf in claui Maſorae: lare ſumitur pro radice
et pluribus eius vocibus, aut voce aliqua ſub diuerſa
forma literarum ſeruilium, cui vſui vox *beliſchna* communiter ſeruit; etc. weiter unten wird es Elias ſelbſt
erläutern, wie er hier darauf verweiſet.

13) Bey dem allen, daß nur immer diejenige Orthographie eines Worts angemerkt und gezälet wird,
die ſeltener vorkomt als eine andere: ſiehet man
eben weiter keinen Grund, als eine Anhänglichkeit
an gewiſſe Handſchriften, denen man geradehin
ein groſſes Anſehen beilegte. Warum ſoll שְׁמוֹת
zum Exempel in den 5 Stellen, (wie Buxtorf die
Maſoram exteriorem, in veſtibulo tituli, in Exodum,
corrigirt, an ſtatt vier) immerfort das ו fehlen, da
es in andern Stellen male iſt? Wenn gleich Elias
dieſe

17 אוֹתָךְ vollen gezählet, als אוֹתוֹ sind 24 voll, אוֹתָךְ 16. volle im weiblichen Geschlecht, אוֹתִי 27 אוֹתָם 39, volle, in den fünf Büchern Moses; mit diesem Zeichen נִמְלָא טַל (39 sind voll); eben so werden die vollen in allen Büchern gezählet; ausser in Jeremia und Hesekiel werden die mangelhaften gezählet, weil ihre Anzahl hier die kleinste ist; אוֹתָהּ sind 12 volle. Aber die nomina, wo der Ton vorne ist (Millel), sind am allermeisten mangelhaft, als חֹרֶשׁ, קֹדֶשׁ, אֹהֶל, גֹּרֶן, u. d. gl. Auf a) עוֹזְבֵי בְרִית קוֹדֶשׁ, ist לֵית מָלֵא angemerket; das Wort לֵית werde ich im letzten Theil der zerbrochenen Tafel erklären, (nemlich, es ist seines gleichen nicht) so auch תַּחַת שׁוּבֵךְ הָאֵלָה ist voll, und beynahe sind in dieser Forma (Mischkal) nicht mehr volle. Eben die ein patach haben, unter oder vor einem gutturalis, in obgedachter Forma, sind mehrentheils mangelhaft; als אֹרַח,

diese Verschiedenheit in Classen gebracht hat, so kan man doch nicht sagen, daß diese Ungleichheit der Rechtschreibung, nach einer Regel, oder gleichförmigen Grunde, in jenen Abschriften statt gefunden habe.

a) Daniel 11, 30.

Erste Abhandlung.

אֹרַח, תֹּאַר, נֹגַה, נֹכַח, לֹעֵס, נֹעַר, טֹהַר, פֹּעַל: wenig werden voll gefunden, צֹעֵר sind drey voll; מַלְעֵיל (der Ton vorne) und einige מִלְרַע (der Ton zuletzt) und die Massorethen sind darüber streitig.

So sind auch נְחֹשֶׁת, כַּפֹּרֶת, פָּרְכָה, קְטֹרֶת, כְּתֹנֶת, שִׁבֹּלֶת, mangelhaft, weil sie מַלְעֵיל sind: וְתוֹלַדֹת ist ausgenommen; denn sie sind alle voll, ausser zwey, diese sind mangelhaft. Alle Cholem der participiorum in kal sind mehrentheils ohne ו, als a) פֹּקֵד עֲוֹן אָבוֹת, נֹצֵר חֶסֶד, נֹשֵׂא עָוֹן, auch der mehrern Zahl, als וְשֹׁקֶטֶת, אֹכְלִים, und in eben der Zahl des weiblichen Geschlechts, als הָעֹשְׁקוֹת דַּלִּים; הָרֹצְצוֹת אֶבְיוֹנִים b) הָאֹמְרוֹת לַאֲדֹנֵיהֶם. Von diesen allen werden die vollen von den Massorethen gezählet; als אוֹכֵל ist vier mal voll; יוֹדֵעַ zehen mal, קוֹרֵא auch zehn mal voll; es sind auch noch viere voll im singulari, und ist in der ganzen Schrift nicht ihres gleichen, nemlich diese Worte: אוֹתָם 14) (וְאֵין פּוֹתֵר c), אוֹ

---

a) 2 Mos. 34, 7.   b) Amos 4, 1.
c) 1 Mos. 41, 8.
14) Dieses Wort ist in dieser Baselischen Ausgabe ohne ו gedruckt.

וַיְהִי טוֹחֵן),ᵃ(אוֹ אֵל חוֹלֵם הַחֲלֹמִים wird ein jedes als voll angemerkt. Aber das Wort יוֹשֵׁב ist auszunehmen, denn in einigen Orten wird die volle Schreibart gezählet, in andern aber die mangelhafte; als in den fünf Büchern Moses und den ersten Propheten, werden die vollen, hingegen in den letzten Propheten ¹⁵) die Mangelhaften angezeichnet. Eben so werden in den Hagiographis theils volle, theils mangelhafte gezählt. Die mehresten im plurali, sowol im männlichen als weiblichen Geschlecht, der participiorum, sind chazerim, oder ohne ו, der vollen sind die wenigsten, als יוֹצְאִים sind drey, יוֹשְׁבִים drey voll, und in allen Stellen wird es angezeigt, daß sie voll sind, auch bey יוֹרְדָה מַיִם)ᵃ ist לֵית וּמָלֵא gezeichnet; so wie auch auf אַגְרוֹתֵיהֶם)ᵇ und auch auf הַהוֹלֶכֶת לִשְׁמוּאֵל und auf הַיּוֹרְדוֹת מֵעִיר דָוִד und הוֹלְכוֹת. Ich werde noch

---

a) 5 Mos. 31, 3.

15) Es ist aber nicht an dem, daß die Abschriften überall sich nach dieser Masora richten, und diese Worte wirklich mit diesem Unterschied so aufbehalten; daher auch die masorethischen Beobachtungen in Absicht der Zahlen, die sie angeben, nicht immer zutreffen.

a) Threni 1, 16. b) Nehem. 12, 38.

Erste Abhandlung.

noch im 8. §. von denselben handeln. Aber die Zeitwörter (verba), wo die erste Sylbe ein Cholem ist und das ו zum radix gehöret, sind am öftersten voll, als ²) כּוֹנֵן לְמִשְׁפָּט כִּסְאוֹ, הַקָּמִים עָלֶיךָ, wie auch וְשׁוֹבָב וְקוֹמֵם. Eben so, wenn [16]) ו stat des י, so der erste Stammbuchstabe war, stehet; als in niphal und hiphil הוֹדִיעַ כּוֹרַעַת. מוֹרָד מוֹשִׁיב מוֹדִיעַ הוֹדְרַעַת sind mehrentheils voll.

§. 4.

Man muß vornemlich merken, daß die Wörter, welche allezeit ein ו mit dem schurek zu haben pflegen, niemals für voll angesehen werden. Denn das ist bekannt, daß ein schurek nicht ohne ו seyn kan, und gewiß, daß kein dagesch darauf folget; daher werden nur diejenige Wörter, wo ja eines folget, als בְּעָשָׁב ᵇ) הוּכָּה, ᶜ) לַנַּעַר הַיּוּלָּד u. d. gl. welche von den Grammatikern נָח עִם הַדָּגֵשׁ (ruhig mit dem dagesch) genennet werden, als volle angemerket. Aber in den Wörtern, wo das ו nach der Massora nicht da ist, folget stat dessen

---

a) Pf. 9, 9.   c) Richter 13, 8.
b) Pf. 102, 5.

16) In diesem Drucke des Textes stehet zwar hier haiud, soll aber wol ו heissen, wie leicht zu erkennen ist.

dessen ein kibbuts, und wird mangelhaft angemerket. Merke aber, daß dieses kibbuts kein kurzer vocal genennt wird; denn ein langer vocal wird niemals wegen des Mangels eines von diesen Buchstaben, אהוי in einen kurzen verwandelt. Es sind aber zweyerley kibbuts, eines wie ich nächst sagte, daß es stat des ו ha Chasera, mit dem schurek folgt; das andere ist der rechte kurze vocalis, und niemals wird auf ihm ein Zeichen des Mangels angegeben. Wenn du frägest, wie erkenne ich, welches ein kibbuts, oder langer vocal, der stat des ו mit dem schurek stehet; oder aber der kurze vocal sey? so ist die Antwort: [17]) Es ist aus der Gram-

---

[17]) Wie Morinus lib. 2. Exercitat. XIX. cap. 1. viele Stellen aus dieser Abhandlung sowol dem Text nach, als auch in der lateinischen Uebersetzung mitgetheilet hat: so hat er auch diese Stelle abgeschrieben, obgleich der sonstige Unterschied seiner Uebersetzung, durch kleinen Druck, §. V. gleich nach dem Anfange, nicht in Acht genommen worden. Non adnotant Masorethae, vocem *plenam* esse, vbi adest Vau Schurek, *nisi* vau illud littera sequatur dageschata. *Deficere* vero, cum ipsius loco est Kibbuts. Neque tamen existimandum, vbicunque est Kibbuts, ibi Vau Schurek *deficere*. Duplex enim est Kibbuts, *alterum*, quod est vocalis parua simpliciter; et propter istud non adnotatur vocem esse *defectiuam*; *alterum* est, quod supplet vicem עַ vau schurek. Verum

Grammatik bekannt, daß nach einem jeden kurzen vocal ein dagesch oder ein ruhiges schua folget, wie ich in Perek schira erkläret habe. Folglich wenn du ein kibbuts, wo ein dagesch oder ein ruhiges schua darauf folget, findest: so ists ein kurzer vocal, und wird also nicht für chaser angegeben; als in der conjugation púal פָּקַד, פְּקָדַתָּ, וַיִפְקֹד אֶתְכֶם etc. und in paul von hiphil מַפְקִדִים, מַפְקִד, aber wenn weder dagesch noch ein ruhiges schua heraus

rum dices quomodo id cognoscam? Respondet Elias cap. 4. libri citati: Notum est ex praeceptis grammaticae, quod post omnem vocalem parvam sequitur daghes aut schewa quiescens. Et ideo, cum reperitur Kibbuts, et post illud daghes aut schua quiescens: illud est vocalis parva simpliciter et super illud non traditur, *deficit*; sicut in coniugatione *Puhal* פָּקַד etc. Verum, cum post Kibbuts non sequitur daghes aut schewa quiescens, tunc illud est loco Vau Schurek, et super illud ponitur, *deficit* etc. Morinus setzt zu: Itaque iuxta *Eliae* observationes duo sunt illis *junioribus* Masorethis species Kibbuts; *prior*, quae est loco vau schurek; *posterior*, quae est simpliciter vocalis parva. Er sagt ganz recht, *iunioribus* Masorethis; wie überhaupt die Eintheilung der eigentlichen vocalium, in magnas und parvas, nicht den ältern Grammatikern, sondern den jüngern gehört; unter denen doch auch Abraham de Balmis nicht mit solcher Eintheilung zufrieden ist. Man kan Buxtorfs tractatum de punctorum antiquitate et origine mit mehrerm nachlesen, parte I. cap. 14. pag. 202 seqq.

ה

Erſte Abhandlung.

nach folget, ſo iſt es ſtat des ו mit dem ſchurek, und wird als mangelhaft angemerket: z. E. ᵃ) וִיהְיוּ מֻשְׁלָכִים בְּחֻצוֹת יְרוּשָׁלָיִם ſiehe, auf dem kibbuts von מֻשְׁלָכִים wird nicht chaſer angezeichnet; denn es iſt der kurze vocal, weil ein ruhiges ſchua drauf folget; aber auf dem kibbuts von בְּחֻצוֹת wird das Zeichen chaſer gefunden, weil weder dageſch noch ein ruhiges ſchua nach folget. Eben ſo wird auf עֲקֻדִּים וּבְרֻדִּים ᵇ) chaſer nicht gezeichnet, weil einem jeden (kibbuts) ein dageſch nachfolget; aber auf הָעֲטֻפִים לְלָבָן, וְהַקְּשֻׁרִים לְיַעֲקֹב wird Chaſer gezeichnet; weil ſie kein dageſch haben. Auch auf שֻׁלְחָן, טֻמְאָה, חֻפָּה, סֻכָּה, הֻקַּה wird nicht Chaſer angegeben; weil ſie entweder ein dageſch oder ein ruhiges ſchua nach ſich haben. Darum wird auf allen Kibbutſen, die am Ende des Wortes ſind, Chaſer angemerket, weil am Ende des Wortes kein dageſch noch ruhiges ſchua folgen kan, als ᵈ) וְשִׁמַּתִּי פָרֻדְ (ᶜ בָּל יִשְׂרָאֵל, בֵּית זְבֻל לָךְ וּגְלַת הַחֵל הַזֶּה etc. Desgleichen geſchiehet bey den Zeitwörtern ᵉ) לְמַעַן יַאֲרִיכֻן יָמֶיךָ לְכֻלְּב

a) Jerem. 14, 16.   d) 2 Sam. 21, 5.
b)) 1 M. 31, (30, 40)   e) 5 Moſ. 6, 3.
c) Kӧnig. 8, 13.

Erste Abhandlung.

לְכֶלֶב תַּשְׁלִיכוּן. יָקֻם נָא אָבִי קֻם לָךְ. שׁב לְךָ מִצְרַיִם וַיְשִׂימֵם בֶּעָפָר לָדֻשׁ auf diese u. d. gl. wird Chaser angemerkt. Das Wort בָּם ist ausgenommen, weil es niemals voll ist, und ist seines gleichen nicht in der ganzen Schrift, daß ein Wort so oft erscheint und beständig ohne ו sey.

Merke weiter, daß die mehresten singulares von paul in kal voll sind, als כָּתוֹב חָתוֹם בָּרוּךְ עָצוּם, die Mangelhaften aber die wenigsten, als כְּמַס עֹמְדִי, לָבֻשׁ שָׁנִים, זֹעֲמָה a), auch die feminina sind mehrentheils voll, als אֲרוּכָה und הָאֲדָמָה, עֲרוּכָה בַּכֹּל וּשְׁמוּרָה b) und die Chazerim am wenigsten, als אַיָּלָה שְׁלֻחָה c). In dem statu constructo aber sind die הָעֲשִׂיָּה בְּהַר סִינַי בְּעֻלַת בַּעַל, וְשִׁכְרַת, und die wenigsten voll, וְלֹא מַיִן אֲהוּבַת רֵעַ d), als עֲצוּבַת רוּחַ e) Eben die nomina nach dieser Form 18) sind mehrentheils voll, als גְּבוּרָה, קְבוּרָה

$\mathfrak{H}$ 2

a) Sprüchw. 31, 21.   d) 1 Mos. 20, 3.
b) 1 Mos. 3, 17.   e) Jes. 54, 6.
c) 1 Mos. 49, 21.

18) im Text stehet mischkal; wie wir sagen ad formam — — so sagen die Rabbinen, al mischkal, oder beschekel. Ezech. 40, 10. stehet dis nomen am Ende mit cholem, ad formam *Mimnor*.

קְבוּרָה, מְלוּכָה, und im statu constructo mangelhaft, als קְבֻצַת כֶּסֶף, קְבֻרַת רָחֵל, voll aber ist gezeichnet über גְּמוּלוֹת; im plurali sind indes die wenigsten volle, als בְּרוּכִים אַתֶּם לַיְיָ, אֲרוּרִים, חָם, אֲסוּרִים שָׁם u. d. gl. sondern am meisten chaserim; als מִבֵּין הַשְּׂרָפִים, שְׁקֻפִים אֲטֻמִים. Alle כְּתֻבִים in den fünf Büchern Mosis sind chaserim, aber in den Propheten und Hagiographis das Gegentheil; auch die plurales im feminino sind mehrentheils mangelhaft, als ᵇ) כְּתֻבוֹת לְעָם אַחֵר. (ᵃ שְׂרֻפוֹת קָדִים, צְבָאוֹת, שְׂרֻפוֹת אֵשׁ, צָרוֹת בִּשְׁטָלָתָם u. d. gl. mehr. Volle aber sind die wenigsten, als הָאָלוֹת הַכְּתוּבוֹת, וְחַלּוֹנוֹת אֲטוּמוֹת, רְאוּיוֹת, עֲשׂוּיוֹת. Die nomina welche mit זֶה beschrieben sind, sind mehrentheils mangelhaft, als ᶜ) בְּרֻכִים 13 mal; עַמֻּדִים 11 chaserim לֵיל שִׁמֻּרִים, ist chaser, so oft es vorkomt; ¹⁹) auch die plurales im feminino, von אֶל הַחֲנֻיּוֹת, אַרְבַּע מַלְכֻיּוֹת, גְּבֻלוֹת וְשִׂיגוּ diesen siehe im folgenden 10 §.

§. 5.

a) 1 M. 41, 24.   c) 2 M. 12, 42.
b) 5 M. 28, 32.

19) Col lischna, steht im Text: so oft das Wort vorkomt, es hat zuweilen auch andere Bedeutungen, wovon Buxtorf im clavis Masorae unter diesem Worte, leschon, nachzusehen.

§. 5.

Die Propheten und andere Verfasser haben das stille י mit dem Chirek mehr als das stille ו mit dem Cholem geehret; denn dieses ließen sie mehrentheils weg, wie ich schon gemeldet habe; jenes aber setzen sie am öftersten. Daher nannten die Urheber der vocalium [20]) ein Chirek mit dem י, eine lange Sylbe, und das Chirek ohne י, eine kurze Sylbe: denn es sind zweyerley Arten von Chirek, nemlich ein kleines und grosses; das kleine ist ohne י und wird eine kurze Sylbe genannt; das grosse ist mit dem י, und heißt eine lange Sylbe: daher wird niemals auf einem Chirek der kurzen Sylbe mangelhaft (Chaser) und auf Chirek der langen Sylbe, niemals, voll, (Male) angemerket [21]): doch, zuweilen kömt die lange Sylbe ohne י vor, als

----

20) Er meinet diese jetzige Reihe und ganze regelmäßige Einrichtung der geschriebenen Vocalen; es gab ehedem wol auch einzele Zeichen, wodurch der Klang oder die Aussprache mancher zweideutigen Silben unterschieden wurde, wie im syrischen ehedem; aber Elias verstehet diese ganze masorethische Punctation.

21) Numquam super Chirik, quod est vocalis parua, traditur, *deficit* (חסר); numquam quoque super Chirik, quod est vocalis magna, traditur, *plena* est; (מלא.) Morinus ebendaselbst §. 6.

alsdenn wirds für Chaser angegeben, als בְּמָה ᵃ) רָאִתָה כִּי אַתָּה בִּגַּתִי ᵇ) u. d. gl.

Das Merkmal, das Chirek, welches ein kurzer oder langer vocal, wo das י mangelt, sey, zu unterscheiden, ist eben dasselbe, was ich schon beym Kibbuts gegeben habe; nemlich ein Chirek, welchem ein dagesch oder ruhiges schua nachfolget, ist ein kurzes; wenn aber dis nicht nachfolget, und das י ist nicht da: so ists der lange vocal, und das י ist nach Bestimmung der Massore ausgelassen. 3. E. auf וַהֲקִמוֹתִי אֶת הַשְּׁבוּעָה ᶜ) ist chaser *iud* gezeichnet, weil nach dem Chirek kein dagesch ist; denn es solte voll seyn: und auf וַהֲשִׁבוֹתִי מֵעָלַי geschieht es nicht, weil es der kurze vocal ist, denn ein dagesch folget ihm nach. Ueberhaupt ein Chirek, welchem kein dagesch noch ruhiges schua nachfolget, muß von rechtswegen voll seyn, wie es auch mehrentheils (voll) ist, nemlich wenn nach ihm בַּח נִרְאָה ᵈ) ist; am Ende des Wortes, als קְצִיר

ᵃ) 1 Könige 8, 14.   ᵇ) Pf. 10, 14.

22) quies (litterae) *evidens*, quae opponitur *latenti*; welche andre Art gleich nachher folgt, nach *niftar*. Morinus hat libro 2. exercitat XVIII. cap. 5. §. VIII seq. angemerket, daß die jüngern jüdischen Sprachlehrer vieles von den Arabern entlenet haben; besonders

Erste Abhandlung.

קָצִיר, חָסִיד, אַבִּיר, כַּבִּיר, אֱוִיל, כְּסִיל u. s. gl. wenige nomina propria werden chaser gefunden, als וּמֵהֶשְׁבּוֹן עַד לִדְבִיר. וְאֶת אוֹפִיר וְאֶת הַוִילָה auch der Name דָוִד ist allezeit mangelhaft, ausser

§. 4 fünf

bers auch von der doppelten Ruhe der Buchstaben י, ו, א. Hoc praestitit primus Iudaeorum Grammaticus, *Iebuda Chiug* et explicat c. 5. 6. libri primi de *quiescentibus* — *mouetur* littera, quae pronuntiatur per vnam e septem motionibus, quae vocantur reges אָ, אַ, אֵי, אֶ, אִי, אוֹ, et אוּ. Littera *quiescens* est, quae non mouetur per aliquem ex istis septem regibus etc. Capite sequente explicat, quae literae dicantur occultationis et protractionis; tres tantum ita vocari, י, ו, א, atque ideo *duplicem quietis speciem* iis inesse colligit. Prior species, cum motu apparet et sentitur; (כח נראה,) *quiescens* quoque apparet et sentitur, durch die Aussprache nemlich, in gutture, als Psalm 69, 16. הֶאָטֵר, aleph pronuntiatur e gutture. Posterior, dum quiescens occultatur et absconditur (כח נסתר), et non sentitur; et haec forma proprietas et consuetudo his litteris conuenit peculiariter, praeter caeteras litteras. Quapropter forma trium, istarum litterarum videtur a caeteris omnibus litteris differre, quia sunt in iis *duae quiescendi species* differentes; prior, cum quiescens *apparet* et sentitur; posterior, cum quiescens *occultatur* et non sentitur, als in וקאם שאון, Hosea 10, 14. non auditur, cum homo loquitur. — Morinus setzt hinzu: istiusmodi quietis non meminerunt Iudaei grammatici posteriores, sed vt linguae suae inutilem, non abs re forsitan, praeterierunt.

Erste Abhandlung.

fünf mal. Niemals folgt hinter ihm [23]) בַּח בְּסֵתֶר) am Ende des Wortes, sondern das א, als בְּשִׂיא, נָבִיא, וְלֹא חָקְיָא הָאָרֶץ, etc.[a]) יָבִיא, אָבִיא, מֵבִיא, הֵבִיא, aber [b]) וְתָקְיָא הָאָרֶץ אֶתְכֶם ist ohne י und sind wenig dergleichen. Ein Chirek vor ים des pluralis, ist am allermeisten voll, als [c]) אֲנָשִׁים חֲכָמִים וִידוּעִים u. d. gl. dieses geschiehet aber nur, wenn kein ander Chirek des langen Vocals, wie schon gemeldet, vorhergehet, aber wenn zwey auf einander folgen, als רְבִיבִים, בַּבִּירִים, אַבִּירִים, אַדִּירִים u.d. gl. so mangelt das י pluralis mehrentheils; als [d]) אֶת הַתֵּבֵיכֶם sind drey chaserim, (הָסֵר בְּלִישְׁנָא) auch alle צַדִּיקִם in den Schriften Mosis, sind chaserim, ausser ein mal [24]); vier mal wird also מְשִׂיאִים in den Schrif-

a) 3 Mos. 18, 28.　　c) 5 Mos. 1, 13.
b) ibid. 18, 25.　　　d) 1 Mos. 1, 21.

23) Nach nistar, quiescens abscondita scil. *littera*; wie Kimchi und Elias (bey Buxtorf in tractatu de antiquitate punctorum pag. 204.) sagen: post vocalem magnam semper est quiescens (littera) abscondita, ac proinde producitur vocalis praecedens (litteram) quiescentem; welche Eintheilung in vocales *magnas* und *parvas* dagegen andere jüdische Grammatiker nicht annemen.

24) Alle, ausser eine; desto weniger kan ein wirklicher Grund davon da seyn, ausser dem ehedem zufälligen Unterschied des Abschreibens in dem Einen Exemplar, woraus man nachher andere, als nach einer Regel, abschrieb.

Erste Abhandlung.

Schriften Mosis gefunden, und in den Propheten und ketubim desgleichen; auſſer vier mal נְשָׂאִים. Alle תְמִימִם die ſich auf das Vieh beziehen, als auf עִזִּים, אֵילִים, כְּשָׂבִים u. d. gl. ſind chaſerim, auch alle כְּבָאִים in Samuel und Jeremia, ſind chaſerim, auſſer drey in dem Erſten und fünf in dem Letzten; auch alle גְּבָעִים ſind ohne י, wie auch alle שְׂעִירִים ſind chaſerim, auſſer zwey, auch a) וְהַצְּמִידִם עָלֶיהָ, dergleichen ſind noch viel. Es werden wenig mit einem Tſere und Chirek mangelhaft gefunden; als alle אֵילִם in den Schriften Moſis ſind ohne י des pluralis; auſſer vier, auch ſo b) אֲשֶׁר מָצָא אֶת הַיֵּמִם, und ohne Tſere findet man הַיֵּמִם אֲשֶׁר וַיֵּזֶר, mangelhaft, und iſt in der Schrift ſeines gleichen nicht mehr.

Eben ſo die participia in hiphil, weil ſie zwey auf einander folgende Chirek haben, ſind mehrentheils ohne י des pluralis, drey davon ſind in den Büchern Moſis c) מַקְדִּישִׁם לִי, d) מַעֲבִידִם אוֹתָם e) מַקְצִיצִם חַיֵּיתֶם: auch in Propheten, als f) מַשְׁחִיתֵהֶם לְהַפִּיל הַחוֹמָה u. d. gl. Das Chi-

H 5   rek

a) 1 Moſ. 24, 30.   d) 3 Moſ. 22, 2.
b) 1 Moſ. 36, 24.   e) 5 Moſ. 9, 22.
c) 2 Moſ. 6, 5.   f) 2 Sam. 20, 15.

rek vor י das am Ende des Wortes vermehret worden, (auctum a fine) ist allezeit voll, als רֵאשִׁית, שְׁאֵרִית, אַחֲרִית, תַּכְלִית, u. d. gl. Diejenigen ausgenommen, welche mit zwey auf einander folgenden Chirek gefunden werden, als רְבִיעִית, חֲמִישִׁית שְׁלִישִׁית u. d, gl. Diese sind mehrentheils mangelhaft. Ueberhaupt alle plurales der participiorum und nominum, wo nicht zwey Chirek auf einander folgen, sind voll, nur wenig ausgenommen, als מַשְׂאַת שָׁוְא וּמַדּוּחִים ᵃ). Das, was Raschi auf וְלִבְנֵי הַפִּילַגְשִׁים (ᵇ für chaser erkläret, ist aus dem Breschit rabba genommen, welches wider die Massore ist; denn dieselbe giebt es zweymal voll an. Wir finden auch, daß unser Talmud wider dieselbe streitet, z. E. בְּיוֹם כַּלּוֹת מֹשֶׁה (ᶜ hält er vor mangelhaft, und die Massore vor voll; auch מַעֲבִירִים עַם ה׳, und (ᵈ עַל מְזוּזוֹת בֵּיתֶךָ sind nach dem Talmud mangelhaft, nach der Massore aber, voll. Merke, daß von denen, die zwey Chirek haben, auch einige sind, wo das vorderste י fehlet, als in וּבְבִטְנָן שְׁלֹשָׁה שָׂרִיגִם (ᵉ fehlt das

a) Threni 2, 14.
b) 2 Mos. 25, 6.
c) 4 Mos. 7, 1.
d) 5 Mos. 6, 10.
e) 1 Mos. 40, 10.

Erste Abhandlung.

das hinterste י, und in יְשַׁלֵּשׁ הַשָּׁרָגִים (a fehlt das vorderste י, וְצַדִּקִים יֵלְכוּ בוּ fehlt das vorderste י, in וַאֲנָשִׁים צַדִּיקִם הֵמָּה mangelt das letzte jod, auch אֱוִלִים sind fünf, wo das erste jod fehlet; man findet auch, wo beyde jodin fehlen, als וּבְנוֹת גּוֹיִם אֲדִרִם, וְשַׁלְּשִׁם עַל כֻּלָּן)b, wie auch bey den participiis in hiphil findet man das vorderste י chafer, als מַשְׁמִעִים בִּנְבָלִים)c, אִם מְמַתִּים אֹתָם אוֹתִי אֲשֶׁר אַתֶּם מַחֲלְמִים)d u. d. gl. Aber die andern tempora in hiphil sind mehrentheils voll, und sehr wenig werden mangelhaft gefunden, als וַיִּמְצְאוּ אֵלָיו)e, תַּקְרִיב אֶת קָרְבָּנוֹ וָאַבְדִּל אֶתְכֶם u. d. gl. Von paul in kal fehlet zuweilen das jod des pluralis, aber dies geschieht nur, wenn sie voll mit dem ו sind, damit nicht zwey Stumme auf einander folgen, wie ich im 2 §. schon erklärt habe. Z. E. נְתוּנִם נְתוּנִם הֵמָּה לוֹ fehlt bey beyden das jod, weil sie mit dem ו voll sind; aber נְתֻנִים נְתֻנִים הֵמָּה לִי)g sind beyde ohne ו, weil sie mit dem jod voll sind. Der Hauptsatz ist, daß ein Chirek, der lange Vocal, mehrentheils

a) 1 Mos. 40, 13.   e) Jerem. 29, 8.
b) 2 Mos. 14, 8.   f) 4 Mos. 7, 19.
c) 1 Chronik 15, 28. g) 4 Mos. 3, 9.
d) Jerem. 27, 15.

theils mit dem jod voll ist, und daß ein Cholem mehrentheils ohne ו ist. Ich habe nicht nöthig zu erklären, daß ein Cholem mit dem ו, und Chirek mit dem ruhigen י am Ende des Wortes allezeit voll sey, als רַגְלִי, יָדִי רַגְלָי, יָדוֹ. Denn das verstehet sich von selbsten, daß bey denselben niemals ein ו oder י ausgelassen wird; weil ein vocalis niemals am Ende des Wortes stehet; ausser ה, כ, ב, sind zuweilen mit einem kamets am Ende des Wortes, wie ich im 10 §. melden werde. ")

§. 6.

Ein stummes jod folget nicht nach Tsere, ausser wenn es ein radicalis ist, oder den pluralis anzeiget: vom radix, als הֵיטֵב אֵיטִיב עִמָּךְ, וְהֵינִיק לָךְ, אֵילְכָה שׁוֹלָל, und wenn es stat des ה radicalis stehet als יְהוֹשֻׁעַ צִוִּיתִי, מַדּוּעַ קָוִיתִי, und dergleichen sind wenig. Eben so bey nominibus, wo das י zum

a) 1 Mos. 32, 13.   b) Jes. 4, 15.

25) Alle diese Beobachtungen beziehen sich theils nur auf einige einzele Exemplarien oder Abdrücke, von denen andere, die andern Abschriften folgeten, abwichen; theils sind sie in Absicht des Verstandes von gar keiner Erheblichkeit. Es sind Verschiedenheiten in der Rechtschreibung, welche das Ansehen einer besondern Recension, die in einer Provinz vorzüglich galt, voraussetzen.

Erste Abhandlung

zum redix gehört, als בֵּית ה׳, עִין אָדָם, wie auch wenn das jod stat des ו radicalis stehet, als צֵידָה, שֵׂיבָה, ihr radix ist שׁוּב, צוּר; von diesen werde noch im folgenden §. handeln. Das jod nach einem Tsere, welches auch den pluralis anzeigt, ist das jod, was mit den suffixis bey nominibus im plurali der dritten und zweyten Person, sowol im männlichen als weiblichen Geschlecht vorkömt, als בְּנֵיהֶם וּבְנֵיכֶם, בְּנֵיהֶן וּבְנֵיכֶן, בְּנוֹתֵיהֶם וּבְנוֹתֵיכֶם etc. und wird niemals voll darauf angemerket; wenige werden nicht voll (chaserim) gefunden, als מְאַת כָּל נְשִׂיאֵהֶם,[a)] אֲלֵיהֶם, אֲלֵיכֶם, auch (יוֹסֵף יְיָ אֱלֹהֵי אֲבוֹתְכֶם[b)] werden in allen Büchern mangelhaft gefunden, und werden von der Massore unter die pronomina der ersten Person im plurali gerechnet, als בִּנְעָרֵינוּ וּבִזְקֵנֵינוּ בְּבָנֵינוּ בִּבְנוֹתֵינוּ,[c)] auf diesen wird das Zeichen male nicht gefunden. Aber die nomina, welche das suffixum der ersten Person, so wol im singulari als plurali mit einerley vocalis haben, so daß unter denselben kein Unterschied ist, als daß der pluralis ein jod hat: werden

a) 4 Mos. 17, 17.
b) 5 Mos. 1, 11.
c) 2 Mos. 10, 9.

den für voll angezeichnet, z. E. יָדֵינוּ לֹא שָׁפְכוּ ᵃ) ist voll darauf angemerket, aber auf וְיָדֵנוּ ᵇ) אַל תְּהִי בוֹ mangelhaft, weil es der singularis ist, welches durch תְּהִי ausgemacht ist, auch auf וּמִדּוֹת הָיוּ רַגְלָיו ᶜ) wird voll gezeichnet, aber auf לָמוּט רַגְלֵנוּ ᵈ) chaser gezeichnet; denn es ist der singularis, auch ᵉ) אִם לֹא תַגִּידִי אֶת דְּבָרֵנוּ לָה ist der singularis, welches das Wort זֶה beweiset, wie auch alle לְהָבִנוּ und לְבָבֵנוּ sind ohne jod, und wird doch nicht darauf chaser angemerket, weil sie nicht im pluralis gefunden werden. Die Wörter aber, wo ein ruhiges jod nach Tsere folget, das weder zum radix gehöret, noch auf den pluralis weiset: werden allezeit für voll angegeben, als ᶠ) אַל יְהִי לָהּ פְּלֵיטָה הַשְּׂכִים וְשָׁלוֹחַ ᵍ) וְתַגֵּיד לִבְנֵי יִשְׂרָאֵל ʰ) und dergleichen sind wenig. Man findet auch ein ruhiges jod nach einem Segol: dies geschiehet nur beym pronomen der zwoten Person des männlichen, und dritten des weiblichen Geschlechts, wo die nomina den pluralis in bey-

den

---

a) 5 Mof. 21, 7.
b) 1 Mof. 37, 27.
c) Pf. 122, 20.
d) Pf. 66, 9.
e) Josua 2, 14.
f) Jer. 50, 29.
g) Chronik 36, 15.
h) 2 Mof. 19, 3.

Erste Abhandlung.   127

den Geschlechtern mit sich bringen, als בָּנֶיךָ, וּבְנֹתֶיךָ בָּנֶיךָ וּבְנֹתֶיךָ und niemals wird voll auf denselben angemerket. Man findet auch von denselben viele ohne jod, vornemlich beym pronomen der ersten männlichen Person, als ᵃ) אָנֹכִי אֶעֱשֶׂה כִדְבָרֶךָ sind dreyzehn mangelhafte; ᵇ) הוֹדִעֵנִי נָא אֶת־דְּרָכֶךָ sind drey desgleichen, wie auch ᶜ) וִיבֹאֻנִי חֲסָדֶךָ sind alle plurales mangelhaft; und das Segol zeigt auf das mangelhafte jod. Und ohnerachtet, daß auch Segol im singulari stehet, wenn es mit einem hephsik ²⁶) ist, יָדֶךָ רַגְלֶךָ אָזְנֶךָ u. d. gl. so kan man doch den singularis von pluralis, durch die dabey stehen-

a) 1 Mos. 47, 30.   b) 2 Mos. 33, 13.
c) Ps. 119, 41.

26) pausa, accentus distinctiuus; in dem Buch tob taam, cap. 2, bringt Elias den Einwurf vor: warum hat man so viel accentus distinctiuos, reges, ministros gemacht? annon suffecisset omnibus illis dictionibus, in quibus pausa et distinctio sententiae est, (הַעֲמָדָה וְהַפְסָקָה עַיִן) vna quaedam species accentuum distinguentium (מַפְסִיקִים), qui vocantur reges, velut Athnach, Sakeph, Rebia, Paschta etc. Buxtorf de punctorum antiquitate, pag. 240 und pag. 243 aus dem Buch Arugat habbosem, omnes isti sunt reges; in quorum manu est sceptrum dominatoris ad *sistendam* lectionem et *cessare* faciendam eam, לְהַעֲמִיד הַקְּרִיאָה וְלַהֲפְסִיקָה,

ſtehenden Worte erkennen, als a) יִכְבַּד עָלַי יָדֶךָ, פֶּן תִּגוֹף בָּאֶבֶן רַגְלֶךָ, לֹא פִתְּחָה אָזְנֶךָ, אַל יָנוּס שֹׁמְרֶךָ יָצִיק לְךָ אוֹיְבֶךָ alle ſind im ſingularis; man kan alſo nicht ſagen, daß ſie im pluralis ſind und das jod mangele; wegen der daneben ſtehende Worte יִכְבַּד, תִּגוֹף, פִּתְּחָה, יָנוּס, יָצִיק, welche im ſingulari ſind. b) הָטְבְּעוּ בַבּוּץ רַגְלֶךָ iſt der pluralis, und das jod des pluralis fehlet, welches הָטְבְּעוּ beweiſet, auch in c) וְהָגִיתִי בְּכָל פָּעֳלֶךָ fehlet das jod des pluralis, wie man ſiehet, weil בְּכָל dabey ſtehet. Auch die plurales im weiblichen Geſchlecht, mit dem ſuffixo der erſten Perſon des männlichen Geſchlechts, werden ohne jod des pluralis gefunden, als d) יִזְכּוֹר כָּל מִנְחוֹתֶךָ e) תַחְכְּמֵנִי מִצְוֹתֶךָ f) בְּנוֹת מְלָכִים בְּיִקְּרוֹתֶךָ haben alle das Cholem vor dem ſegol, wie ich ſchon in dem Sefer habachur erkläret habe. Dies iſt der Unterſchied zwiſchen ihnen und den nominibus vom weiblichen Geſchlecht im ſingulari, wenn ſie mit dem hephſik bey dem pronomen der erſten Perſon vorkommen, daß ſie auch ה mit ſegol haben,
als

a) Pſ. 32, 4.　　d) Pſ. 119, 98.
b) Jerem. 38, 22.　e) Pſ. 20, 3.
c) Pſ. 77, 13.　　f) Pſ. 45, 10.

Erste Abhandlung. 129

ist וַיִּקַּח אֶת בִּרְכָתֶךָ (ᵇ, כִּי יִסְפְּרוּ אֲבַקְוַתָהּ do
das kamets allezeit vor dem segol. Auch in der dritten
Person des weiblichen Geschlechts findet man das
jod des pluralis mangelnd, als סָבִיתָ, וְקִבְרוֹתֶהָ,
u. d. gl. Man findet ein stummes jod nach kamets,
das auf den pluralis weiset, welches nur geschiehet,
wenn ihm ein ו des pronominis der dritten Person
nachfolget, als יָדָיו, רַגְלָיו u. d. gl. dis fehlet niemals, ausser bey dem Worte יַחְדָּו, welches allezeit mangelhaft gefunden wird, ausser im Jeremia
sind noch drey mangelhaft, עָנָו, סָתָו, שָׁלֵו.
Es wird auch gefunden, daß sie nicht voll geschrieben sind, und doch als voll gelesen werden, als
ᶜ) עַל צַיָּארָו wird יָדָיו gelesen, וַיִּשָּׂא יָדוֹ wird
צַוָּארָיו gelesen; ich werde von diesen auch noch in
der andern Tafel im ersten Abschnit handlen. ²⁷)

§. 7.

Bisher habe ich von zwei- oder dreisylbigen
Wörtern gehandelt; nun will ich von den einsyl-
bigen Wörtchen sagen, welche מִלּוֹת זְעֵרוֹת genennt

---

a) 1 Mos. 27, 38.   c) 3 Mos. 9, 22.
b) Pf. 71, 15.   d) 1 Mos. 33, 4.

27) Auch dieser Art Beobachtungen sind für jetzt nicht
erheblich; eine gesunde Critik über den gedruckten
Text könte den meisten inskünftige abhelfen.

nennt werden. Es ist bekannt, daß nur bey solchen kleinen Wörtchen, wo in der Mitte des Wortes, entweder ein ruhiges ו mit Cholem oder Schurek, oder ein ruhiges י mit Chirek oder Tsere ist: voll oder mangelhaft stat findet; aber nach den andern vocalen, kan man nicht voll oder mangelhaft sagen, weil nach denselben kein ruhiges ו oder jod folget; ich werde von diesen noch im 9. §. handeln. Die mit dem Cholem punktirt sind, machen zweyerley Art; 1) wo das ו in der Mitte des Wortes ruhet, als אוֹר, יוֹם, טוֹב, מוֹר, קוֹל, כוֹם, u. d. gl. diese sind allezeit volle. Das Wörtchen לֹא weichet von der Regel ab, welches sonst mangelhaft ist, ausser in 35 Stellen; und das Wörtchen עוֹד kömt vierzehen mal mangelhaft vor; wie auch דוֹר, wird mangelhaft gefunden, wenn es zweymal zusammen stehet, als דֹר דֹר לְדֹר זִכְרִי, a) und לְדֹר וָדֹר (2⁸) wie in der grossen Massore erkläret ist. 2) Was die doppelten betrift, (geminantia,) als קֹר, חֹם, חֹק, רֹק, so sind sie alle mangelhaft; das geschiehet, weil ein dagesch, wenn sie

---

a) 2 Mos. 3, 15.

28) Hier, in dieser baselschen Ausgabe hat dis Wort דוֹר zweimal ein ו, und in diesem Fal solte es doch felen, sonst es dieser Anmerkung widerspräche.

Erste Abhandlung.

sie mit einem Buchstab vermehret werden, hinein kom, als von עַל, עָלוּ, von רַק רְקוּ, von חַק, חָקוּ. Das Wort כל stamt von כָּלַל ab; wenn es mit einem Accent ist, hat es ein Cholem und ist allezeit ohne Vau, ausgenommen a) וְסָלַחְתִּי לְכֹול עֲוֹנוֹתֵיהֶם. Die Massora sagt das Vau (in col) wird nicht gelesen, sondern mit dem komets chatuph, als wie alle 29) כָּל הַמּוּקָף) wie ich in Perek schira erkläret habe. Eben so der infinitiuus und imperatiuus von den doppelten, (geminantibus) sind allezeit mit Cholem, und mangelhaft, als b) סֹב דְּמֵה לְךָ, c) שֹׁל תָּשְׁלוּ לָהּ), d) עַד תֹּם כָּל הַדּוֹר). Von denen, die ein Schurek haben, ruhet der zweite Stammbuchstab, und sind allezeit voll; als סוּף, צוּר u. d. gl. diese haben niemals ein kibbuts, ausser im imperatiuo, wo der zweite Stammbuchstab fehlet, e) קֻם לָךְ), רֻץ נָא, f) שֻׁב לֵךְ מִצְרָיִם) u. d. gl. Die ein Chirek haben, wo das jod zum radix gehöret, als נִיד, סִיד, סִיר u. d. gl. sind meh-

a) Jer. 33, 8.
b) Hohelied 2, 17.
c) Ruth 2, 17.
d) 5 Mos. 2, 14.
e) Jos. 7, 10.
f) 2 König. 4, 26.
g) 2 Mos. 4, 19.

29) Wie wenn ein Makkaph es mit dem folgenden verbindet.

rentheils voll, wenige werden nicht voll gefunden, als ᵃ) לֹא תַעֲנֶה עַל רִב‬, נֵר רְשָׁעִים‬. In der Massora sind drey אִישׁ‬ mangelhaft, und die Massorethen sind uneinig darüber; daselbst sind auch alle סִין‬ voll, und צִין‬ mangelhaft; diese drei aber sind allezeit mangelhaft, עִם‬; עֵם‬; אֵם‬; hingegen יְהוֹשֻׁעַ בֶּן נוּן‬ ist von בֶּן‬, sein radix ist בָּנָה‬. Die ein Tsere haben, sind von vier Arten; 1) die von solchen nominibus abstammen, wo das jod, der zweyte Stammbuchstab, gehöret wird, als בֵּית‬, עֵיָן‬, יֵין‬, אֵין‬, חֵיל‬, אֵיל‬, זֵית‬, צֵיר‬. Wenn sie im statu constructo stehen: so ruhet das jod in Tsere, als בֵּיתִי‬, עֵין יַעֲקֹב‬, יֵין נְסִיכָם‬, חֵיל פַּרְעֹה‬ u. d. gl. müssen voll seyn; wenige werden nicht voll gefunden, als וְגֹלוּת הַחֵל‬ ist fünf mal חֵיל‬ mangelhaft angegeben, und bey ᵇ) וַיָּמָד‬ אֶל הַפֶּתַח‬ (לֵית חֲסֵר‬) angemerket ³⁰). Zu diesen

a) 2 Mos. 23, 2. b) Hesek. 40, 48.

30) Das ist, das Wort אֵל‬ solte ein י‬ in der Mitte haben; und kömt nur dieses einzigemal mangelhaft vor. Eben diese Anzeige, daß dis Wort sonst stets richtiger geschrieben angetroffen wird: beweiset, daß es diesmal ein Feler in derjenigen Abschrift war, welcher diese Urheber der masorethischen Anmerkungen, vorzüglich folgeten.

Erste Abhandlung.

sen gehören auch diese, deren jod nicht gehöret wird; als בֵּין, אֵיךְ; einige von diesen sind mangelhaft, a) וְאַד־יַעֲלֶה, b) חֵק נָכְרִיָּה, dergleichen sind sehr wenige.

Die zweite Art ist, wo ein ruhiges Vau der zweite Stammbuchstab ist; als עַד, עֹד, זָר, גֵּר u. d. gl. und sind alle nicht voll 31). Die dritte Art wo ein ruhiges He der dritte Stammbuchstab ist, als בֵּן, גֵּו, זֵר, עֵץ, sind allezeit mangelhaft 32). Die vierte Art ist von den doppelten (geminantia Ain) als לֵב; חֵץ, שֵׁן, חֵן u. d. gl. sind auch allezeit mangelhaft. Ueberhaupt alle, die von den Doppelten (geminantia) sind, wenn sie mit einem

Cho-

a) 1 Mos. 2, 16. b) Sprüchw. 5, 20.

31) Das heißt, sie haben niemalen ein jod in der Mitte; sie sind neinlich ehedem nicht anders, als eben so, geschrieben worden; man müste benn annemen, daß in andern Provinzen oder ältern Zeiten eine andere Orthographie statt gefunden habe.

32) Auch hier war keine Gelegenheit ein jod dazwischen zuschreiben: und dergleichen Anmerkungen scheinen recht deutlich mitzubringen, daß dieselben erst alsdenn statt gefunden, nachdem man die Punctation in eine Einrichtung brachte, die sich auf matres lectionis bezog; welche nachher, da man die Puncte dazu schrieb, bald weggelassen, bald daneben noch behalten wurden. Mit der folgenden 4ten Art, verhält es sich eben so.

Cholem oder Tsere stehen, sind allezeit mangelhaft; aber die mit einem Chirek und Cholem wo der zweite Stammbuchstab ruhet, müssen voll seyn; die wenigsten sind nicht voll, wie ich oben gemeldet habe. Wenn sie aber am Ende wachsen, sind sie mehrentheils nicht voll; als von טוב, findet man טבים, וטבה, וטבות vielmal mangelhaft, wie auch von קול, findet man וקול'ח, וקולי, קלו, nicht voll: und ohne Vermehrung eines Buchstaben findet man sechs mangelhaft.³³), (בלי שנא) sie sind so angemerket הקל קול יעקב, לקול האת, auch von רוב, הראשון, לקול האות האחרון, so auch im pluralis הרב דברים, הרב עם שדי und בככוי die particulae mit Tsere sind zuweilen nicht voll, als von איל, findet man אלים, dergleichen sind wenige.

§. 8.

Von dem Verhältnis der vollen und mangelhaften mit vau und jod, habe ich schon alles erkläret, ausser noch wie die Massorethen im Gebrauch haben, auf ein Wort, wo zwei oder drei quiescentes sind, theils voll und theils nicht voll,

oder

33) Von eben diesem Worte nemlich, oder belischna.

Erste Abhandlung. 135

der alle voll, oder alle mangelhaft, anzumerken. Ich will dieses mit einem Exempel an dem Wort הֲקִימֹתִי erläutern, welches auf vierfache Art in der Schrift gefunden wird: auf וַהֲקִימוֹתִי לְךָ בְּרִית עוֹלָם, welches ganz voll ist, haben sie angemerkt eines von den dreyen, מָלֵא דְמָלֵא [34]). Auf וַהֲקִמֹתִי אֶת הַשְּׁבוּעָה [b], so ganz mangelhaft ist, wird gezeichnet: eines von den eilfen חָסֵר דְחָסֵר [35]. Auf וַהֲקִמֹתִי אֶת בְּרִיתִי אִתְּכֶם [c]: ist theils voll, und theils mangelhaft, und gezeichnet: eines von den sechs [d] הֲקִמֹתִי אֶת דְּבַר יְיָ) und auf ([36] מָלֵא דְחָסֵר ist gezeichnet לֵית חָסֵר מָלֵא. In einigen Ausgaben wird auf demselben angemerket: eines von den דְלֵעֵיל [37]), zuweilen wird vier darauf angezeigt, sind also veränderlich; ich werde sie im 9. §. erklä-

J 4 ren.

a) Ezech. 16, 60.   c) 1 Mos. 9, 11.
b) 1 Mos. 26, 3.   d) 1 Samuel. 15, 13.

34) Das heißt, das Wort hat so wol das ו als auch das י, in dreien Stellen.
35) Dis Wort komt in eilf Stellen so vor, daß beide Buchstaben ו und י felen.
36) In 6 Stellen komt dis Wort so vor, daß es nur das Jud bey dem Chirek, nicht aber das ו in penultima bey sich hat.
37) Heißt sonst gewönlicher Millel; cum accentu in penultima.

ren. Dieses muß man merken, wenn in einem Worte zwei quiescentes; und beyde vollständig sind, eines aber darunter von denen ist, welche allezeit pflegen voll zu seyn, wie ich im 2 §. erkläret habe; so wird nicht (מָלֵא דְמָלֵא) darauf angemerket; sondern nur (מָלֵא) allein. Wenn beyde von solcher Art sind, wird gar nichts darauf angemerket. Z. E. (חֹלְכִים לְהוֹרִיד מִצְרָיְמָה a) ohnerachtet הוֹלְכִים ist (מָלֵא דְמָלֵא) wird doch nur (מָלֵא) darauf angemerket, wegen des Vau; aber das jod wird nicht gerechnet, weil das jod plurale voll seyn muß, wie ich im 5. §. gemeldet habe. Auf לְהוֹרִיד, ohnerachtet es ganz voll ist, wird gar nichts angemerket; weil beyde Sylben von Natur voll geschrieben werden müssen, wie ich im 3 §. gesagt habe, indem ein Vau, das stat des jod primae radicalis gesetzt wird, voll seyn muß. So auch ein Chirek, dem am Ende des Wortes ein nach nirah, (quiescens littera expressa) nachfolget; ist mehrentheils voll und vornemlich in Hiphil, siehe im 5. §. Aber wenn beyde mangeln, wenn auch eines davon sonst nicht voll seyn

a) 1 Mos. 37, 25.

Erste Abhandlung.

seyn muß, wie ich im 3. §. gemeldet habe, wird doch darauf (חָסֵר דְחָסֵר) angemerket, als וּבְעַרוֹתֶיהָ הָלְכָה (יָשְׁבַת דְּבַבַּיִת) u. d. gl. In einem Worte, wo das erste voll und das andere mangelhaft ist, oder umgekehrt, als גְּדֹלוֹת וּכוֹרָאֹת, wird zwar auf גְּדֹלוֹת mangelhaft, aber nicht (חָסֵר מָלֵא) angemerket; denn ein Cholem vom pluralis feminini muß voll seyn; und auf וּכוֹרָאֹת eben so, und nicht (מָלֵא חָסֵר) weil das vau stat des jod radicalis stehet, und voll seyn muß; siehe §. 3.

Es sind Wörter, wo ein oder zwey ruhige sind, und werden voll oder mangelhaft geschrieben; ohnerachtet sie nicht von der Art sind, die mangelhaft oder voll zu seyn pflegen: so wird doch nichts drauf angemerket; wegen einer gewissen Regel die von diesem Wort schon an einem andern Orte gegeben ist. Z. E. Sie setzten diese Regel fest und sagten, alle תּוֹלְדֹת in der heiligen Schrift sind ohne vau, ausser zwey [38] תּוֹלְדוֹת sind (חָסֵר דְחָסֵר), הֹלְדֹת und ein (מָלֵא וּמָלֵא) drey

a) 2 Mos. 2, 5.   b) 1 Könige 3, 17.
38) Siehe *Morini* lib. 2. exercitat. 19. cap. 2: §. 8. wo er maiorum magnum über Genes. 2, 4. anführt, *duo sunt*

drey תּוֹלְדוֹת sind (חָסֵר מָלֵא:): daher darf man nicht, wo תּוֹלֶדֶת stehet (מָלֵא חָסֵר) anmerken; weil die erste Regel da ist. So auch alle אֲבֹתֵיכֶם, sind in Ansehung des vau mangelhaft, und das jod voll; ausser ein אֲבוֹתֵיכֶם, ist (מָלֵא דְמָלֵא) und ein אֲבֹתְכֶם, mit vau, aber ohne jod; daher, wo es in Mose אֲבֹתֵיכֶם stehet, darf man nicht drauf (חָסֵר מָלֵא) anmerken. Eben so werden in jedem Buche die Vollen und nicht vollen אֲבוֹתֵיכֶם gezählet, und auf den übrigen, die nicht zu dieser Regel gehören, wird gar nichts angemerket. Es gibt auch andere Wörter, deren Volle und mangelhafte, sind theils nach den besondern Büchern, theils nach Mose, den Propheten, und den Ketubim eingetheilet worden. Der Hauptsatz ist, wenn man ein Wort findet, wo zwei ruhige (nachim,)

sunt vtrobique (in der ersten und letzten Silbe) *plena*; — et *vnum* est vtrobique *deficiens*, tria scribuntur *deficiente* priore vau; *reliqua*, quae supersunt *in lege*, scribuntur *deficiente* posteriore vau. Also eine vierfache Orthographie des Worts toledoth kömt vor in den Büchern Mosis; es ist dis aber eine Bemerkung, welche keine Spur im Talmud hat, welche die *scriptionem plenam* et *defectiuam* anging; wovon man mehr beim Morinus nachlesen kan.

Erste Abhandlung.

chim,) sind, und eins davon oder beyde sind mangelhaft oder voll, und es ist nichts darauf angemerket: so geschiehet es wegen einer Regel, die anderswo schon bekannt gemacht worden ist; wenn man sie sucht, wird sie sich finden. Von diesen werde ich noch in der andern Tafel in §. 9. handeln. Wenn in der Mitte eines Wortes drey ruhen, theils voll und theils nicht, (als וַהֲטִבוֹתִי מֵרֵאשׁוֹתֵיכֶם ª) da fehlt das jod nach Teth, so das Merkmal der coniungation Hiphil ist; denn es solte וַהֲיִטִיבוֹתִי stehen: nach der Ordnung also müste darauf das erste jod voll; das andere jod mangelhaft und das Vau voll angemerket werden): so wird der Kürze wegen nur וְכֵן כְּתִיב, לֵית, oder וּכְתִיב כֵּן angemerket. Eben so auf אַרְפָּא ᵇ), מַשְׁבַּתֵיכֶם, wird weder voll noch mangelhaft sondern nur (כֵּן כְּתִיב), auch auf וִישִׁיבוּהוּ nur כֵּן כְּתִיב בִּמְקוֹם הֲזֶה angemerket. Merke wenn in einem Worte drey ruhen, und alle drey sin voll: so wird nicht (מָלֵא דְמָלֵא) sondern (כֻּלּוֹ מָלֵא) angemerket: als ᶜ) וַהֲשִׁיבוֹתִיךָ בַּדֶּרֶךְ אֲשֶׁר

---

a) Hesek. 36, 11.
b) Jerem. 3, 22.
c) 2 König. 19, 28.

אֲשֶׁר בָּאתָ ,וְהִפוּצוֹתִיכֶם וְכִפַּלְתֶּם ,וַהֲבִיאוֹתִים אֶל הַר קָדְשִׁי. Eben so, wenn alle drey mangelhaft sind, als וַיִּרְדֵהֶם מֵעַל הַמִּזְבֵּחַ u. d. gl. wird nicht כֻּלוֹ חָסֵר (חָסֵר דְחָסֵר) sondern gesagt. Einige schreiben darauf, (כֵּן כְּתִיב) aber das erste ist gebräuchlicher.

§. 9.

Ich habe bisher nur von den vollen und nicht vollen in Ansehung des Vau und jod gehandelt; nun will ich das Verhältnis des Aleph und He erklären. Wisse, daß das Aleph ruhet oder mangelt ofte mitten oder am Ende der Wörter, die unter den übrigen ihres gleichen nicht so sind, als die; אֵת שְׁלָתֶךָ, ⁾a) מָלוּ תוֹכֵךְ חָמָס ,וַתְּאַזְּרֵנִי חָיִל se sind 17 an der Zahl, und nur in Propheten und Kerubim. Diese fünfe aber werden in Mose gefunden: מֵחֲטוֹ לִי וָאֶכְטְמִיתֶם בָּם, וַיִּקְרָאֻהוּ אָסוֹן דְגוּבֶש וָאֹם מַצָּתִי חֵן דְּבַהֲעֲלוֹתְךָ ,לְחַטֵּאת דְשָׁלַח עָקֹב in מֵרֵאשִׁית הַשָּׁנָה. Es wundert mich, warum sie diese nicht mit den siebenzehen zusammen genommen und gesagt haben, zwey und zwanzig sind mange-

a) Hesek. 28, 16.

Erste Abhandlung. 141

mangelhaft in Ansehung des Aleph בְּמַקְרָיָא ¹). Siebenzehen Wörter hingegen sind, in denen das א gelesen wird, nicht nach ihrem sonstigen Gebrauch, diese nennen sie מַפְקִין אָלֶף ⁴⁰), als וּגְדֵרוֹת לְצֹאנְכֶם נַעֲשֶׂה נָאוֶה קֹדֶשׁ *). Acht und vierzig Wörter sind, die ein Aleph mitten im Worte haben, und sie werden nicht gelesen, als וְהָאסְפְסֻף, וַיֵּאָצֶל מִן הָרוּחַ u. d. gl. auf diese Alphin wird nicht voll u. mangelhaft geschrieben, oder, das Aleph wird gelesen oder nicht gelesen: sondern לֹא מַפְקִין אָלֶף oder מַפְקִין אָלֶף angemerket. Das Wort מַפְקִין ist so viel als מוֹצִיאִים, proferentes, educentes, wie der Targum für וּמוֹצִיב רִבָּה, hat דְּמַפִּיק טֵיבָא. Ich habe schon in Perek schira im vierten Abschnit erkläret, daß מַפִּיק nur auf die Buch-

a) 4 Mos. 32, 24. b) 4 Mos. 11, 4.

39) Karia, Keriiah, ist bey den Massorethen die Anzeige aller Bücher der heiligen Schrift; wie sonsten mikra ebenfals alle Bücher bezeichnet. Es kan übrigens wol seyn, daß manche Samler solcher Anmerkungen, diese und dergleichen Zahlen für sich zusammen gezälet haben; wenn es gleich in der bisher gedruckten Masora noch nicht gefunden wird. Es war aber wirklich besser, sie nicht zusammen zu zälen, um sie leichter wieder zu finden.

40) Man sehe hievon Buxtorfs clavem Masorae c. 9.

Buchstaben וְיה, wenn sie am Ende des Wortes ausgesprochen werden, gesagt wird: aber das Aleph wird niemals am Ende ausgesprochen. Daß aber in der Massore מַקֵּף אָלֶף angemerket wird: will so viel sagen, daß es mit einem vocal ist, wie oben gemeldet wurde. In der kleinen Massore wird darauf voll und mangelhaft angemerket, aber nicht schlecht weg, sondern immer חָסֵר אָלֶף, oder מָלֵא אָלֶף. Eben so ists mit He beschaffen, wie ich im folgenden §. melden werde.

Es giebt Wörter, wo das Aleph am Ende des Wortes ruhet; die eine Reihe von den zwölf Wörtern, wo das Aleph zwar stehet, aber nicht gelesen wird, als ª) וְלֹא אָבוּא שָׁמוֹעַ, הֲלַכוּא אִתּוֹ, שׁוֹר וּמְרִיא, דַּם בְּקִיאָ, u. s. w. auf welche יַתִּיר אָלֶף, oder לֹא קְרֵי אָלֶף, angemerket wird. Noch eine Reihe von siebenzehen Wörtern, die ein ruhiges Aleph am Ende stat des He haben ᵇ) וְהָיָה לָכֶם לְזָרָא, גַּבְהָא קוֹמָתוֹ לְוַיְרְדוּ שֵׁינָא u. s. w. und ist auf jeden (לֵית כְּתִיב אָלֶף) angemerket.

§. 10.

a) Jes. 28, 12.   b) 4 Mos. 11, 20.

§. 10.

Das He ruhet niemals, als am Ende des Wortes, auf viererley Art, so mit שִׁחֲתָךְ ausgedruckt wird, d. i. שֹׁרֶשׁ, radix, נְקֵבָה, femininum, תּוֹסֶפֶת, additio, כִּנּוּי particula. 1) Das He des Radicis von den verbis Lamed he, als עָשָׂה, בָּנָה u. d. gl. 2) des weiblichen Geschlechts, als צִדְקָה, שִׂמְחָה, מִפְקָדָה u. d. gl. Von diesen zweyen Arten haben sie nichts gesagt. 3) Das am Ende des Wortes angehänget wird; dis ist zweyerley, das an den verbis, und an den nominibus angehänget wird. Das ה nominum ist zweyerley Art, als מַעֲלָה, מִטָּה, לַיְלָה, נַחֲלָה, ihr Merkmal ist, daß der Ton allezeit vorne ist, (Millel) von diesen sagten sie nur wenig, und von dem ה an den Verbis im imperatiuo singulari, als *) יִי שִׁמְעָה, יִי סְלָח, יִי הַקְשִׁיבָה und infinitivo, als פְּשֹׁטָה וְעֹרָה וַחֲגֹרָה, und in futuris, mit Aleph und Nun von אֵלֶּה אֶזְכְּרָה, אֵיתָן, als וְאֶשְׁפְּכָה, כָּרְעָה, כִּרְדֹּפָה u. d. gl. sagten sie gar nichts. Die andere Art ist das He, welches am Ende des Wortes stat des Lamed vorkomt, wie die

*) Dan. 9, 19.

die Talmudisten sagen: Alle Wörter die vorne ein Lamed haben, bekommen dafür ein He am Ende. Ueber diesen Satz habe ich zwo Fragen zu thun, erstlich, sie sagen כָּל תֵּיבָה, unter תֵּיבָה verstehet man alle Wörter, nomina, particulas, und verba; aber der Fall, wo das He am Ende stat Lamed von vorne, komt, findet nur stat bey nominibus. Zweytens, daß sie sagen כָּל, das כָּל findet hier nicht stat, denn das He kan auch nicht an alle nomina gehänget werden, sondern nur an diejenigen Wörter, die in der Schrift (Pasak) gefunden werden, und gehören nicht unter eine Art des Aleph; besonders bey den Namen der Städte findet man dis häufig; die Massorethen zählen sie, als מִצְרַיְמָה 8 mal, בָּבֶלָה 29, יְרוּשָׁלַיְמָה 5 mal, חֶבְרוֹנָה 9. Von den andern nominibus werden wenige gefunden, als הַבַּיְתָה 18 mal, הָאֹהֱלָה 5 mal, אַרְצָה כְּנַעַן sind 8 voll, הַמִּזְבֵּחָה 5 mal; die die andern אַרְצָה werden nicht gezählet, wegen ihrer Menge. Sie müßten also sagen וְיֵשׁ שֵׁם הַצָּרִיךְ לָמֶר בִּתְחִילָּתוֹ וְהַטִּיל לוֹ הֵא בְּסוֹפוֹ (es sind nomina, die ein Lamed am Anfang erfordern, bey denen wird das He hinten angehängt).

Erste Abhandlung. 145

hängt). Vielleicht kan man aber das Wort כָּל verantworten, mit dem Satz, den sie an einem andern Orte sagen: אֵין לְמֵדִין הַכְּלָלוֹת (man schlüsset oder lernt nichts aus den Regeln) 41). Es gibt He, die nach Kamets, unter Thau, Caph und Nun, am Ende des Wortes zugesetzt werden, wie ich jetzt erklären werde. Ich habe schon im 1. §. gemeldet, daß kein vocalis unter dem letzten Buchstaben des Wortes gesetzt wird, ausser Thau, Caph, Nun kommen ofte vor mit dem Kamets und haben kein He hinter sich.

Thau mit dem Kamets, in der zwoten Person des Singularis am Ende der praeteritorum, als וְשָׁאַלְתָּ, וְחָקַרְתָּ, וְדָרַשְׁתָּ u. d. gl. sind mehrentheils ohne He wegen der Menge, wenige werden mit He geschrieben 42), als נֵרַתָה בָה, בְּאַרְצָה עֲבָדְךָ.

a). 5 Mos. 13, 15.

41) Ist wol uns deutlicher, wenn es heißt: nulla regula est sine exceptione.

42) Es ist kein Zweifel, daß ehedem ein ה geschrieben worden, ehe die Orthographie feiner und genauer eingerichtet worden, nach dem Gesetz der Sparsamkeit; denn es ist dieses die letzte Silbe von אַתָּה, tu; diese pronomina, du, ich, wir, ihr, sind anfänglich ohne Zusammenziehung gesprochen und geschrieben worden; nachher ist die Orthographie

עֲבָדְךָ בְּרִית u. d. gl. auf diesen wird allezeit male he, (es wird vollständig mit ה hier geschrieben,) angemerket; aber wo das He fehlet, wird nicht angemerkt Chaser He, ausser bey dem Worte כָּתַהּ werden 29 angegeben, welche mangelhaft, ohne ה geschrieben werden. Man könte fragen, warum sie die mangelhaften He von diesem Worte zählen? Da die mangelhaften He die mehresten sind, so sollten sie ja die vollen von כָּתְתָה וְנָתְתָה, weil sie die wenigsten sind, zählen? Die Antwort ist, weil das Thau mit einem dagesch forte ist; denn ein kurzer vocal gehet vorher, und ein dagesch forte kan nicht am Ende des Wortes stehen, ohne daß ein ruhiger oder lauter (nach oder כט) Buchstabe nachfolge: daher muß nach dem Thau mit dagesch forte das ה am Ende des Wortes folgen, als die übrigen בָּתְתָה, וְנָתְתָה, ausser 29. Eben so וַהֲמֻתָּה אֶת הָעָם. a) שַׁתָּה עֲוֹנוֹתֵינוּ לְנֶגְדֶּךָ b), u. d. gl. dieses geschiehet nur bey den unvollkommenen verbis, die ich schon erwehnt habe. Bey dem Worte אַתָּה ist das He auch angehängt wegen des

phie erst zu einer kürzern Regelmäsigkeit, zur Anzeige der Personen in verbis, gebracht worden.

a) 4 Mos. 14, 15.   b) Ps. 90, 7.

Erste Abhandlung.

das dagesch forte; man darf also nicht auf einem von diesen, voll He anmerken; aber was perfecta (schlemim) verba, betrift, wo das Thau zum radix gehört, als שָׁחַת ,שָׁבַת ,כָּרַת, ohnerachtet sie das dagesch forte haben, sind sie doch ohne He; als ᵃ) עַל הָעִיר וְכָרַתְּ וְנִכְרַתְּ לְעוֹלָם u. d. gl. und wird nicht mangelhaft darauf angemerket. Das Wort ᵇ) הִצְמַתָּה כָּל זוֹנֶה מִמֶּךָּ ist ausgenommen, daher wird darauf voll He angemerket.

Das Caph finale, das am Ende des Wortes mit einem vocal stehet, hat das Kamets, und ist das suffixum der zwoten Person im singulari, bey den verbis, nominibus, und andern Wörtern, als (bey verbis,) הִגְבִּי מִפְרֵךְ וְהִרְבֵּתִיךְ וּנְתַתִּיךְ, bey nominibus, שׁוֹרְךָ וַחֲמוֹרְךָ וְעַבְדְּךָ וַאֲמָתְךָ כָּמוֹךָ. Bey einigen wird das He angehängt, und wird voll He auf ihnen angemerket, auch in der Massore: es sind 21. ⁴³) מַלִּין וְיְחִידָאִין d. i. es ist ihres gleichen

---

a) Dbab. 1, 10.   b) Pf. 73, 27.

43) יְחִידָאִין Die Anzeige der Massorethen, so sie mit und dergleichen, machen, beziehet sich in manchen Stellen auf solche Worte, die jetzt so oder so viel mal allein, übrigens aber gewöhnlich mit einem andern in Verbindung vorkommen; als 1 Mos. 17, 18. wo יְהוָה stehe, wird angezeiget, vnum ex 13 solitariis

gleichen nicht, die ein He am Ende haben. Bey den Partikeln; als ‪וַאֲבָרְכְכָה לִפְנֵי יְיָ לְאוֹת‬ ᵃ), ‪עַל יָדְכָה‬ u. s. w. diese werden 21 ‪וַדְיָא‬ oder (im plurali) ‪וּדְאִין‬ 21. ‪כָה‬ genant; siehe den 9. §. der zwoten Tafel, sie werden zu Paaren gefunden, als ‪בּוֹאֲכָה‬, 6 mal, ‪יַבְכָה‬, dreimal.

Das Nun mit Kamets am Ende, ist das Nun, vom feminino pluralis, und muß ein He nach sich haben, als ‪סְפוּדְנָה חֲגוּרְבָח צֹאנָה וּרְאָנָה. תָּבֹאנָה‬ ‪וַתִּדְלַנָה וַתְּמַלֶּאנָה‬. Einige sind ohne He, und haben nur Nun und Kamets, als ‪בְּנוֹתַי לָכֵן‬ ᵇ), ‪וּמֹצְאָן מְכֻוָּתָה‬ ᶜ), und in den futuris, als ‪כִּי תִהְיֶיןָ לְאִישׁ שְׁתֵּי נָשִׁים, וַתִּתֵּיןָ אֶרֶץ‬ ᵈ), ‪הַיְלָדִים‬ u. d. gl. dieses geschiehet nur bey den verbis imperfectis; bey den perfectis aber wird nur Eins gefunden, nemlich ‪כִּי כֵן תִּלְבַּשְׁןָ בְּנוֹת הַמֶּלֶךְ‬ ᵉ). Auf allen wird mangelhaft He angemerket. Der Hauptsatz ist, Tau und Caph mit Kamets am Ende

litariis; da es sonst in andern Stellen so vorkomt, daß der infinitivus vorherstehet, ‪חָיה יִהְיֶה‬. In andern Stellen aber betrift diese Anzeige die Art der Rechtschreibung in Ansehung eines Buchstabens, der sonst da ist, oder felet.

a) 1 Mos. 27, 3.   d) 2 Mos. 1, 17.
b) Ruth 1, 12.   e) 2 Sam. 13, 18.
c) ibid. 1, 9.

Erste Abhandlung.   149

de des Wortes, sind mehrentheils ohne He; daher werden die Vollen 44) gezählet; aber das Nun mit Kamets am Ende des Wortes, stehet mehrentheils mit He, daher werden die Mangelhaften gezählet.

Das He particulae ist zweierley, eines ist in feminino der dritten Person, und komt auf dreierley Art vor; 1) wenn es nach Nun mit Kamets und dagesch ruhet, וַיְכִיגֹּור בָּשָׂר פַּתְחָתָהּ (ᵃ 2) wenn es mit Kamets ist und ein Segol vorher gehet, als ᵇ) וַתִּמְצָאֶהָ מַלְאַךְ יְיָ. 3) wenn es ein mappik hat und ein Kamets stehet vorher, als אָז רָאָהּ, וַיְסַפְּרָהּ, הֲכִנָהּ וְגַם חֲקָרָהּ und bey nominibus רֹאשָׁהּ יָדָהּ רַגְלָהּ, auch שְׂאֵרָהּ כְּסוּתָהּ וְעֹנָתָהּ auf diesen und ihres gleichen wird nichts angemerket; aber auf einem Wort, das mit mappik vorkomt, und andre seines gleiches haben keines, wird (לֵית מַפִּיק) angemerket, als ᶜ) וּבֹז בְּזָרֵהּ, צֵדָהּ בָּרֵךְ אֲבָרֵךְ ᵈ) u. d. gl. Es sind 11 Paar wo eins ein mappik hat, und das andere nicht, als מִבְּנִינָם מְכֵרָהּ hat ᶠ) מְכֵרָה כִיֹוב hat keines

eines

---

44) Welches nun die wenigern sind.
  a) 1 Mos. 2, 21.   d) Psl. 132, 15.
  b) 1 Mos. 16, 6.   e) 1 Mos. 28, 31.
  c) Hesek. 29, 19.   f) Sprüchw. 31, 10.

eines u. f. w. Auch 11 Wörter die es haben sollen, und haben keins, als וַתַּחְמְרָה בַּחֵמָר, מִיּוֹם הֻסְדָה, עוֹנָה בָה, u. f. w. Also wird auf jedem (רָפֵי הָא) oder auch (לֹא מַפִּיק הָא), angemerket. Das zweyte He ist, welches stat des vau des masculini der dritten Person stehet, und hat vorher ein Cholem, als a) קוֹל הָעָם בְּרֵעֹה, u. d. gl. da wird nur (כֵּן כְּתִיב) b) כִּי פָרְעֹה אַהֲרֹן. oder (כְּתִיב כֵּן) dabey angemerket, als אֹהֱלֹה, viere, הַמוּנֹה ;כְּתִיבִין כֵּן viere, eben so. In einigen Büchern fand ich, daß auf וַיֵּט אָהֳלֹה קְרֵי אָחֳלוֹ, und auf קוֹל הָעָה בְּרֵעֹה, war angemerkt, קִיר בְּרֵעוּ und so in einigen wenigen andern. Alles dieses aber sind Irthümer der Schreiber; denn man findet niemals ein Wort, da am Ende ein He mit Cholem geschrieben sey, und mit vau solle gelesen werden 45).

Daß

---

a) 2 Mos. 32, 17.   b) 2 Mos. 32, 25.

45) *Kribb becholem, ukri bevau.* Die varias lectiones, welche den Buchstaben ה angehen, hat Capellus alle gesamlet, nach verschiedenen gedruckten Ausgaben der Bibel und der kleinen Masora; insbesondere de ה in fine, loco ו Schurek, (zält Capellus) secundum *Auenarium*; id occurrere in 19 locis; secundum *Bombergium*, in 17; secundum *Ariam Montanum* et *Eliam*, in 14, secundum *Plantinum*, in 11 tan-

Erste Abhandlung. 151

Daß aber in der Maſſore 14 Wörter, die mit He geſchrieben ſind, und mit vau geleſen werden ſollen, gefunden werden: betrift nur vau mit ſchurek, als לֹא יִקְרְחָה קָרְחָה, wird kri gefunden וַמוּ, und יָדַיִךְ לֹא שָׁבְבָה wird כִּי geleſen, u. d. gl. Ich werde von dieſen noch in der zwoten Tafel §. 1. handeln.

K 4 Der

11 tantum locis. Buxtorf in Anticritica pag. 488 antwortet: daß allerdings Maſora magna bey Klagel. 4, 17 ganz gewis 14 ſolche Worte zäle. Folglich ſolte man Avenarium und die ‡ Ausgaben nach der Maſora beurtheilen, nicht aber umgekehrt; denn die alten Urheber dieſer Anmerkung hätten es beſſer gewuſt, welche und wie viel ſolche Worte ſeien, als die jüngern Herausgeber der Bibel. Buxtorf vermehrt übrigens dieſe Anzal ſolcher Worte ſelbſt; er habe 26 gefunden, und es möchten wol noch mehr gefunden werden. Aber eben dieſe Ungleichheit der Rechtſchreibung zeigt allerdings, daß dieſe bibliſche Sprache und Orthographie in verſchiedenen Zeiten und Gegenden verſchieden beſtimmt und angenommen worden iſt, welche Freiheit eigner Beurtheilung uns jetzt eben ſo wol zukommen muß, als jenen ältern und mittlern Urhebern ſolcher Anzeigen.

Der zweite Theil
oder die zwote Tafel
handelt
von denen, die anders geschrieben als gelesen werden.

§. 1. ¹)

Im Anfang der Vorrede habe ich die drey verschiedenen Meinungen, welche die jüngern Rabbinen von der verschiedenen Lesung und Schreibung behaupten, und zuletzt auch meine eigne Meinung, angefürt. Jetzo will ich den Weg zeigen, den die Rabbinen von der grossen Versamlung gleichsam gegangen sind. Zuerst muß man wissen, daß das, was auf dem Rande stehet, הַקְרִי heißt. d. i. so wird das Wort ietzt gelesen, und was inwendig stehet, wird gar nicht gelesen. Z. E. ᵃ) הַוְצֵא אִתָּךְ, ist mit dem vau geschrieben; wird aber gelesen הַיְצֵא mit dem jod; da haben sie die Punkte von הַיְצֵא unter הַיְצֵא gesetzt, haben dis aber nicht anders als הַיְצֵא gelesen; das ist der imperat. von hiphil nach den richtigen verbis, als ᵇ) הַפְקֵד אֶת הַלְוִיִם. Inwendig ist הוצא ohne
ne

---

1) hammaamar harischon.
a) 1 M. 8, 17.   b) 4 M. 1, 3.

ne Punkte geblieben, als der imperatiuus von den verbis pe jod, als הוֹצֵא אֶת הַמְקַלֵּל *)*. Eben so הַיֹּשֶׁר לִפְנֵי דַרְכֶּיךָ *)* wird הַיְשֵׁר gelesen, daher haben die Erfinder ²) der Punkte das inwendige nicht anders, als wie es (stets) soll gelesen werden ³), punktirt; nemlich die Punkte von dem inwendigen passen allezeit auf das auswendige am Rande, das gelesen wird; und das inwendige Wort (ktibh) bleibt ohne Punkte. So haben sie auch allezeit den Gesang (accentum) des Wortes unter dem כְּתִיב (inwendigen) gesetzt, nach dem Verstande, wie es gelesen wird. Z. E. וַיֹּאמֶר דָּוִד לִשְׁלֹמֹה בְּנוֹ אֲנִי הָיָה עִם לְבָבִי *)* u. s. w. so stehet בְּנוֹ und wird בְּנִי gelesen; also nach dem Inwendigen (ktib) solte der atnach unter בְּנוֹ stehen; weil es aber בְּנִי gelesen wird, so

haben

a) 3 Mos. 24, 13.   c) 1 Chronik 22, 7.
b) Ps. 8, 8.

2) Er nent es metakne hannikud, ordinatores punctationis.

3) Es ist ganz klar, daß also die schon in einer Provinz eingefürte Aussprache, durch diese Zeichen der Punkte nun fortgepflanzet worden; diese Aussprache aber gründet sich auf die Orthographie mit jod, so in manchen Exemplarien an statt des ו stund. Man hat auf diese Weise die verschiedenen Exemplarien vereinigen wollen.

haben sie den atnach unter לִשְׁלֹמֹה gesetzet; dieses ist leichte zu verstehen.

Weiter, wo der Punkte mehr als der Buchstaben sind: da haben sie müssen in dem Inwendigen unter einem Buchstaben zweyerley Punkte setzen. Z. E. אֲשֶׁר אֲבַוּ שׁוֹלְחִים אוֹתְךָ a), wird אֲבַחְנוּ gelesen 4), so haben sie das vau von אֲבוּ mit schua und schurek, mit den Punkten von dem Worte אֲבַחְנוּ, punktiren müssen; das Wort aber אבו bleibt inwendig ohne Punkte, und heißt אֲבוּ, es ist seines gleichen nicht mehr in der Schrift; ausser in dem Gebetbuch 5) מָה אָנוּ מֶה חַיֵּינוּ. Wenn aber inwendig der Buchstaben mehr, als der Punkte sind: so haben sie einen Buchstaben ohne

a) Jerem. 42, 6.

4) Wurde bey den Urhebern der Puncten, nach ihren Exemplarien, anachen zeither gelesen, daher haben sie eben diese Puncte vollständig unter das in andern Exemplarien unvollständige Wort gesetzt. Anu schien nun ungewöhnlicher worden zu seyn; Cappellus erläutert diese Stelle in critica pag. 92. und 19 ς. wo er die Schreibart anu den orientalibus, anach aber als kri den occidentalibus beilegt; so richtig ist; wie aus dem Anhange zu dem verbo, in der ersten Person des pluralis, auch zu erkennen ist, daß anu ehedem gebräuchlich gewesen.

5) Im Text stehet Siddur hatephiloth, es ist wol das Gebetbuch für das gantze Jahr.

ne Punkt gelassen; als ‎^a) בְּרֹכֶב רִכְבִּי עָלִיתִי wird בְּרֹב gelesen ⁶); also haben sie das Caph ohne Punkt gelassen. Eben so ᵇ) הִכָּה אֶת הַצִּצְרִי אֲשֶׁר מַרְאֵה, wird אִישׁ gelesen, und ist das Schin ohne Punkt; auch אֵלֶה מַאֲנַיָא wird אֶל gelesen; das Lamed ist ohne Punkt. Wenn inwendig Ein Wort geschrieben ist, und auswendig werden zwey Wörter gelesen: so haben sie unter dem inwendigen Worte alle Punkte von den zweien Wörtern, welche gelesen werden, gesetzt; als ᶜ) וְלִשְׁחוֹת, אֶת שֵׁינֵיהֶם wird מֵימֵי רַגְלֵיהֶם gelesen, so sind die sechs Punkt ⁷) von מֵימֵי רַגְלֵיהֶם unter שֵׁינֵיהֶם gesetzt;

a) Jes. 37, 24. b) 2 Sam. 23, 21. c) 2 Könige 18, 27.

6) Diese Leseart ist eigentlich 2 Könige 19, 23. anzutreffen; in der Stelle Jesaiä ist kein kri angemerkt. Es sind 2 Worte in den Exemplarien vertauscht worden, berob, richbi, in multitudine curruum; und berecheb, richbi; Cappelli Erläuterung pag. 103, enthält auch die Anzeige, daß in Ariä Montani Bibel kein kri angezeichnet ist. Es ist kein Zweifel, daß einmal ein Abschreiber sich versehen hat; in jenen Exemplarien aber ist die richtige Leseart stehen blieben; man hätte in dem Ktib rob behalten können. Ganz notwendig aber müssen ehedem keine Punkte da gewesen seyn, man hätte sonst sich nicht verirren können; aus recheb konte man nicht rob machen.

7) Dis ist offenbar eine bedächtige Veränderung einer ältern Beschreibung in eine jüngere oder unanstößigere, so gewis nicht mit Aberglauben der Leser zusam

gesetzt; und wenn inwendig zwei Wörter und auswendig Eins ist: so wird der letzte Buchstab von dem ersten des inwendigen, welches ohne Punkt ist, im Lesen weggeworfen. Z. E. ‏וַיֵּצֵא מִן הַמְּעָרָה‎ ᵃ) wird ‏מֵהַמְּעָרָה‎ gelesen, eben so ‏מִן בַּת צִיּוֹן‎ wird ‏מִבַּת‎ gelesen; so fehlt das Nun in beyden gänzlich ⁸). Fünf Wörter sind, die inwendig als zwei Wörter ⁹) geschrieben sind, und auswendig als Eins

a) 3 Mos. 24, 8.

zusammenhängt, als aus gleichzeitigen Handschriften herrüren kan. Man müste annemen, daß zu gleicher Zeit in verschiedenen Provinzen in solchen Stellen zweierley Text statt gefunden habe; so hier wenigstens so leicht nicht wahrscheinlich ist, als in Aufsätzen des neuen Testaments. Der Aberglaube von der heiligen reinen Sprache ist es, der bey den Urhebern solcher Anmerkungen diese Veränderung im Lesen hervorgebracht hat; und man kan daher auf den spätern Ursprung dieser Punkte und dazu gehörigen Worte ganz gewis schliessen. Wie solte *Schaiin*, vrina, ein unanständiger Wort seyn, als aquae pedum? siehe *Morinus* lib. 2. exercitat. 17. c. 8. §. 12 seqq.

8) Dergleichen Veränderungen der Orthographie betreffen den Wohlklang, u. sind ebenfals jüngerer Zeit.

9) Buxtorf hat in anticritics pag. 479 seq. von den Worten gehandelt, (wie sie Cappellus angefürt hatte, lib. 3. critic. sacrae c. 4 seq.) quae *coniunctim* scribuntur, et diuisim leguntur, vt duae; und umgekehrt, quae *diuisim* scribuntur, sed coniunctim leguntur; und hat angemerkt, daß es mehr Stellen

geben

Eins gelesen werden, und gehören zu der sechsten Art: denn ich habe alle die in der heiligen Schrift befindlichen קְרִי und כְּתִיב in sieben Arten eingetheilt; nach jenen sieben Arten, womit das Land Israel ist gelobet worden.

Die erste Art besteht aus solchen Buchstaben, die gelesen und nicht geschrieben, oder geschrieben und nicht gelesen werden, und mehrentheils sinds die Buchstaben יְהוּא nemlich die zu Anfang, in der Mitten, und am Ende des Wortes gefunden werden. Man muß aber wissen, daß vau und jod nicht so, wenn sie in der Mitten des Wortes ruhen, gefunden werden; nemlich das Vau nach Cholem und Schurek, und jod nach Chirek und Tsere;

geben solte von der ersten Art, nach Anzeige der Masore, als in den gewönlichen Abdrucken der Bibel wirklich gefunden werden. Buxtorf hat auch ganz richtig angemerkt, daß hier Elias ein ח, die Zahl 8, nicht aber ein ה möge geschrieben haben; (In der neuen Sulzbachischen Ausgabe stehet auch unrichtig ein ה für ח.) indem die Masora 2 Chronic. 34. acht Stellen angibt; er hat noch mehr Untersuchungen beigebracht, die ein Liebhaber dieser Kleinigkeiten leicht daselbst nachlesen kan. Zuweilen ist es gar merklich, daß die Abtheilung der Buchstaben zu Worten, ohne eine gewisse gültige Entscheidung gewesen, also in verschiedenen Abschriften auf verschiedene Weise angenommen worden.

Tsere; denn diese gehören zu den vollen und mangelhaften; wie ich im ersten Theil, §. 1. gemeldet habe. Aber das Vau, welches geschrieben und nicht gelesen wird [10]), ist nur nach kamets oder katuf kamets; als, אַכְרוֹת לָבֵשׁ בְּרִית, אֶשְׁוֻטָה וַאֲבִיסָתָה u. d. gl. sie sind 31 an der Zahl. Man findet niemals ein Vau mitten im Worte, das gelesen und nicht geschrieben wird; aber das jod findet man nach einem kamets, als צְנָאָרֵל bey Esau, [11]) wird צַוָּארָיו gelesen. Eben
so

a) Jes. 18, 4.

10) Alle 31 Stellen hat Hiller in arcano Kri et Ktib. lib. 2. c. 6. §. 1. formae geminae paeadicae; es betrift blos die Orthographie, ob man ein ו schreibt, oder ohne vau, ein kamets chatuph; in dem letzten Fall, kan ו wegfallen; daher stehet auch oft dabey יָתִיר ו, wenigstens in etlichen Ausgaben der gedruckten Bibeln, wie auch in manchen das Maceaph stehet, in andern aber nicht. Man muß auch die andern formas beim Hiller vergleichen, wo ähnliche Verschiedenheit der Orthographie gar oft vorkomt.

11) Das heißt 1 Mos. 33, 4. Man kan beim Hiller lib. 1. §. 3. viel solche Exempel finden, wo die Orthographie verschieden gewesen ist, daher auch in manchen Ausgaben kein Keri angezeiget worden, wenn man es gleich in einigen andern antrift. Buxtorf erläutert in Anticritica pag. 192. diese Verschiedenheit wider den Cappellus; gestehet auch, daß obgleich die Masora finalis (im Buchstaben jod) 56 Stellen zälet, es freilich dennoch in den gedruckten Aus-

so ᵃ) זֶה דוֹר דּוֹרְשָׁיו wird שָׂיו gelesen; diese sind 56 an der Zahl, und zwei jodin, die nach einem Cholem geschrieben und nicht gelesen werden ᵇ) עָנִי בְּכָבֵל רַגְלָיו, ᶜ) גַּם עוֹנָיו לֹא תִשָּׁבֵעַ, diese gehören unter die sechs, wo das jod geschrieben und nicht gelesen wird. Man findet jodin, nach schua, als fünf mal דְּבָרֶיךָ, da sind die jod überflüßig geschrieben; auch וַהֲלִילֵי כָּב הָרָעִים, u. d. gl. Es werden auch häufig vavin und jodin am Anfang und Ende des Wortes gefunden, die gelesen und nicht geschrieben werden, oder umgekehrt; eben so wird das He häufig gefunden, der Kürze wegen will ich keinen Beweis anführen. Dieses habe ich gefunden, daß alle Wörter, die einen Buchstaben haben, der nicht geschrieben aber doch gelesen wird: den Punkt von demselben Buchstaben inwendig haben, ohne den Buchstaben selbst; und auswendig ist der Buch-

Ausgaben viel mehr gebe. In der Bombergischen hatte Cappellus 115 Stellen; beim Arias Montanus nur 80 Stellen, in andern noch weniger gezält. Es ist blos eine Verschiedenheit der (ältern und jüngern) Orthographie, den Verstand ändert es nicht.

a) Pf. 24, 6. c) Pr. Sal. 4, 8.
b) Pf. 108, 18.

Buchstabe, aber ohne Punkt geschrieben. Z. E. אֲבוֹתֵינוּ חָטְאוּ אֵינָם וַאֲנַחְנוּ עֲוֺנֹתֵיהֶם סָבָלְנוּ a) auswendig am Rande wird mit וְאֵינָם und וַאֲנַחְנוּ gelesen u. d. gl. sind 12¹²) an der Zahl. So geht es auch mit He, als b) וַיִּגֹּשׁ הָעָם אֶל שָׁאוּל wird הַשָּׁאוּל gelesen, u. d. gl sind 15¹³) an der Zahl. In einem Worte, wo ein Buchstabe geschrieben aber nicht gelesen wird, stehet der Buchstab inwendig ohne Punkt; als ¹⁴) יִצָּאוּ

a) Klagelied 5, 7.   b) Samuel 14, 32.

12) Wie hier Elias die Zahl 12 angibt, so hat auch Cappellus so gezälet; die kleine Masora zälet aber nur eilf Stellen, bey 2 Könige 11, 1; so auch masora finalis, in littera ו, undecim voces, in quibus ו ab initio scriptum, sed non lectum; Buxtorf straft daher die Nachläßigkeit des Cappellus, daß er 12 zälet; er hat sich aber nicht auf den Elias besonnen, der eben diese Zahl hat. Es ist eine grosse Kleinigkeit.

13) Hiller hat alle die Stellen gesamlet, wo ו oder ה in der einen Orthographie felet, in der andern aber geschrieben wird, lib. 2. c. 4. §. 2. de variatione *praefixorum;* pag. 290 seq. zuweilen trift es auch den Buchstaben א, der vorgesetzt wird, oder felet; da es sich auf die verschiedene Construction beziehet, welche in den Abschriften verschiedener Zeiten und Provinzen nicht überein gefunden wurden.

14) Jerem. 50, 8. Man kan lesen zeu, und jezeu; den Ton auf der 2ten Silbe; oder auch jezeu, ein schua vor der letzten Silbe, wie Cappellus meint, lib. 3. c. 13. in einerley Bedeutung.

Der zweite Theil.

מֵאֶרֶץ כַּשְׂדִּים יְצָאֽ das jod stehet geschrieben, wird aber nicht gelesen; auswendig am Rande stehet nicht, keri, יָצָא, sondern, das jod wird nicht gelesen (lo kri jud). Eben so בַּעַל הַכְּנָפַיִם a), wird angemerkt; lo kri he; das He wird nicht gelesen 15), auch so mitten im Worte, als 16) שְׁמָהּ שֶׁהִתְקִיף am stehet an dem Rande lo kri he; das He wird nicht gelesen.

Es sind weiter 41 Wörter, 17) wo Aleph mitten im Worte geschrieben ist, aber nicht gelesen wird, und allemal stehet auf dem Rande lo kri aleph; das Aleph wird nicht gelesen; als וְהָאַסְפְּסֻף אֲשֶׁר בְּקִרְבּוֹ b), u. d. gl. Ueberhaupt, wo diese Buchstaben יהוא, gelesen, aber nicht geschrie-

a) Pred. Sal. 10, 28.   b) 4 Mos. 11, 14.

15) Von ה so zu Anfang des Worts geschrieben aber nicht gelesen wird, zälet die masora finalis sieben Stellen, welche Buxtorf in anticritica anführet, pag. 487. und gestehet, daß in Bönibergischem Druck, neun Stellen gefunden werden; nemlich weil in andern Exemplarien auch noch einige Stellen vorkommen, ausser den m. fforethischen.

16) Die Stelle ist Prediger 6, 10. es wird daher das zu gesetzt יָתִיר ה.

17) Avenarius zälet 47 Stellen; Arias hat nur 13, Bomberg und Plantin, nur 11; die Masora finalis aber 48.

geschrieben werden (kri, velo ketib): so stehet auswendig auf dem Rande, wie es gelesen wird; aber bey allen catban, oder wo geschrieben und nicht gelesen wird, da stehet auf dem Rande, es wird jod, oder He, Vau, oder Aleph nicht gelesen. In einem Verse findet man beyde (ᵃ יוּלַד חָכָם וְיִשְׂמַח בּוֹ), auf יוּלֵד׃ wird das Vau gelesen, aber nicht geschrieben; (kri velo ktib) וְיוּלַד. Bey וְיִשְׂמַח, wo das Vau geschrieben aber nicht gelesen wird, ist angemerkt, lo keri vau. Wisse, daß in den richtigsten Massoren, wo Vau und jod mitten im Worte geschrieben, aber nicht gelesen werden: auf dem Rande stehet (יתיר ויו,) oder jathir iud, das Vau oder jod ist überflüßig; und das ist recht.

Von den übrigen Buchstaben, ausser יהוא werden wenig gefunden, die geschrieben und doch nicht gelesen, oder gelesen, aber nicht geschrieben werden; als 4 lamdin sind mitten im Worte geschrieben und werden nicht gelesen, als ᵇ) וְלְהַלְחֶם וְהַקַּיִץ (¹⁸ die übrigen sind im Daniel

---

a) Sprüchw. 23, 23.   b) 2 Sam. 16, 2.

18) In 2 Sam. 16, kan eine Lesart seyn, vehallechem, et panis; die andre aber, et *ad panem scil. por-*

בֵּאדַיִן עֲלַלִין אָדַיִן עֲלַלִין לְבֵית מִשְׁתַּיָא (¹⁹ wie עללת, in allen dreien wird das zweite Lamed nicht gelesen. Auch Tsade von לַמַחְצְצרִים מַח צְצרִים בַּח צוצרות ist das zweite Tsade nicht punktirt, und wird nicht gelesen ²⁰); wie das zweite Schin von יִשְׁשָׂכָר in den Exemplaren des Ben Ascher ²¹); aber bey Ben Naphtali ists ordentlich mit einem schua mobili, יִשְׁשָׂכָר.

L 2   Das

portandum. Eins ist ein Versehen, so ein Abschreiber ehedem begangen hat; beide Recensionen aber stunden in grossem Ansehen; daher wird es angemerkt.

19) Daniel 4, 4. und Kap. 5, 8. עללין, und עללין, Kap. 5, 10. עללת, und עללת, wo dabey stehet, יתיר ל, superfluum est lamed, nemlich nun, da man im punctiren ein dagesch in das eine lamed gesetzt hat.

20) 2 Chronick. 7, 6. und 29, 20. Machzrim, eine Leseart; die andere aber mchazozerim. In Plantini Ausgabe, auch des Manasses Ben Israel, und der englischen Polyglotte, ist gar kein kri angemerkt, und punctirt, מַהְצְצרִים, wofür man auch מַחַצְצרִים punctiren könte. Die massorethische Anmerkung aber, יתיר צ beziehet sich offenbar auf die eingeführte Punctation, daß es in Hiphil seyn soll, מַחְצְרִים, wie 2 Chronick. 28, 23, das Wort מְעַזְרִים, auxiliantes. Hiller pag. 335. siehe auch 2 Chronick 12, 5.

21) Iudaei Europaei et Palaestini sequuntur lectionem Ben Ascher, wie R. Menachem schreibt in dem Buche ידות

Das Caph wird in dem Worte (²² רִכְבִּי) בְּרִכְבּ*) geschrieben aber nicht gelesen, (ketib velo keri) gefunden; denn es wird בְּרב gelesen, und umgekehrt, bey מִמַּעֲרוֹת פְּלִשְׁתִּים (²³) wird gelesen. Das Ain wird nur an einem Orte gefunden, daß es gelesen aber nicht geschrieben wird; וְנִגְרְשָׁה (²⁴) b) es wird וּנשקעה zwischen ק und ה) gelesen. Das Daleth, an zwei Orten, nemlich תַּדְמֹר בַּמִּדְבָּר (²⁵) wird תַּדְמֹר gelesen; und

a) Jes. 37, 24.   b) Amos 8, 8.

שתי ידות, omnes Israelitae harum regionum solent sequi lectionem Ben Ascheris, ac si filia vocis de caelo egressa esset, et dixisset: vbi Ben Ascher et Ben Naphtali dissentiunt, *lectio* sit juxta Ben Ascher, beim Buxtorf in anticritica pag. 513. Dis scheint es ebenfals zu bestätigen, daß in verschiedenen Provinzen einige Rabbinen die Recension des Textes auf verschiedene Art besorget haben, weil man sich auf kein Original in den Abschriften weiter berufen konte.

22) 2 König. 19, 23, eins hies berob richbi, das andere berecheb richbi.

23) 1 Samuel 17, 23. mimaarechoth, ex *aciebus;* mimaroth, ex fossis, ex nuditatibus; eins ist ein Versehen im Abschreiben.

24) Nach dem kri mus man lesen, venischkeah, *submergatur;* nach dem ktib, heißt es nischkah, *potetur. adaquatur;* es kan im dictiren, in der Aussprache anders seyn gehöret worden.

25) 1 Könige 9, 18. Man mag thamor oder thadmor lesen, so ist es doch einerley Bedeutung, palma

Der zweite Theil.

הֻזְדַּמְּנְתּוּן wird הִתְחַבַּרְתּוּן לְמֵימַר und ²⁶) gelesen. Das Heth ist in 4 Orten (eingerückt); als
a) וְתִחְפַּנְחֵס wird בְּכִי נוּף וְתַחְפְּנֵס gelesen ²⁷); אֲנָ֫דְנוּ wird אֲנַ֫חְנוּ gelesen, wie ich schon oben gemeldet habe.

Die zwote Art ist von den Buchstaben, die beym lesen und schreiben verwechselt werden; auch bey diesen sind die Buchstaben יהוא die Hauptsache. Es sind 52 Wörter, wo anfangs ein jod geschrieben ist, und ein Vau gelesen wird ²⁸); als
וְשִׁית, וַחֲדַל מְעַט יְמֵי יֶחְדָּל יָשִׁית מְעַנִּי b) wird gelesen, und 56 Wörter umgekehrt ²⁹); als וְשׁוּעַ

a) Jer. 2, 16. b) Hiob 10, 20.

26) Auch dis ist aus der Aussprache des Sain entstanden, so den Laut von einem ד nach sich hatte.
27) Einmal, tachaphanches, nach den Puncten, (so aber Kap. 43, 7. 8. tachpanches gelesen wird;) das andere mal tachaphnes, in den 70 ταφνας; so wol Ταχαφνας heissen soll.
28) Diese Zahl 52 ist wol unrichtig; 22 hat die kleine und grosse Masora; siehe masoram finalem, in littera iud; über eine Stelle, Zachar. 14, 6. ist noch Zweifel; s. Buxtorfs anticritica pag. 393. In Plantini Ausgaben werden nur 14 gefunden; beim Arias, 18, im Bomberg, 20. Man kan diese Verwechselungen des ו und י in der Masora nach dem Alphabet finden.
29) Vau loco jod *ab initio* dictionis zälte Cappellus 12 mal; Buxtorf in anticritica pag. 490. sagt, die Maso-

יְשׁוּחַ, יְדְכָה, וּרְדְכָה וְשׁוּחַ wird gelesen. Es gibt ein Alphabet von 75 Worten, so in der Mitte mit jod geschrieben, und mit vau gelesen werden; und ein ander Alphabet von 70 Worten, da es umgekehrt ist [30]). Alle diese jodin sind mit Cholem oder schurek punktirt. Das Cholem ist auf den Buchstaben vor dem jod; als אַזְכִּיר מַעֲלָלַיָה (a wird אַזְכּוֹר gelesen, b) שְׁנֵי גיים בְּבִטְנֵךְ wird גּוֹיִם gelesen [31]) u. d. gl. Das schurek aber ist in

das

a) Pf. 77, 12.   b) 1 Mof. 25, 23.

Masora zält nur 10. Exodi 13, 11. welches einige noch anfürten, hat R. Menahem de Lonzano durch die Handschriften widerlegt, welche da alle ein jod lesen.

30) Burtorf pag. 493. tadelt den Cappellus, der die Zahl 79 anfürete aus dem Elias; Burtorf schreibt: scribit Elias, non 79, sed 75, עה, sed manifestus est error vel operarum typographicarum, vel ipsius Eliae. Scribit Elias illic: *Est alphabetum 75 dictionum, quae scribuntur cum Iod in medio et leguntur cum vau; item aliud alphabetum 70 dictionum, quae contrarium habent.* Plane contrarium verum est; alphabetha illa duo exstant in Masora finali in littera jod; alphabethum earum vocum, quae scribuntur cum jod in medio, et leguntur cum vau, constat 70 dictionibus; alphabethum eorum, quae scribuntur cum vau, et leguntur cum jod, constat 75.

31) Warum nicht auch nun das unnütze jod weggelassen im Schreiben? Man kan mit oder ohne *fulcro* schreiben; im ersten Fal solte aus dem einen jud das ו werden;

Der zweite Theil.

das jod punktirt, als ᵃ) וַיָּ֧שֶׂם לְפָנָ֛יו לֶאֱכֹ֖ל wird וַיּוּשֶׂם. In etlichen Ausgaben stehet inwendig וַיֻּישֶׂם, das erste jod mit einem kibbuts; es ist aber ein Fehler; denn man findet nicht einen Buchstaben vor einem ruhigen jod mit einem kibbuts punktirt ³²). So auch ᵇ) קְרִיאֵ֣י הָעֵדָ֔ה das jod mit schurek wird קְרוּאֵי gelesen, und noch am Ende des Wortes, (ᶜאַל־תֵּצְאִ֣י הַשָּׂדֶ֔ה) (ᵈוּבַדֶּ֖רֶךְ תֵּלֵ֑כִי) wird תֵּצְאוּ, תֵּלֵכוּ gelesen ³³). Bey allen ist ein schurek im jod, aber kein kibbuts vorher.

In den Wörtern aber, wo das He zuletzt geschrieben ist, und es wird als Vau mit schurek gelesen:

L 4

a) 1 Mos. 24, 33.   c) Jerem. 6, 25.
b) 4 Mos. 1, 16. 26, 9.   d) Jerem. 6, 24.

werden; im andern Fal solte es gar nicht geschrieben werden.

32) Plantini Ausgaben, Bomberg in der grossen Ausgabe, Manasse Ben Israel, u. s. w. haben das Kibbuts unter das erste Job drucken lassen, wie hier Elias anführet; in andern Ausgaben ist in dem 2ten Job ein Punct, so die Anzeige ist, daß ehedem manche ein וּ mit dem Punct gelesen haben, וַיּוּשֶׂם. Mit mehrerm handelt Hiller, der beide Schreibarten dem heiligen Esra (diuinus scriba) beilegt, pag. 336.

33) Iod in fine vocis, pro rau, zälte Avenarius 24 Stellen, im Bomberg 22. Arias Montanus, 21, im Plantinus nur 15; Buxtorf aber fürt aus masora

lesen: ist allezeit ein kibbuts unter dem Buchstaben, vor dem He, als יְדִינוּלֹא שָׁבְכָה, לֹא יִקְרָחָה, u. d. gl. deren sind 14 ander Zahl ³⁴). Es sind noch viele Worte, darin יהוא so oder so verwechselt werden, aber ich habe sie wegen der Kürze ausgelassen.

Es sind auch andere Buchstaben, die mit einander verwechselt werden; dieses ist nur bey denjenigen Buchstaben, die im Schreiben sich gleich sehen ³⁵), als Beth mit Caph, Daleth mit Resch, ה mit

a) 5 Mos. 21, 37.

fora finali an, 26 voces esse, in quibus Iod sit in fine scriptum, pro quo legatur vau.

34) Von ה am Ende, wofür man ו zu lesen pflegt, ist Buxtorfs anti-ritica pag. 488 nachzusehen; Avenarius zälte 19 Stellen; in der Bombergischen Ausgabe, 17. in des Arias Ausgabe 14, in Plantini Druck, nur 11. Danz hat in der bekanten Disputation, sinceritas scripturae V. T. — eluctans cap. 2 §. 1. umständlicher davon gehandelt, und die Stellen einzeln angefürt. Es kan freilich das ה ganz richtig stehen, und der singularis gilt distributive; es kan aber auch der pluralis geschrieben worden seyn; es scheinet wirklich in zweierley Recensionen oder Abschriften diese doppelte Schreibart sich gefunden zu haben; daher die Masorethen bei de Lesart angezeigt haben. Daher ist auch die Ungleichheit in den Abschriften, wonach man die Abdrucke besorgt hat.
35) Es ist also, wegen der grossen Aenlichkeit, der eine Buchstabe mit dem andern, von einem Abschreiber ver-

ה mit ח, ד mit caph finale, Schin mit Teth; oder wenn sie von einem Gliedmaasse sind, (vnius organi) als Beth mit Mem; Mem mit Pe, Aleph mit Ain, Ain mit Heth, Daleth mit Thau. Eilf Wörter sind, wo Beth stehet und Caph wird gelesen, als בְּאָמְרָם (a וַיְהִי (³⁶ בֶּאֱמָרָם אֵלָיו wird gelesen, und drey umgekehrt, als (b מֵהֲפֵיכִין דַּרְכּוֹ wird gelesen; וּמְבָרֵי בְּגֵיי דוֹתָהּ וְזָבוּד, wird (das letzte) וְזָכוּר gelesen; inwendig stehet es mit Beth und Daleth geschrieben, und wird וזבור mit Caph und Resch gelesen. Das ist zugleich eines von den 42 Wörtern, die mit Daleth geschrieben sind, und mit Resch gelesen werden; das zweyte ist, (c וְהָאֹמֵר לֹא אֶעֱבוֹר wird עֲבוֹר gelesen.

K 5 Vier

verwechselt worden; und diese Verwechselung ist ganz gewis ein Feler, der erst nachher entstanden ist.
36) Der Verstand ist ganz einerley, man mag ב oder כ vorsetzen; die erste Verwechselung komt also aus der Aenlichkeit, die Entscheidung aber, daß man mit כ lesen sol, hat auf der Vielheit der Abschriften beruhet. In manchen Stellen ist indes in einigen Ausgaben kein keri angezeichnet; als 1 Sam. 4, 6. ist im ktib, ein ב, und kri hat כ; aber in Plantini Ausgaben, in der spanischen und englischen Polyglotte, auch beim Manasses Ben Israel, ist kein kri.

a) Esther 3, 4. c) Jeremi. 2, 20.
b) Sprüchw. 20, 24.

Vier Wörter sind umgekehrt; als ³⁷) וְכָל הַשְׁרֵמוֹת wird הַשְׁדֵמוֹת gelesen, u. s. w. Weiter, Daleth mit Caph ³⁸) יַךְ הַשַּׁעַר, wird יד gelesen, und Heth mit He, רְחִיטֵנוּ בְרוֹתִים wird רַהִיטֵנוּ gelesen, deren sind vier an der Zahl. Ferner Schin mit Teth ³⁹) וַיַּעַשׂ הָעָם אֶל הַשָּׁלָל wird וַיַּעַט ge= lesen; und Heth mit Thau, חֶבֶל הַכֶּסֶף יִרְחַק wird יֵרָתֵק ⁴⁰) gelesen. Beth mit Mem, als בָּאָדָם

37) Die Stelle ist Jerem. 31, 40. und mus diese Ver= wechselung der 2 so änlichen Buchstaben schon sehr alt seyn, indem schon Hieronymus dis Wort mit ד, daleth, anfüret, als aus dem hebräischen Text, wenn gleich die 70 ein ר behalten haben in dem Wort, Ασαρημωθ, so auch 1 Maccab. 4, 15. vor= komt. Ein Feler der Abschreiber ist hier so sichtbar als in manchen andern Stellen.

38) יַךְ hat gar keinen Verstand, es ist daher nicht glaub= lich, daß jüdische Abschreiber so solten geschrieben haben, wenn sie auch sich mit ד könten versehen. Es ist wol wie 1 Sam. 4, 13. wo יַךְ die Abbre= viatur ehedem gewesen für יָרֵךְ, andere aber יד gelesen haben, so einerley Verstand gibt.

39) Es ist 1 Sam. 14, 33. und ist wol allerdings ein Feler des Abschreibens in dem einen Exemplar ge= wesen; man solte kein krib hier behalten, sondern den Buchstaben wirklich ändern in ein ט.

40) Predig. 12, 6. man solte auch hier das ח nicht mehr behalten.

Der zweite Theil. 171

⁴¹) מֵאָדָם‎, wird בְּאָדָם‎ gelesen u. dergleichen sind sechs an der Zahl. Pe mit Mem, als וּבְרַק פְּגֻלִים‎ wird וּמְרַק‎ gelesen. Heth mit Ain, als ⁴²) וְהֵץ חֲנִיתוֹ‎ wird וְעֵץ‎ gelesen. Ain mit Aleph; als zwey ⁴³) sind עַל‎ geschrieben, und werden אֶל‎ gelesen; und einmal stehet אַל‎ mit Patach, und wird עַל‎ gelesen. He mit Ain, als בְּלֹיָדֵי הַרְפָה‎ davon sagen die Talmudisten, es stehet הַרְפָה‎ geschrieben, aber es wird עָרְפָה‎ gelesen; ich habe es aber gleichwol nicht in den richtigsten Büchern so gefunden. Daleth mit Thau, als אֶחָד בְּתוֹךְ‎ wird אַחַת‎ gelesen; solcher sind drey, und zwey sind umgekehrt; בְּאֶחָד הַסְקוֹ מוֹרֵט‎ wird בְּאַחַת‎ gelesen ⁴⁴); אֶחָד תַּחַת רוֹתֶם‎ wird אַחַת‎ gelesen, und zwey Wörter haben He, und werden Caph gele-

---

41) Josuä 3, 16. ist im Verstande einerley.
42) 1 Sam. 17, 7. ist einerley, die Verwechselung kan in der Aussprache und im Dictiren entstanden seyn.
43) Dis mag wol öfter eintreffen, daß אֶל‎ und עַל‎ verwechselt worden sind in dem Abschreiben, als 2 mal.
44) 1 König. 19, 4 und das vorhergehende 2 Sam. 17, 12. betrift die Veränderung des generis, bey einem nomine, so beides genus nemen kan.

gelesen, als כֹּה מִפְּנֵי רֹעַ מַעֲלֵיהֶם ‎45) wird כֹּה
gelesen, ‎46) וְחָשַׁב עֲלֵיהֶם מַחֲשָׁבָה wird eben so
כֹּה gelesen. Ein Wort hat Resch, und wird Beth
gelesen וַיֵּשֶׁב וַאֲשֶׁר שָׁם מִשְׁמִי wird וַיָּשֶׁב gelesen;
dieses werde ich noch in der sechsten Art erwehnen.
Ein Wort hat ein Gimel und wird Sain gelesen
לְבַג לַגּוֹיִם, wird לְבַז gelesen; hier ist Gimel mit
Sain nach אטבח verwechselt worden, so auch
זֶה גְּבוּל גֹה גְּבוּל wird gelesen ‎47).

Die dritte Art ist, die vor oder hernach stehen, d. i. es sind Wörter, wo ein Buchstab im
Text unrichtig hinter dem andern stehet, im Lesen
aber stehet er richtig vorher; solcher sind 62 an
der Zahl. Im Mose ist gar keins; und ich habe
dis

---

45) Jerem. 21, 13. Man kan beide Schreibart erklären, actiones *horum* und actiones *vestrae*, daß es
eine Anrede ist; anfänglich muß aber wol das Dictiren Gelegenheit zur Verwechselung gegeben
haben.

46) Jerem. 49, 30. ist eben so zu beurtheilen.

47) Es kan allerdings in manchen Abschriften ג und ז
verwechselt worden seyn, dergleichen Verwechselung
der Aenlichkeit wegen, viel häufiger geschehen, als
man bisher gewust hat, ehe mehr Handschriften gebraucht worden.

Der zweite Theil

אֵין־מוּקְדָם (⁴⁸). die Zeichen darauf gegeben
אַךְ וּמְאוּחַר בַּתּוֹרָה חָסֵר davon sind 51 aus den
Buchſtaben (⁴⁹). יְהוּא, als (ª) הֲלוֹךְ וְתָקוֹעַ, wird
das ו vorgerückt und) הוֹלֵךְ (⁵⁰), geleſen
וְהַמִּשְׁנִי

a) Joſua 6. 10

48) Die Bezeichnung dieſer Zahl beſtehet darin; das erſte Wort אין beſtehet aus den Buchſtaben י (oder נ bedeutet 50 in der Zahl;) י, (bedeutet 10) א (iſt eins in der Zahl;) die zuſammen 61 machen; nun חסר אחר, felet nur noch eins; ſo wird es 62. Buxtorf in clavi Maſorae, unter dem Wort Mukdam umeuchar, *anterioratum et poſterioratum*, fürt Predig. 9, 4. an, wo die Anzeige bey יבחר ſtehet, elt vnum ex 62 Mukdam umeuchar, daher im kri ſtehet יחבר. Es ſcheinet ebenfals ein Feler der Abſchreiber, die ſich mit dem Geſicht irreten, oder eine Abkürzung unrecht verſtunden, ehedem geweſen zu ſeyn.

49) Elias hat alſo Claſſen davon gemacht, oder alle Worte beſonders unter einander verglichen.

50) Es iſt Kap. 6, 13. zu verſtehen; und bey uns iſt das maſſorethiſche Zeichen anders, הוֹלֵךְ, welches ſo wol הלך, eundo geleſen werden kan, als הוֹלֵךְ, incedens; aber Sprüchw. 13, 20. trift völlig mit dieſem Zeichen ein, obgleich Elias dieſe Stelle nicht gemeint hat; man kan hier den imperatiuum leſen, ambula, und das participium, ambulans. Die Zweideutigkeit kam daher, weil keine Leſezeichen waren, welche die Ausſprache der Silbe ſchon beſtimte; ſo laſen einige ſo, andre ſo; und nun iſt beides ferner angemerkt worden.

וַהוּמְשֵׁנִי אֶת הָעַמּוּדִים (⁵⁰ wird ספָּ־
ter, hinter geſchrieben, und) וחמישני geleſen,
הָאֵלֶּה כָּל הַכֵּלִים. הָאֹהֶל wird geleſen. Eilfe ſind
von den andern Buchſtaben וְתֵרָאֶבָה wird הָאֲרֻכָה
geleſen (⁵¹ תִּצְרְנֶךָ, wird דַּרְכֵּי תִרְצֶנָה geleſen (⁵² יָחְבָּר wird (⁵³ אֲשֶׁר יִבָּחֵר אֶל הַחַיִּים) geleſen. So auch bey Menſchennamen (nomina pro-
pria), als שַׁלְמַי wird (⁵⁴ בְּנֵי שַׁמְלַי) geleſen;
שֹׁרְטֵי wird שֹׁטְרֵי הַשָּׁרוֹנִי geleſen. Die Urſache
davon iſt, weil ein jeder zween Namen hatte.

Die vierte Art iſt, wo das erſte von dem andern nimt, d. i. es ſind zween Wörter nahe, wo
das erſte einen Buchſtaben von dem andern an ſich
nimt; das findet man nur bey einem Worte, das
ſich auf ein vermehrtes He endiget, und dieſes ה
gehört

a) Richter 16, 26.
51) 1 Sam. 14, 27. es iſt wol ehedem durch die Augen verwechſelt worden, als ſtünde vattaornah, ſo
zumal in zuſammengezogener oder abbrevirter
Schreibart leicht war.
52) Sprüchwörter 23, 26. iſt auch eine Verwechſelung
durch die Augen; eins komt von nazar, cuſtodiuit,
das andre von razah.
53) Sprüchwört. 9, 4. iſt eben ſo verwechſelt; eins
von bachar, das andre von chabar.
54) Esrä 2, 46. Eine Verwechſelung aus der Abbreviatur. Das folgende nomen iſt 1 Chronik. 27, 29.

Der zweite Theil. 175

gehört zum Anfang des folgenden Worts; darum haben sie es inwendig mit einem Patach punktirt; und im Lesen machten sie es zum He demonstratiuo, zu Anfang des nächsten Wortes; solcher sind drey. ⁵⁵) הַמּוֹצִיא gelesen (הָיְתָה מוֹצִיא וְהַמֵּבִיא ") wird ⁵⁶) הַשַּׁחַר gelesen (יְדַעְתָּה שַׁחַר מְקוֹמוֹ ¹⁶) wird ⁵⁷) הַלִּשְׁכוֹת gele- (וּמִתַּחְתֶּיהָ לְשָׁכוֹת ¹⁷) wird sen. An zween Orten findet man es umgekehrt ⁵⁸) שָׁמָּה פְלִשְׁתִּים ge- (שָׁם הַפְּלִשְׁתִּים ¹⁸) wird lesen; ⁵⁹) וְשׁוּרַיָא שַׁכְלִלוּ wird (וְשׁוּרֵי אֲשַׁכְלִלוּ ¹⁹) gelesen.

Die fünfte Art ist, wo ganze Wörter geschrieben, aber nicht gelesen werden; solcher sind 10, daher sind sie inwendig ohne Punkte;

als

a) Daniel 5, 2.
55) Ist völlig einerley, und schwer zu entscheiden, wie es zu allererst mag geschrieben worden seyn, haiitah mozi, oder haiita hammozi. Es ist dis die Nachricht aus verschiedenen codicibus.
56) Hiob 38, 12. ist völlig eben so beschaffen.
57) Ezech. 42, 9. hier ist wol richtig, daß das ה nicht als ein Anhang, oder ה locale zum vorigen gehört; sondern zum nachfolgenden.
58) 2 Sam. 21, 12. ist ganz einerley Verstand, aber wol ktib richtiger.
59) Esrä 4, 11. ist wol das kri richtiger, und solte kein ander ktib seyn.

b) אַל יִדְרוֹךְ יִדְרוֹךְ הַדּרֵךְ als. da wird das zweite יִדְרוֹךְ nicht gelesen. Eben so וְסֹלַח נָא עֲוֺן, wird עֲוֺן nicht gelesen. Achte werden gelesen und nicht geschrieben; 60) daher haben sie inwendig es ledig (ohne Buchstaben) gelassen, und nur die Punkte hingesetzt, als אַל תָּבֹאִי רֵקָם (-steht weiter Zero und Patach;) כִּי אָמַר wird אֵלַי gelesen, und stehet nicht geschrieben: (Sua u. Kamets) לְהָשִׁיב יָדוֹ בַּנַּהַר wird noch פְּרָת gelesen, und ist doch nicht geschrieben. Von diesen habe ich schon in der dritten Vorrede gehandelt.

Die

b) Jerem. 51, 58.
60) Die Talmudisten zälen einige Worte weniger; nemlich nur 7 scripta et non lecta, da die Masora 10 zälet, bey Ruth 3, 17. und bey dem Anfange des 5ten Buchs Mosis; s. Morinus lib. 2. exercit. 12. c. 8. Es sind aber auch solche Beispiele in Abschriften nicht selten, wo ein Wort überflüßig geschrieben ist. Hiller hat indes die Stelle, wo doppelt jidroch vorkomt, Jerem. 51, 3. erklärt, contra eum, qui tendit arcum suum, sit, qui tendat arcum suum. Ob נא angehängt wird, 2 König. 5, 18 verändert nichts im Verstande; so auch ob ki oder ki *im* stehet, Jerem. 39, 12. 2 Sam. 15, 21. 13, 33. Das leztere, nuda puncta, ohne Buchstaben, hat Hiller weiter untersucht, pag 194. Es ist sehr wahrscheinlich, daß in einigen Exemplarien noch ein Wort mit so viel Buchstaben gestanden, als diese geschriebene Vocales erfordern; daher diese Verschiedenheit der codicum auf diese Art angezeigt worden.

Der zweite Theil.

Die sechste Art handelt von Wörtern, die wie Eins geschrieben sind, und doch als zwey gelesen werden [61]) solcher sind 15; als a) בגד wird בא גד gelesen: b) מזה wird מה זה בידך wird מה זה gelesen u. s. w. Fünf Wörter sind umgekehrt; als מבנימין wird ויהי איש מבין ימין gelesen; לם רבה המשרה, wird כי עגים gelesen; כי עגים wird למרבה gelesen. Ich wundere mich ausnehmend, daß die Rabbinen aus diesen Worten, weil ein Mem finale mitten im Worte stehet, so vieles schließen wollen [62]); da es doch nach dem inwendig

a) 1 Mos. 30, 12.   b) 2 Mos. 4, 2.

61) Es ist schon auf Buxtorf und Cappellum verwiesen worden; Hiller handelt pag. 138 seqq. de disiunctione coniunctarum; es sind wirkliche alte Verschiedenheiten der Abschriften.

62) Jesaiä 9, 6. wo ein ם clausum oder finale mitten im Worte למרבה vorkomt, darüber sowol Juden als Christen allerley moralische Geheimnisse erfunden haben. Von den Juden unterscheidet sich Elias, da er sehr wahrscheinlich aus diesem ם schließet, es seien in manchen Abschriften 2 verschiedene Worte gewesen; so allerdings viel gegründeter ist, als jene Geheimnisse. Buxtorf in anticritica fürt wider Cappelli Betrachtungen (lib. 3. c. 5.) pag. 482. an, daß schon im Talmud, tractatu Sanhedrin c. 11. hievon Meldung vorkomme; (wovon mehr in Morini exercitat. 22, c. 19.) setzt aber hinzu, de mysterii certitudine vel soliditate nihil di-

dig geschriebenen; nicht mitten im Worte ist, sondern zwey Wörter לָ֫חֶם רַבָּה. und dis לָם kan als erklähret werden, als אַרְאֶלָּם צָעֲקוּ ist so viel als אַרְאֶה לָ֫חֶם; auch בִּשְׁלָם חֲבָשָׂר ist (zu verstehen) בַּשֵׁל לָ֫חֶם הֲבָשָׂר; eben also dieses לָם רַבָּה heißt so viel, als לָ֫חֶם רַבָּה הַמִּשְׂרָה. Zu dieser Art gehören auch die Wörter, welche im Lesen ein ander Wort, als sie geschrieben sind, ausmachen; z. E. [63] יָצָא חָצֵר הָעִיר הַתִּיכוֹנָה) wird חָצֵר gelesen; und [64] וַאֲשֶׁר שָׁם מַשְׁמִיעַ) wird וַיֵּשֶׁב gelesen; von diesen habe ich schon in der zwoten Art

co: Galatinus fürt aus (seinem, unbekanten) galeraziah an, daß man miriam sara, maria domina heraus bringe, und daß 277 Jahre in diesem Worte stecken, so viel nemlich bis auf die Empfängnis verflossen seien; lib. 7. c. 13.

63) Ist 2 König. 20, 4. und von dem Wort הָעִיר zu verstehen, wo schon ehedem ח und ה, und ע und צ, wie mehrmalen, verwechselt worden sind. S. Cappelli criticam pag. 95. der hat schon angemerkt, daß die 70. vulgata, und targum das Wort, so kri ist, ausdrücken; es ist wahrscheinlich aus Verwechselung der änlichen Buchstaben entstanden.

64) Ezech. 3, 15. das ב hat auch vulgata, und targum; die 70 aber lesen *Ascher*. Es ist wol blos zufälliger weise aus ר ein ב worden; unten auf der Linie lief ein Strich zusammen. Man wil auch אֲשֶׁר aus dem chaldäischen, wie אשב erklären, habitavi.

Art, von der Verwechselung der Buchstaben, gehandelt. So auch הִכָּה אֶת הַמִּצְרִי אֲשֶׁר מַרְאֶה [65]) wird אִישׁ gelesen, (als wenn ה gar nicht da stünde.) Funfzehn Wörter sind, wo ein ander Wort gelesen wird, als geschrieben ist; von diesen habe ich schon oben unter den Wörtern, wo das geschriebene mehr als die Punkte ist, gemeldet. Es stehet auch ein Wort geschrieben, und es werden zwey andere gelesen, die dem inwendigen nicht ähnlich sind, als [66]) לֵאמֹר עָשִׂיתִי כַּאֲשֶׁר צִוִּיתָנִי wird בְּכֹל אֲשֶׁר gelesen; so auch שְׁיִנֵיהֶם wird [67]) מֵימֵי רַגְלֵיהֶם gelesen, siehe anfangs dieses §.

Die siebente Art von übel klingenden und schönklingenden; die Rabbinen sagen: für alle

M 2 Wör-

65) 2 Sam. 23, 1. wofür 1 Chronick. 11, 23. ish middah, vir *staturae* gelesen wird; mit ר, sol es אֲשֶׁר, gradu (speciol) heissen das erste ist gewis richtiger, und eine alte Verwechselung

66) Ezech. 9, 10. Es ist völlig einerley, und nur in einer Art Abschriften כֹּל zugesetzt worden, so im Verstande enthalten war; s. Buxtorfs anticritica pag. 478.

67) ist schon da gewesen; Hiller hat diese voces obscoenas gesamlet pag. 10 seqq. Galatinus fürt lib. 1. c. 8. des R. Salomo Glosse an, über Jes. 36: lingua pulcra et civili correxerunt sopherim, i. e. scribae. Man vergleiche Morini exercit. 22. c. 4. §. 3 seqq.

Wörter, die in der heiligen Schrift übel klingen, werden bessere gelesen; als ⁾ וְאִישׁ אַחֵר יִשְׁגָּלֶנָּה wird יִשְׁכָּבֶנָּה dafür gelesen. In vier Stellen stehet das Wort מְשָׁגָל, welches nicht schön ist, und es wird מִשְׁכָּב, welches schöner ist, gelesen; auch ᵇ) לֶאֱכֹל אֶת חוֹרֵיהֶם, וְלִשְׁתּוֹת אֶת שֵׁינֵיהֶם, weil beyde nicht schön sind, so wird צֹאָתָם und מֵימֵי רַגְלֵיהֶם gelesen; auch וּבַעֲפֹלִים (in teutscher Sprache Feigblattern,) wird dafür טְחוֹרִים gelesen; siehe den Aruch, im radix טָחַר. Ueberhaupt alles was übel klingt, haben sie zum bessern verändert; damit der Mensch kein übel Wort ausspreche ⁶⁸). Einige wollen sagen, deswegen wird die hebräische Sprache die heilige genannt: weil sie kein unheilig Wort; sondern lauter heilige besitzt; denn sie hat keine eigentliche Namen zur männlichen oder weiblichen Schaam; auch nicht zum Unflathe, sondern benennt es nur mit einem Zuna-

---

a) 5 Mos. 28, 30.   b) Jes. 36, 12.

68) Dis hängt mit dem zusammen, was sonst correctio scribarum genant wird; und beziehet sich auf die Verschiedenheit der Sprache, in verschiedenen Ländern und Zeiten; wonach endlich Worte gleichsam für den Pöbel gehören und nun anstößig werden, die es vorher nicht waren.

Zunamen, wie ich oben geschrieben habe. Nach diesem müßte sie zwar rein, aber nicht heilig genannt werden. Rabbi Abraham Balmaßi schreibt in seinem grammatischen Buch Mikne Abraham: deswegen wird die hebräische Sprache die Heilige genannt, weil der Schöpfer der Heiligste aller Heiligen, der Urheber davon war; aber ich habe darauf gefragt unter andern Fragen, die ich über sein Buch gemache habe: nemlich nach diesem müste sie des Heiligen (Sprache,) aber nicht die Heilige genannt werden [69]. Dieses scheint ein besserer Grund zu seyn: deswegen wird sie die Heilige genannt, weil das Gesetz und Prophezeihungen, und alle heilige Sachen in ihr sind gesagt worden; auch des Schöpfers seine heilige Namen mit ihr genennt sind, אֵל אֱלֹהֵי צְבָאוֹת u. s. w. auch seiner Engel ihre, מִיכָאֵל גַּבְרִיאֵל, auch die Heiligen auf der Erde, יַעֲקֹב, שְׁלֹמֹה, אַבְרָהָם, יִצְחָק, u. d. gl. Daher ists ganz recht, daß sie die Heilige genannt wird. Mit diesem endigen sich die sieben Arten und auch der erste §.

§. 2.

---

69) Elias entdeckt sein gesundes Nachdenkes; aber er hat mit vielen Einsichten noch müssen zurück halten; die eingefürte abergläubische Benennung scheinet er zu vertheidigen oder zu entschuldigen.

§. 2.

Von Kamets und Patach. Ich habe schon in der dritten Vorrede gesagt, daß die Massorethen von den Vocalen nur Kamets und Patach erwähnt haben; dazu haben sie Kamets katan und Patach katan, das sind Tsere und Segol, gerechnet. Wisse, daß sie niemals das grosse mit dem kleinen Kamets (Tsere) in einer Zahl oder einem Satze vermenget haben, z. E. wenn sie sagen, so und so viel sind Wörter mit Kamets, so sind solche Wörter mit Kamets allein oder mit Tsere allein punktirt, als, ein Alpha beth von Wörtern mit Kamets und dem accent Sakeph; ihr Merkmal ist וְסָפוּן בָּאָרֶץ. אֲשֶׁר לֹא אֵדַע. Auch alle Alpha beth sind mit Kamets, und keins davon mit Tsere punktirt. Eben so sagten sie, auf die Wörter mit Tsere: funfzehn Wörter sind mit Kamets (katan); ihr Merkmal ist אִם עִנֵּה תְעַנֶּה אֹתוֹ הַזֵּד עֲלֵיהֶם מֵי חַטָּאת וְהוּ, sind alle mit Tsere und keines davon mit Kamets. Eben so beym Patach, sind alle Wörter nur mit Patach allein; als, sechs Wörter sind mit Patach, und ihr Merkmal ist בַּמַּחֲזֶה לֵאמֹר, מַקְשֶׁה קָרְחָה וְכוּ', also haben sie in der Benennung ihrer Namen keinen Unterverschied zwischen groß und klein gemacht. In der kleinen Massora wird auch nicht der Name Kamets oder Patach genannt; sondern sie setzen die Punkte unter den Buchstaben des Merkmals, das die Zahl dieses Wortes anzeiget, als מִגְבָּהּ, (oder 15 mal komt es so vor;) auch so beym Patach, מַאֲכָל, (viermal mit Patach;) auch beym Segol חֵן (achtmal mit Segol.) Also muß man an dem Punkt des Merkmals erkennen, wovon die Massora redet, welches leichte einzusehen ist [70]. Daher merke, daß sie bey den Wörtern die mit Patach des סִפְרָא sind, die Segolin unter die Patuchin gemengt haben; was Patach des Siphro ist [71],

will

---

[70] Daraus schliessen mehrere Gelerte eben gar natürlich, daß es zur Zeit solcher Anmerkungen, die nun gewönlichen Figuren der Punkte noch nicht in den jüdischen Schulen gegeben habe.

[71] Buxtorf in claue Masorae, unter dem Namen סִפְרָא, bey 1 Mos. 34, 25. wo der atnach das Sägol des Worts בְּטַח nicht, wie meist gewönlich ist, in einen grossen Vocal ändert, stehet in der Masora: es ist eins von den Patchin, die bey dem Atnach דְּסִפְרָא, des Siphro, (dieses Buchs) vorkommen. Patach et Saegol per Athnachta et Sophpasuk solent communiter mutari in kametz; quando autem id non fit, tunc in singulis libris fuerunt notata et appellata פַּתָּח דְּסִפְרָא.

will ich erklären   Es ist bekant aus den Regeln der Punkte, daß kein Atnach und Soph pasuk unter einem grossen oder kleinen Patach stehet; sondern sie werden (dadurch) in das grosse Kamets verwandelt: es sind aber in jedem Buche einige Stellen, übergeblieben, die nicht sind verwandelt worden. Diese werden פַּתַח דְּסָפְרָא genant, und werden von der Massora gezehlet; im ersten Buch Mose sind 19, als וַיֹּאכַל נָהֵר וָמֵשׁ, לְאִישָׁה עִמָּהּ, אֵלַי וְאָבְרְכָה, וָאֹכַד וְכָלְנֵה, von diesen Patuchin sind 12 mit Atnach, und sieben mit soph pasuk, und so werden die mit Atnach besonders und die mit Soph pasuk besonders, von einem jeden Buche, gezehlet, aber die Petuchin mit Segolin, werden unter einander vermenget.

§. 3.

Von dem degaschin, Raphin, maphkin, und etwas von Verhältnissen des Schua. Es ist bekant, daß ein Dagesch ein Punkt ist, der in die Buchstaben gesetzt wird; ein Raphe aber, ein gerader Strich, als ein Patach, oben bey dem Buchstaben, auch nur bey den Buchstaben בְּגַ״ד כְּפַת,
wie

wie ich in Perek schira [72]) erklärt habe. Die Massorethen, haben von diesen wenig gesagt; sie sind aber schon alle erklärt, daher ist nicht nöthig hier davon zu reden.

Aber man muß wissen, daß die Buchstaben כְּיַלֵּים קץ שֵׁ טַס auch Raphin genant werden; weil sie ein Dagesch haben sollen, und es fält das Dagesch bey ihnen zur Erleichterung weg. Die mehresten davon die kein Dagesch haben, sind aus Piel, als Nun, in וַיְנַקְּאוּ בוֹ אֶחָיו [a]), und Kuph [b]) וַיְבַקְשׁוּ הָרוֹדְפִים, und Lamed in שִׁלְּחוּ בָאֵשׁ מִקְדָּשֶׁךָ u. s. w. Aber von den Buchstaben בגד כפת fält das Dagesch sehr we-

nig

---

[72]) Dieser Abschnit ist unter den grammaticalischen Abhandlungen dieses Verfassers, welche unter der Aufschrift פרקי א י ד ה ו mehrmalen gedruckt worden. Der erste Perek, heißt ins besondre פרק שירה, und enthält 13 cantica rhythmica, von den Buchstaben, ihrer Aussprache, 10 Vocalen, den Buchstaben eheui, Dagesch, Schwa ꝛc. Er citirt Perek Schirah in seiner Grammatik, (bachur) wie er es hier etliche mal citirt hat; und hienach ist oben der Zusatz Seite   im Text und der Anmerkung zu berichtigen, und zu verstehen. Es ist aber dieses grammatische Buch und Perek Schirah unter den Juden selbst iezt freilich weniger bekant, als Perek Schirah in dem Gebethbuche.

[a]) 1 Mos. 37, 11.   [b]) Josua 2, 22.

nig aus; als מִבְצִיר אֲבִיעֶזֶר, מִגְּבוּרֹתָם, und wenig dergl. Von den Buchstaben בֶּ גֶּ דֶּ כֶּ פֶּ תֶּ fält das Dagesch niemals weg, ausser von einem Worte das ein Schua hat: wovon ich oben geschrieben habe, und am mehresten von Mem mit einem Schua, das nach einem He demonstratiuo stehet, als הַמְלַמֵּד יָדַי, הַמְדַבֵּר אֲלֵיכֶם, דַּמֶּסֶךְ וְתְרוּמָה u. d. gl. alle diese haben sie Raphin genant, ohnerachtet der Raphestrich nicht auf ihnen stehet. Ich aber sage, daß man müsse einen Raphestrich drüber machen; anzuzeigen daß das Dagesch mangelt, als הַמְדַבֵּר, שִׁלְחוּ, וַיְבַקְשׁוּ, וַיַּחְבָּאוּ, u. d. gl., denn es könte der Leser denken, daß das Dagesch fehlet, seye ein Druckfehler, und würde es lesen, als hätte es ein Dagesch; daher war ich unwillig auf die Drucker in dieser Gegend, daß sie nicht auch auf בגד כפת einen Raphestrich setzten. Sie sagen zwar, es wäre nicht nöthig; weil sie kein Dagesch haben, so wiße man schon, daß sie schwach sind; aber sie irren sich. Doch auf den bekannten Wörtern, als הַלְלוּיָהּ, וַיִּשָּׂאוּ, וַיִּסְעוּ, וַיִּקְחוּ, wo das Dagesch fehlet, braucht man nicht den Raphestrich zu machen, wegen ihrer Menge. Sie (die Masorethen)
nannten

nannten auch ein He, das ein Mappik haben müßte, und keines hat, Raphatum, als a) יְמֵי טָהֳרָהּ, בָּאמָּה בָתָהּ u. d. gl. ich habe schon davon in der ersten Tafel §. 9 und 10. unter dem Mappik Aleph und Iod. geredet; und habe dorten erkläret was ein Mappik Aleph sey oder nicht. Mappik He ist ein Punkt inwendig im He, wie ein Dagesch, am Ende des Wortes; so machens die Grammatiker in Deutschland, als רַגְלָהּ, יָדָהּ, u. d. gl. sie setzen es aber nicht unter das He, denn sie sagen, es könte ein Irrthum geschehen, daß der Leser es als ein Chirek lesen möchte; dieses ist aber nicht zu besorgen, weil man keinem Vocal in dem letzten Buchstaben des Wortes findet, wie ich in der ersten Tafel §. 8. erklärt habe.

Es ist aus der Grammatik bekant, daß die Buchstaben, כלב welche am Anfange des Wortes gesetzt werden, mit einem Schua punctirt werden müssen, ausser, wo Schua nicht stehen kan, wie ich im Perek der Partikeln erklärt habe. Die Massorethen nennen ein solches Schua רָפֵי, weil niemals ein Dagesch darauf folget, als בְּרִית sind

---

a) 3 Mos. 12,

sind sechs dergleichen; בְּכָף, sind 15. לְכִסֵּא, sind sechs Raphin. Es folget auch kein Dagesch auf בגד כפת, mit Schua, als בְּלַיְלָה, sind 3. בְּחֶרֶב, sind 8 Raphin; auch wenn sie ein Chirek haben wegen des folgenden Schua, als בְּבִרְמָה sind sechs, כִּשְׂדַי sind 8 Raphim, u. d. gl. Es ist bekant, daß die Buchstaben כלב, die ein Patach haben, so das He demonstratiuum anzeigt, allezeit ein Dagesch nach sich haben; daher nanten sie diese Wörter mit dem Patach, דְּגוּשִׁים, als בַּכֹּל, sind 6. לָטוֹב sind 2., auch zählen sie diejenigen Worte, die ein Kamets wegen אחהע haben; als לָאָדָם, sind 11, לָאִישׁ, sind 32, dergleichen Kemuzim; denn sie zehlten allezeit die wenigsten, ob sie Dguschin oder Raphin sind; und wenn beyde die wenigsten sind, zählen sie beyde; als בְּטוֹב, sind 4 Raphin, בְּטוֹב sind 9 Dguschin, כְּבָשָׂר, sind sechs Deguschin, בַּבָּשָׂר sind 4 Raphin, und wenn sie zu Paaren sind, nehmlich zwey Raphin und zwey Dguschin, nanten sie solche, מלעיל, und מלרע wie ich im folgenden §. melden werde. Wenn beyde die mehresten sind, als בְּדַרְךְ, בְּדֶרֶךְ, בַּמִּדְבָּר, בַּמִּדְבָּר, בְּעִיר, בָּעִיר, so haben sie weder Raphin noch Dguschin wegen der Menge gezählet. Das He

He, so eine Bewunderung und Frage anzeigt, das ein Patach Katuph hat: nanten sie רְפוּיָה als לֵית רָפֵי, הַשּׁוֹמֵר אָחִי אָנֹכִי (ⁿ), zeichnen sie לֵית רָפֵי כָּל הָאָרֶץ הַשּׁוֹפֵט (ᵇ), zeichnen sie, allein wenn sie ein Patach, wegen (eines Buchstabens von) אחהע haben: so nanten sie es nicht Raphe, sondern פְּתוּחָה, als הָאִישׁ כָּמוֹנִי (ᶜ), zeichnen sie הֶעָבַד יִשְׂרָאֵל, und לֵית רָפֵי בְּפַתַּח, zeichnen sie לית בפתח. Wisse, daß sie auch das Vau particulae, welches vorne vor den Buchstaben, איתן, stehet, רָפֵי genant haben; als וַיֵּרָשָׁא, sind 2 Rephuin, וַיֹּאמֶר sind 6. Rephuin, וַתִּשְׁמַע, sind 8, auch wenn es mit Chirek punktirt ist, weil ein Jod darauf folgt, wie in dem Perek haschimuschim 73) erklärt ist; als וַיִּשְׁלַח, sind 15. Raphin, וַיְהִי sind

a) 1 Mos. 4, 9.   b) 1 Mos. 18, 25.
c) Nehem. 6, 11.

73) Dieser Perek ist schon vorhin, Seite 187. angeführt worden; Ephodäus redet von der scientia, welche die Chachamim genent haben Schimusch Tillim, sehr ernsthaft, und behauptet gar geflissentlich, daß auf Beobachtung des Dages lene und forte, und Raphe, sehr viel ankomme; beim Buxtorf de antiquitate punctorum pag 225, der auch p. 231. von lineola caph handelt, welche ehedem viel häufiger gebraucht worden ist, und nun, wegen der (entstandenen) Vielheit der Puncte und Accente weggelassen

sind 32. So auch, wenn das ו ein Schurek, hat wegen des Thau, und Nun von איתן, die ein Schua unter sich haben, als וַתְּדַבֵּר יִשְׂרָאֵל sind 2. Rephuin, וְנִסְפְּרָה בְצִיּוֹן, wird gezeichnet, לית רפי. Ueberhaupt alle Vauin, die vorne im Futuro ein Schua oder Chirek oder Schurek haben, nanten sie, Raphin; auſſer wenn es ein Paar ſind, da das eine ein Schua, und das andere ein Patach hat, denn werden ſie מִלְעֵיל und מִלְרַע genant, wie ich oben gemeldet habe. Allezeit zählen ſie die Rephuin, weil ſie die wenigſten ſind.

ſen worden. Wenn man aus dieſer ganz unleugbaren Veränderung in der hebräiſchen Orthographie einen Schluſs macht, auf mehrere, alſo auch auf das jüngere Entſtehen der Puncte, und daſs die Juden ſich nicht würden erkünet haben, dieſe vielen raphe wegzulaſſen, wenn ſie von je her geſchrieben worden: ſo antwortet Buxtorf ganz ernſtlich, Esdras fuit vir dono prophetico inſtructus, — qua auctoritate potuit puncta *addere*, quae antea non erant, eadem potuit illam virgulam *omittere*. Dis ſind ſehr magere Unterſuchungen. *Potuit*. Daſs auch reich und noch andre Buchſtaben, raphe ehedem gehabt haben, nemlich alle, die ein Dages bekommen konten, wenn gleich die ſpätern Grammatiker es nur von 6 Buchſtaben, בגד בפת behaupten, iſt gewis; daher reich in der Ausſprache der tiberienſium beſonders unterſchieden worden; ſ. Morinus lib. 2. Exercitat. 18. c. 8.

sind, denn die mehresten Vauin, die vorne im Futuro stehen, sind die, welche das Futurum in Perfectum verwandeln, (Vau Conuersiuum) haben ein Patach, und ein Dagesch nach sich; diese werden, wegen der Menge nicht gezählet; aber, wenn sie ein Kamets, wegen des Aleph, von אוֹר haben, so werden sie mehrentheils gezählet, als וָאֲשִׁים, sind 9, וָאֵרַע sind 3.

Es ist eine Art Schua, die sie Dagesch nennen; das ist das ruhige Schua unter אחהע, als יַחְמוֹד יַחְפּוּץ u. d. gl. Chatuph Patach und Chatuph Segol, nennen sie Raphe, weil niemals ein Dagesch darauf folget.

Ich habe schon in dem Perek Schini im 8 Schir, gemeldet: daß in fünf Fällen das Schua Mobile und nicht Quiescens genant werde. Jetzt will ich ein neues Merkmal darauf geben, א, ב, ג, ד, ה. Das א) bedeutet, ein Schua am Anfang des Wortes, ist ein Mobile, als שְׁמַעֲ בְּנִי. Das ב) wenn zwey Schuain mitten im Worte sind, so ruhet das erste, und das andere nicht; als יִשְׁמְעוּ, יִלְמְדוּ etc. ג) oder גְדוֹלָה, nehmlich ein Schua nach einem langen Vocal, ist Mobile, als שָׁמְרוּ, וַיֵּשְׁבוּ u. d. gl. ד) oder דָּגֵשׁ, nehmlich

lich alle Schuain, die unter einem Buchstaben der ein Dagesch hat, stehen, als דִּבְּרוּ, דִּבְּרָה, u. d. gl. ה) oder הַדְּמוּת, nehmlich, wenn zween gleiche Buchstaben zusammen stehen, so hat der erste ein bewegliches Schua, als הַלְלוּיָהּ, das erste Lamed hat kein Dagesch, und dennoch heist es ein Schua Mobile; wegen der zwey Lamdin, auch so הִנְנִי, ist das Schua beweglich wegen der zwey Nunin, dieses Merkmal ist würdig im Gedächtniß behalten zu werden. Nun komme ich wieder aufs vorige, und will ein Beyspiel auf das Schua, was sie Dagesch nennen, geben. Die Massorethen sagen bey הַעֲלָמָה ist allezeit Dagesch d. i. ein schlechtes Schua, als וְאִם הַעְלֵם יַעְלִימוּ, u. d. gl. auch alle Redensarten (Colleschon Chasaiah) von חָסָיָה, als אוֹמַר לַיְיָ מַחְסִי, בְּצֵל כְּנָפֶיךָ אֶחְסֶה u. d. gl. ausser 5 sind Rephuin, d. i. mit Chatuph Patach oder Catuph Segol, als וַיְיָ מַחְסֶה לְעַמּוֹ צוּרִי אֶחְסֶה בּוֹ, auch מַעֲשַׂר sind 3 Dagesch, als מַעֲשַׂר הָאָרֶץ u. s. w. Die andern sind Rephuim, d. i. mit Chatuph Patach, als מַעֲשַׂר דְּגָנְךָ, u. d. gl. [74]).

§. 4.

[74]) Daß diese Verschiedenheiten gezälet werden, beziehet sich auf spätere Beobachtungen, nachdem die Punctation schon in ansenlichen Abschriften statt hatte.

§. 4.

Von פְּסָקִים, מִלְעֵיל, und מִלְרָע. Es ist in der heiligen Schrift kein Wort, das nicht entweder Vorne, in der Mitte oder zuletzt, einen Ton hat, und die Massorethen benennen diese Oerter, wo der Ton ist mit Aramischen (syrischen) Wörtern מלעיל, das ist der Targum von מַעֲלָה, und מלרע, ist Targum von מַטָּה oder מַתָּחָה. Sie zeigen eigentlich damit an, wenn der Ton auf der ersten (אות) oder den mittelsten Silben des Wortes ist, so heist es מלעיל, wenn er am Ende des Wortes ist, heist es מלרע. Es gibt Wörter, welche allezeit entweder מלעיל, oder allezeit מלרע seyn müssen, und theils abwechselnd; sie haben aber alle Ausnahmen. In den Buche טוב טעם dessen Ausgabe ich beschlossen habe [75]), werden alle diese Fälle erkläret werden, und die übrigen Regeln der Accenten; weil die Massorethen davon sehr wenig geschrieben haben; denn

---

75) Es ist dis Buch meist um eben diese Zeit, als dieses Masoreth Hammasoreth, zu Venedig und Basel 1539. gedruckt worden. In der Baselschen Ausgabe hat Sebast. Münster den Hauptinhalt der 8 Kapitel, woraus es bestehet, auch lateinisch mitgetheilt.

denn sie haben nicht bey einzelnen Wörtern bestimt, ob der Ton vorne oder hinten sey; ausser
zuweilen bey einigen Wörtern, die eine War-
nung in Ansehung des Tons, oder der Punkte,
nöthig haben; als eine Reihe (Schitah) [76]) von
38 Wörtern sind מלעיל, und die andern ihres
gleichen sind מלרע, als וַיְהִי קיָת בְּרַגְלָה, wird
gezeichnet לית מלעיל. Es gibt auch eine umge-
kehrte Reihe von מלרע, und die andern ihres
gleichen sind מלעיל; als הָבָה אֶת אִשְׁתִּי, wird
gezeichnet לית מלרע, das Merkmal ist אִשְׁתִּי לְמַטָּה,
so auch וַיּוֹסֶף komt dreymal vor; ג, zweimal
מלעיל und eins מלרע, und הוֹסֶף, fünfmal, dreimal לרע, und zweimal לעיל. Die מלעיל sind,
haben ein Segol, und die מלרע, haben ein Tsere
nach der Grammatik; wegen dieser Veränderung [77]) haben sie dieselben gezält und Merkmale
darauf

76) In Masora sumitur שִׁטָּה pro serie siue catalogo
vocum, quae dispositae sunt in ordinem, vt lineae in
libro; series parium versuum, dictionum, litterarum,
de quibus certa quaedam affectio in conuenientia aut
discrepantia traditur. Est catalogus vocum, quae in-
cipiunt ab וּבְא״ו, alius ab וּבְמ״ב, alius a וּבְג״ג etc.
Buxtorf.

77) so sich auf die Verschiedenheit der Punkte beziehet;
es sind also spätere Beobachtungen.

darauf gegeben. Aber die Wörter, bey denen keine Veränderung ist, als וַיִּקְרָא, 21 mal; יֵדַע, 19 mal, müssen לרע seyn, ohnerachtet einige davon, מלעיל sind, wegen des Zusammenhanges der Accente, als bey וּבְדֶרֶךְ הַקֹּדֶשׁ יִקְרָא לָהּ לֹא יֵדַע זֹאת יְהִיכָתָן haben sie nichts gesagt, weil bey denselben keine Veränderung des Punktes ist. In der grossen Massora findet man eine Art von מלעיל und מלרע, die nicht auf den Ton, sondern auf die Veränderung der Vocalen, zeigen; und dieses geschiehet bey Wörtern, die Paarweise gefunden werden, welche sie זוגות nennen [78]) und sind zwo Arten: Die erste ist von zwey Wörtern, deren Anfangsbuchstab von כלב, oder Vau vor איתן, ist; in einem Worte ist Schua, und in dem andern Patach und ein Dagesch nachher; gleichwie die, welche sie דְּגֵשִׁין, und רָפִין nennen,

N 2 .wie

---

[78]) Gewöhnlicher זוּגִין. Masorethae non tantum proprie usurpant de paribus, seu binis vocibus; sed et de ternis, quaternis et pluribus, pari jugo junctis, quae similem aliquam affectionem habent. Huiusmodi paria in Masora finali varia recensentur; vt in principio masorae finalis: quatuor paria sunt ex binis vocibus, quarum prima profert א, altera non profert, et contra; vt תּוֹמִים, (hat kein א) et תְּאוֹמִים. etc.

wie ich im vorhergehenden §. gemeldet habe. Ueberhaupt ist kein Unterschied zwischen דגשים und רפין und diesen, welche sie זוגות nennen, ausser daß diese nur zu Paaren sind. Z. E. 11 Paar sind, wo ein Wort מלעיל, und das andere מלרע ist, der Anfangsbuchstabe ist Beth, בְּדְמָעוֹת שָׁלִישׁ מְלֵעִיל ist, כָּלוּ בִדְמָעוֹת עֵינֵי ist מלרע; auch wo sie sich mit Caph anfangen, als כְּאֹהֶל לָשֶׁבֶת, ist, מלרע ist כְּאֹהֶל רוֹעִי, und מלעיל. Auch sind 22 Paar, wo Vau der Anfangsbuchstab ist, als וַיִּתְאָו דָוִד ist לעיל, und וְיִתְאָו הַמֶּלֶךְ יָפְיֵךְ) ist לרע, Die zwote Art ist von den andern Vocalen; von diesen ist ein Alphabeth in der grossen Massore; einige Wörter, die ein Cholem, Schurek, oder Kibbuts haben, heissen, מלעיל und einige die Kamets, oder Kamets Katuph, Patach, Tsere, oder Chirek haben, heissen מלרע, und dieses geschiehet nur bey Paaren von zweyen Wörtern. Z. E. wenn es zwey gleiche Wörter giebt, daß das eine Cholem, und das andere Kamets hat, oder Chatuph Kamets, oder Tsere, so wird das mit Cholem מלעיל und
das

a) Psalm 45.

לְבִלְתִּי אֲכוֹל מִמֶּנּוּ מלרע genant, als das andere weiſſ; מלרע iſt לְבִלְתִּי אֲכָל הַדָּם und מלעיל, iſt ter וְאֶת סִילְדַשׁ וְאֶת סוּ und מעיל iſt, יִדְלוֹף הַבָּיִת, יִדְלָף מלרע iſt u. d. gl. Wo Schurek gegen Kamets, Patach und Tſere iſt, nanten ſie es לעיל, aber לעיל iſt שׁוֹפְטֵינוּ אֲשֶׁר שְׁפָטוּנוּ als לעיל iſt. הֵמָּה רמובני לרע iſt, וּשְׁפָטָנוּ מַלְכֵּנוּ aber אָם יְחַיּוּנוּ וְנִחְיֶה ſo auch עַבְדֵי רמעני לרע iſt, מלעיל aber וְחַיֵּנוּ מִיֹמָיִם, iſt לרע. Kibbuts gegen Tſere und Chirek iſt לעיל, als לעיל aber הוֹדִיעֵנוּ בַּמֶּה בְּשָׁלַחֲנוּ iſt. ſo auch לית iſt, הוֹדִיעֵנִי מַה כָּאמַר לוֹ aber לעיל iſt, שְׁנַיִם עָשָׂר נְשִׂיאִם לַאֲמֹתָם לרע iſt לַאֲמֹתָם יֹאמְרוּ. Obgleich Catuph Kamets gegen Cholem לרע iſt, wie ich ſchon gemeldet habe, ſo iſt es doch gegen Patach לעיל, als תָּבְחַת מִן בּוּרְסָא aber לעיל, iſt הַבְחַת וְיַי גְּבוּרָךְ לרע iſt. Eben ſo, obgleich Kamets gegen Schurek לרע iſt, (wie oben geſagt,) ſo iſt doch Kamets gegen Tſere לעיל, als לעיל iſt, זֶרַע זְרוּעַ aber לרע iſt אוֹר זָרוּעַ. Alles was ich hier von den beiden Arten erwähnet habe, iſt nur in der groſſen Maſſore angezeigt; aber in der kleinen Maſſore ſagen ſie nicht מלעיל, und מלרע, ſondern nur, לֵית.

Nun

Nun will ich was פַּסְקִין ist, erklähren; es ist ein Accent, der פָּסֵק oder פָּסִיק heißt, ein gerader Strich zwischen zweyen Wörtern. Er ist von zweyerley Art, die erste ist wo Psik steht und kein Rbhia darauf folget, als ויקרא אלהים a), עשׂוּ כלה, לאור יום und b), diese nennen sie פִּסְקָא דְסִפְרָא, denn diese werden in jedem Buche gefunden, und werden in der Massore gezählet, als Genesis hat 29, פסקין, im Exodus sind 19. und so in den andern Büchern. Die zwote Art ist der Accent, (wird בַּרְמִיח genant) in der Gestalt eines rechten Psik; es folgt aber allezeit ein Rbhia darauf. In dem Buche טוב טעם wird dieser gefunden, auch in den Schibre Luchoth werde ich davon handeln.

§. 5.

Von דִּיכְוָתְהוֹן und דַּמְיָין, זוּגִין, שִׁיטִין. Die Talmudisten gebrauchen das Wort שִׁיטָה ofte, wenn sie sagen שִׁיטָרֵת שֶׁל פָּלוֹנִי שִׁיטָה, שִׁיטַת הַתַּלְמוּד und אַחֲרִיבָא; ich weiß nicht wo es herkomt, der בַּעַל הֶעָרוּךְ führt es auch nicht an. Ich habe aber im Targum vom Hohenlied Salo-

a) 1 Mos. 1, 5. b) 1 Mos. 18, 21.

לְחָיָיו בַּעֲרוּגַת Salomo gefunden aus dem Vers תָּרֵין לוּחִין אַבְנֵי דִיהַב, da schreibt er, הַבּוֹשֶׂם לְעָמֵיהּ כְּתִיבָן בְּעֶשֶׂר שִׁיטִין, (zwo steinerne Tafeln, die er gegeben hat seinem Volk, geschrieben in 10 Reihen.) Auch (⁷⁹) וְעַל סֵפֶר חֻקָּה wird erklärt וְעַל שִׁיטִין דְּכֶפֶר.

Die Talmudisten nanten auch eine Zeile des Buches שִׁיטָה, da sie sagen ⁸⁰) צָרִיךְ לְהָנִיחַ רֵ. (Man muß vier Zeilen Raum zwischen jedem Buch lassen); auch שִׁיטִין בֵּין כָּל כֵּפֶר וְסֵפֶר, wie sie auch sagen, בְּסוֹף שִׁיטָה, בְּרֹאשׁ שִׁיטָה, עַל כְּדַרְלָעוֹמֶר פָּסְקִין לֵיהּ בִּתְרֵי תֵּיבוֹת (⁸¹ בְּשִׁיטָה חֲדָא. Die Massorethen brauchen auch das שִׁיטָה wie die Talmudisten; nemlich eine Anzahl

Sa‑

---

79) Jesaiä 30, 8. die vorige Stelle aber, Hohes Lied Sal. 5, 13.

80) Mehr rabbinische Stellen, wo Schitah vorkomt, und zur Beschreibung der Einrichtung der Abschnitte ꝛc. gebraucht wird, findet man in Morini lib. 2. exercitat. 17. c. 7. die ehemaligen Vorschriften, wie biblische Abschriften sollen eingerichtet werden, sind übrigens nicht in allen Exemplarien beobachtet worden; beziehen sich aber darauf, daß man nun besorget war, alle Bücher, die zusammen geschrieben wurden, gleichwol als einzele von einander verschiedene Bücher, ferner zu unterscheiden.

81) Das Wort Kedorlaomer theilt man ab in 2 Wörter, in Einer Reihe, und nicht in 2 Reihen.

Sachen von einerley Beschaffenheit; als eine Zahl Verse, oder Paare, oder Wörter, die sich in Punkten oder Buchstaben gleich sind, nennen sie שיטה. Ueberhaupt einen Haufen von Versen oder vieler Wörter, die nicht nach dem Alphabeth geordnet sind, nennen sie שיטין. Ich bin geleret worden, daß ein שיטה nicht weniger als zehen Zeilen ist. Man findet שיטין von vielerley Art, als von gewissen Paaren, Versen oder Wörtern, oder Buchstaben; ich habe nicht nöthig sie anzuführen.

Nun will ich erklären, was זוּג und זוּגִין ist; זוּג bedeutet mehrentheils zwey, (Schenaim, ein Paar). Der Targum von צֶמֶד פְּרָדִים ist זוּג כּוּדְנְוָן, ein Paar junge Esel, und hat ein Cholem; aber זוּג mit dem Schurek heißt ein gleiches Paar; als die Rabbinen sagen זוּג תְּפִילִין, auch so (82 לְכָל נָתַתָּ זוּג וְלִי לֹא נָתַתָּ זוּג. Sie sagen im plurali auch im masculino זוּגוֹת, als שֶׁקִּבֵּל מִן הַזּוּגוֹת, der es empfangen hat von zween Rabbinen. Es ist bekant, daß die Zahlen in gerade und in ungerade eingetheilet werden, die unge-

---

82) Einem jeden gabstu ein Paar, aber mir hastu nicht gegeben ein Paar; sagte Adam von sich.

Der zweite Theil.

geraden sind א, ג, ה, ז, ט. Die geraden oder Paare sind ב, ד, ו, ח, י, u. s. w. Die Talmudisten nanten alle Zahlen die nicht ungerade sind, זוגות, als לא יאכל זוגות ולא ישתה זוגות, (man soll nicht gerade essen und nicht gerade trinken); sie sagens allemal im pluralis, als ein femininum, aber die Massorethen allezeit im masculino, und brauchen nicht nur von zweyen und zweyen זוג, sondern auch von dreyen und drey, vieren und vier, fünfen und fünfen, u. s. w. Bis 10 nennen sie זוגין. Dergleichen sind in der grossen Massora viel. Man findet auch Schitin und Alpha bethin, die kein זוג haben, d. i. die ihres gleichen nicht haben. In einigen Büchern findet man das Wort זוגין, mit דמיין (zugleich) vermehrt, als fünfe sind דמיין זוגין, zwey davon haben Vau; als, zuerst וישׂשכר וזבולן, und die letzten sind ohne ו, nemlich ישׂשכר זבולן. So auch, so und so viel Verse דמיין, als zwey Verse (דמיין), daß allemal ihre Endbuchstaben aufrechter Hand sind, עזים, מאתים, u. s. w.

Das דמיין dient nur dazu, die Sache noch deutlicher zu machen: denn es wäre ohne dieses auch genug. Ueberhaupt haben sie nur das Wort דמיין,

von

von Paaren, und Versen gebraucht. Nun will ich erklären, was דִּכְוָתֵיהּ ist [83]), der Targum übersetzt דִּכְוָתֵיהּ לָא הֲוַת mit כָמוֹהוּ לֹא נִהְיָתָה, (dergleichen war nicht;) auch כָּמוֹהֶם יִהְיוּ עֹשֵׂיהֶם, übersetzt er mit דכותהון יהון עובדיהון. Dieses dienet auch nur mehrentheils zur deutlichen Erklärung; aber auf einigen Oertern ist es doch nützlich, wie ich im 10 §. zeigen werde.

§. 6.

Von מוּרְדָּפִין, יְחִידִין, סְמִיכִין und. Das Wort סְמִיכָה brauchen die Massorethen nur, um das, was nahe und gleichsam zusammenhängend ist, auszudrucken; als סְמוּךְ מֶלֶךְ בָּבֶל,[a]) und hat seines gleichen nicht mehr in der heiligen Schrift. Die Talmudisten aber habens auf verschiedene Weise gebraucht, als סמיך לחשכה (ehe es Nacht wird,) חסמכה פרשה זו, (dieser Abschnit ist gleich dabey; *coniuncta* est paraschah haec) u. d. gl. viel. Wenn zwey oder mehr Wörter zusammen stehen, und ein Buchstab, oder Wort ist darin mehr oder weniger, (als sonst) oder ein Wort ist

---

83) simile ipsi; s. Buxtorfs clauem masorae unter diesem Wort.

a) Hesekiel 24, 2.

Der zweite Theil.

ist verwechselt, daß es nicht gebräuchlich ist, daß diese Wörter auf diese Art zusammen stehen, wenn also dergleichen nur an Einem Orte gefunden wird: so merken sie darauf an, לֵית דְּכְמִיךְ, als bey וְדָגָן וְתִירוֹשׁ, merken sie an לית דסמיך, denn in allen andern Orten stehet nur דָּגָן וְתִירוֹשׁ, bey דגן ist nemlich kein Vau copulativum; auch (לית דסמיך), שָׁמִיר שַׁיִת בַּמִּלְחָמָה, denn die andern שָׁמִיר וָשַׁיִת sind mit dem Vau copulativo. So auch bey den Wörtern, die in Einem Verse eher oder später stehen, als sonsten, als (לית דסמין) שַׁבָּתוֹן שַׁבַּת קֹדֶשׁ לַיְיָ denn die andern Stellen heissen שַׁבָּתוֹן, ohne ו; auch (לרת דסמיד) וַיְדַבֵּר מֹשֶׁה אֶל יְיָ denn überall stehet sonst, וַיְדַבֵּר יְיָ אֶל מֹשֶׁה. Wenn aber noch mehrere in andern Orten zu finden sind, so wird die Zahl davon angegeben, als וַיְדַבֵּר אֱלֹהִים, 24 mal, denn die סמיכין, und וַיֹּאמֶר אֱלֹהִי יְיָ, 3 mal, übrigen heissen וַיְדַבֵּר יְיָ, und וַיֹּאמֶר יְיָ. [84] In den richtigsten Editionen stehet nicht דסמכיין, wenn

---

84) Wenn nicht in andern Abschriften, worauf sich diese massorethischen Anmerkungen nicht erstrecken, das Wort יהוה öfter gefunden wird, wofür manche Abschreiber adonai, oder elohim, oft geschrieben haben, aus einer Art von Ehrerbietung.

wenn es nur zwey Wörter sind; denn es ist genug (angezeigt) mit einem Ringelchen, zwischen beyden Wörtern, als ברא֯אלהים 3 mal, aber nicht 3 דסמיכין, wie ich in der Vorrede geschrieben habe.

Nun will ich was יְחִידָאִין, oder יְחִידִין, oder מְיוּחָדִין sey, erklären, denn diese drey haben Eine Bedeutung. Wenn an einem Orte Wörter zusammen stehen, und es fehlen ein oder mehr Wörter vorher, oder in der Mitten, oder nachher, wo sie sonst mehrentheils dabey zu stehen pflegen: so haben sie dabey יחידין, geschrieben. Z. E. 1) wo ein Wort vorher fehlet, als אֱלֹהֵי יִשְׂרָאֵל, יְיָ אֱלֹהֵי (כָּד יְחִידָאִין) denn die andern heissen וְיִשְׂרָאֵל; und 2) wo in der Mitte fehlet, als יחודאין 8= sind ,כה אמר יי אלהי ישראל weil anderwärts יי צבאות אלהי ישראל stehet; und 3) wo es nachher mängelt, als וָּבְרָכְךָ יְיָ sind יברכך יי יחידין. 4 Denn anderwärts heißt es עַד הַיוֹם ,אֱלֹהֶיךָ, u. d. gl. Alle תְּהִלּוֹת, auch sind 9 יחידין, denn allerwärts stehet sonst עַד הַיּוֹם הַזֶּה. Es gibt auch יחידין von Einem Worte, als לְאֹהֶל, 5, jachidin, u. d. gl. Alle לאוהל הָעֵדוּת und מוֹעֵד, ausser עֵדוּת und מוֹעֵד

Der zweite Theil.

18 וְחָיָה, לְאוֹהֵל מוֹעֵד, deren viel sind; auch חָיוּ יִחְיֶה und alle (יחידאין) dergleichen auch יְחִי zwey יחידאין, und alle יְחִי הַמֶּלֶךְ u. dergl. So auch wenn zwey Wörter pflegen in einem Verse vorzukommen, daß das erste ohne Vau copulatiuum und das andere mit demselben steht; und man findet das mit dem Vau, aber das vorhergehende nicht, das ohne Vau ist: so haben sie auf diesem Worte, so und so viel sind, יחידאין, angemerket. Z. E. יחידאין, 6. וּלְמַעַן als und לְמַעַן, וּלְמַעַן תְּסַפֵּר בְּאָזְנֵי בִנְךָ und alle לְמַעַן u. dergl., das ist alle Verse wo man וּלְמַעַן und hernach וּלְמַעַן findet, als (וּלְמַעַן תִּירָא אֶת יְיָ אֱלֹהֶיךָ, וּלְמַעַן יַאֲרִיכֻן יָמֶיךָ u. d. gl., auch וְלִפְנֵי אֶלְעָזָר הַכֹּהֵן יַעֲמֹד als יחידי 16 וְלִפְנֵי und alle וְלִפְנֵי und לִפְנֵי dergleichen, als נִתְעַמֻּדְנָה לִפְנֵי מֹשֶׁה וְלִפְנֵי אֶלְעָזָר. Es gibt Wörter die wegen des danebenstehenden Worts, das seines gleichen nicht mehr ist, מְיוּחָדִים genennet werden, z. E. 18. אַתָּה, יְחִידִין, als אַתָּה זֶה, ist nicht seines gleichen, und אַתָּה תִהְיֶה, ist nicht seines gleichen u. s. w. Auch 8. וְאַתָּה, יחידין, als ואתה תחזה und ואתה תהיה ist nicht seines glei-

a) 5 Mos. 6, 2.

gleichen u. f. w. Auch viele von den Partikuln, als וְאֶל ׳ יְחִידִין ׳ 30 ׳ 47. auch מִן und וּמִן und וְאָל אַל und וְאָב und אִם u. d. gl. ſehr viel.

Nun will ich was מוּרְדָּפִים ſey, erklären. Es bedeutet [85]) ſo viel, als רְצוּפִים (gleich hinter einander), wie ſie nanten die nomina נִרְדָּפִין, die im Schreiben unterſchieden ſind, aber im Verſtande eines ſind, als חֶרֶס, חַמָּה, שֶׁמֶשׁ, wie ich im Perek haminim [86]) erklärt habe. Die Maſſorethen gebrauchen auch dieſes Wort, als drey Verſe מוּרְדָּפִים, wo in jeden 72 Buchſtaben ſind, וַיִּסַּע, וַיָּבֹא, וַיֵּט) a), auch 6 Verſe; wo in jedem 5 Wörter מורדפין von zween und zween Buchſtaben ſind, als כִּי גַם זֶה לְךָ בֶּן, גַם לִי גַם לְךָ לֹא יִהְיֶה u. ſ. w., auch 7 Wörter von 3 Buchſtaben מורדפין, als בְּבָבַת עֵינוֹ, (ſind חֲבָצִנִי זִי, ſind 3 Nun u. ſ w. 3 Beth)

§. 7.

---

[85]) vſus ejus eſt in maſora, de verſibus aut vocibus ſimilem et continuatam affectionem in numero aut forma habentibus; vt Nehem. 2, 2. vnus ex quinque verſibus, in quibus ſunt 5 voces (murdaphin) continuatae, conſtantes ex binis litteris.

[86]) iſt der 2te Perek, unter den 4 Perakim des Elias; handelt von 13 generibus nominum; ſubſtantiuum, verbale ꝛc.

a) 2 Moſ. 14, 19. 20, 21.

§. 7.

קָרְחִין, מְשַׁמְּשִׁין, und [87]), נְסִיבִין, Von נְסִיב heißt nehmen; denn der Targum von (a) אֲשֶׁר לָקַח מִן הָאָדָם , ist דִי נְסִיב מֵאָדָם , auch von לוקח בנויה, ist der Targum נסבי בנויה, auch wird das Wort לקיחה in praeteritis und participiis mit נסיבה, verdolmetschet, aber der infinitiuus, imperatiuus und futurum werden mit סיב überſetzt, ohne das nun radicale. Und nun gebrauchen die Maſſarethen נסיבה bey praefixis und vornemlich bey den Buchſtaben בוכ"לם, als 29 Wörter nehmen ein Beth Anfangs des Wortes, und alle übrigen ein Caph, (כט מלין נסבי בירת ברוש תיבותא וכל שאר בכף) , als ויטמנהו בחול במנחה ההולכת, und die andern

[87]) Naſebin; vſus in Maſora eſt, ad voces, quae accipiunt vel habent has illas litteras ab initio, certo vſu et certa forma; nec intereſt, ſiue ſint radicales, ſiue ſeruiles; etſi ſaepius de ſeruilibus diſatur; vt Exod. 5, 7. bey Joſiphun: vnum ex 48 vocibus, quae accipiunt א in medio vocis et non leguntur. Buxtorf in claue Maſorae. Alſo es iſt ſo viel als dieſer Buchſtabe א iſt überflüſſig geſchrieben. In der Maſora finali wird es der Reihe nach von א, ב etc. erzälet. 29 Worte haben ein ב zu Anfange, und haben den Accent pater beyſich, als 1 Moſ. 21, 14.

a) 1 Moſ. 2, 23.

dern heißen בָּחוּל, כְּמִנְחָה. So auch umgekehrt, gibts ein Alphabeth von Wörtern die ein Caph haben, und hat jedes seines gleichen nicht, als תָּעוּפָה כַּבּוֹקֶר, וּמִי כְעַמְּךָ כְּיִשְׂרָאֵל, denn die übrigen heißen, בְּיִשְׂרָאֵל und בַּבּוֹקֶר. Von Vau werden viele Alphabethen, viele Schitin, (Reihen) und Sugin gefunden; nemlich Wörter, die ein Vau vornehaben, und andere die keines haben. Diese alle stehen im Anfange des Buchs Achalta veachalta [88]), welches ich in der andern rhythmischen Vorrede schon gemeldet habe; auch habe ich einige davon in den vorhergehenden Paragraphen angeführt.

Nun will ich das Wort מְשַׁמְּשִׁין erklären; nemlich wenn am Anfange eines Wortes zween Buchstaben von בוכלם stehen, so haben sie das Wort מְשַׁמְּשִׁין gebraucht; als 19. Wörter מְשַׁמְּשִׁין [89]) לְל am Anfange, und jedes hat seines gleichen nicht, als כַּאֲשֶׁר עָשָׂה לְלִבְנָה, וְנָם לָלוּט, u. d. gl. auch 118 Wörter וְלוֹ משמשין (da Vau und

---

88) Hies dort *Ochla veochla*, oder wie andere aussprechen, Achla veachla, Speise und Speise; diß sind die Anfangsworte.

89) Wo 2 Lamed beisammen stehen. *Meschamm.esch, ministrans vsurpatur.*

Der zweite Theil.   209

und Lamed nach einander stehen,) als וְלִמְשׁוֹל בַּיּוֹם
וּלְיָמִים וְשָׁנִים. Ferner eine Schita, (Reihe)
Meschamschin וּמָא, als וַיְאָז בָּאתִי, auch
וּמִגְ, als וּמְבָרְגוּד בָּרוּךְ, auch וּמַב, als
וּמִגְבָעוֹת אֲשׁוּרֵטוּ. Es sind zwey Wörter, die
לָה am Ende des Wortes haben, als וּבִשְׁכֶלָה
וַאֲנִחֻ וַאֲרוֹמְמֶנְהוּ a. s. f.; auch תִּשְׁפַּל הָעִיר
u. d. gl. auch giebt es Wörter die כֶם oder הֶם
oder לָם am Ende haben; auf diese alle haben sie
מְשַׁמְשִׁין aber nicht בָּהֲדִידִין geschrieben. Sie
haben nicht nur auf die Particfeln, sondern auch
auf die Radical Buchstaben משמשין geschrieben;
als es gibt ein Alpha Beth von Wörtern דְּמִשַׁמְּשִׁין
אֶרְחַת und בש' und גר' u. s. w. als
ל', בִּיבוּשׁ קְצִירָהּ, אַףְ ist ל', וְיִשְׁמְעֵאלִים
das ist בש', לְנַעַר הָיָה, ist נֵר. Auch ein Alpha-
Beth von Wörtern דה, גד, בד, אב also: דמשמשין
ליח, נַדֵּל, לִירַת, בְּגְוָיַת, לִירַת, אֲבִינֵר als
דָּבְרַת, לית u. s. w. also sind bey den mehrsten
(angeführten,) keine Partikel, sondern משמשין
will so viel sagen, daß sie in der Aussprache dieser
Worte so gebrauchen. Auch wenn von conjun-
ctionibus (Millot harabek) eine mehr ist oder mangelt, pflegen sie darauf משמשין zuschreiben, als:

ס   sechs

sechs sind זוגין, (von 2 und 2.) im Anfange des Inhalts [90]) אֶת, משמש, aber im Schlusse lo Meschammesch אֶת; z. E. im Anfange, als אֶת אֲשֶׁר הָאֱלֹהִים עֹשֶׂה [a]), im Schlusse, אֲשֶׁר הָאֱלֹהִים עֹשֶׂה [b]); auch 4 Sugin von 2 und 2. im Anfange des Kapitels, משמש לא, und im Schlusse, lo Meschammesch לא z. E. im Anfange, לא אֲדֹנִי שְׁמָעֵנִי [c]), und im Schlusse אֲדֹנִי שְׁמָעֵנִי.. Ueberhaupt ist das der Unterschied zwischen נסיבין u. נסיבין, משמשין, daß das Wort nur auf einen Buchstaben von den Praefixis gebraucht wird, und vornehmlich auf Vau: das Wort משמשין aber auf zween Buchstaben, sowol zu Anfang als auch zu Ende des Wortes, sie mögen Particfeln oder Radical Buchstaben seyn; und auf die Abwesenheit einer von den Partickeln, wie ich schon erklärt habe. In einigen Büchern (Ausgaben,) ist diese Ordnung verändert, sie sind aber nicht richtig.

Nun

---

90) עִנְיָן, kan so wol die Sache, Materie, Inhalt, als, welches öfter in der Masora geschiehet, so viel bedeuten, als Kapitel, Abschnit.

a) 1 M. 41, 25.   c) 1 M. 23, 11.
b) 1 M. 41, 28.   d) 1 M. 23, 15.

Der zweite Theil.

Nun will ich das Wort קָרְחִין erklären⁹¹), es ist dem Worte נסיבין, entgegen gesetzt, und wird nur auf Vau am Anfange des Wortes gebraucht; nehmlich wenn in einem Verse oder Abschnitt drey, vier oder mehr Wörter vorkommen, die theils vorne Vau haben, und theils nicht; so schreiben sie auf die, welche ein Vau haben, נסיבין, und auf die, welche kein Vau haben קָרְחִין, z. E. es sind sechs Verse von vier und vier Wörtern, die zwey ersten sind קרחין und die zwey letzten נסיבין Vau; z. E. וָאֲצַוֶּה אֶת שׁוֹפְטֵיכֶם u. s. w. בין בין, ובין ובין, u. d. gl. So auch, es sind vier Verse, die vier gleiche Wörter haben, die drey ersten sind קרחוין, und das vierte Nasib Vau שָׂרֵי, שָׂרֵי, שָׂרֵי, וְשָׂרֵי ואקח את ראשי שופטיכם und 2. Verse sind, wo bey jedem die 4 ersten Worte קרחין sind, und die 3 letzten Nesibin Vau, als וַיִּקְצַץ פְּתִילִים בְּתוֹךְ וּבְתוֹךְ, וּבְתוֹךְ, וּבְתוֹךְ u. s. w. Es sind auch sechs Wörter in einem Verse אבה קרחי גדו'ווי, und das Merkmal ist ראובן גד ואשר וזבולן und; ואלה יעמדו לברך לא תחאוה בית רעיך ‏) und im Verse דן ונפתלי יחמורו

---

91) Im singulari *karchi caluus*; das Wort ist vorne kahl.

b), das Zeichen ‏שדהו עבדו ואמתו שורו וחמורו‎ ist ‏שש‎ sind ‏קרחי‎, d. i. die Worte ‏שדהו‎ und ‏שורו‎ sind ohne Vau, und die andern mit einem Vau.

§. 8.

‏סבירים, מטעים‎, und ‏חילופים. סבידים‎. Von bedeutet, sie werden dafür gehalten; nehmlich, daß der Mensch denket und sichs so vorstelt, was in der That nicht so ist, und so viel, als das deutsche Meynen, oder Wähnen 92); so steht in der Mischnah ‏סבור הייתי‎, (ich meynte) ‏סבירים היו‎ (sie meynten) auch im Daniel ‏ויסבור להשניא זמנין‎, und von ‏יש דרך ישר לפני איש‎ ist der Targum ‏אית אורחא דסברים בני נשא‎ u. s. w. Es sind in der heiligen Schrift viele Wörter die anders sind, als viele denken, z. E. ‏בהמה אשר יקריב‎ ‏ממנו‎ ist auf Mimmenu angemerket: es ist eins von den sechs ‏ממנה, דסבירום‎, denn ‏בהמה‎ ist ein Femininum 93). So auch ‏ויעלו בנגב ויבא עד חברון‎

---

a) 5 M. 21, 13.   b) 5 M. 5, 18.

92) Er schreibt das teutsche Wort selbst im Texte. Man hat dis nicht gemerkt, da man zweifelte, ob Elias ein teutscher wäre.

93) Also möchte man denken, es solte mimmenah heissen. Buxtorf hat diese Erklärung seines Vaters wider den Cappellus weitläuftiger vertheidigt,

Parte

Der zweite Theil. 213

חברון ist auf ויבא angemerkt, eins, wo man meynt ויבאו; auch bey וּבְנֵי דָרְהָשִׁים, stehet; es sind 3, דסבירים בֶּן, und umgekehrt sind 5 wo בֵּן stehet, und man meynte es solle בְּבֵי, stehen; als ובן זרבבל משלם וחנניה. So auch sind 4 אֲשֶׁר, wo man meynte כַּאֲשֶׁר, und 10 sind umgekehrt, wo כאשר stehet, und man meynte אשר solte stehen. Ferner bey den Wörtern, wo das Vau copulatiuum fehlet, als לֹא יִשָּׁמַע עַל פִּיךְ, wird angemerkt: es ist eins von den דסבירים ולֹא, auch wenn ein Wort von dem Inhalte fehlet; als es sind 5 דסבירים, אִם, aber man irret sich, als כִּי אֶל אַרְצִי וְאֶל מוֹלַדְתִּי תֵלֵךְ, und כִּי אֵינְךָ יוֹצֵא, u. s. w. Eben so, wenn ein Wort mit einem andern verwechselt ist, als 3, מִבְּנֵי werden für מִבְּנֵי gehalten, als וַיִּסְעוּ מִפְּנֵי הַחִירוֹת u. s. w., auch 9 עַל werden für עַד gehalten, als וַיִּרְכְּתוּ עַל צִידוֹן, und 2 עַל für עִם, als וְעָשִׂיתָ חֶסֶד עַל, und וְלֹא שָׂתָם עַל צאן לָבָן עבדיך

D 3

Parte 2. c. 13. pag. 951. 953. Es ist bis allerdings die Meinung der gelerten Juden, diese Stelle könte einen leicht verfüren, daß man dächte es solle anders geschrieben werden. Allein ob nicht ehedem ein Schreibfeler entstanden, wird hiedurch nicht widerlegt, daß hiemit diese etwas anstößige Schreibart behauptet wird.

סברה עבדיך. Andere erklären סבירים, von (Gutdünken), neimlich nach dem Gutdünken solte es so seyn. Worauf sich diese Erklährung gründet ist dieses, daß man diese Redensart im Singul. findet, als bey מאת עפרון החתי על פני ממרא, (wird angemerkt) לית דסביר אשר על פני es muß keiner denken, als solle es Ascher al pene heissen,) d. i. es ist auch in der Schrift על פני, (allein,) denn der Verstand bringet mit sich, daß es אשר על פני heissen soll; und so erklären sie alle סבירים in der Massore. Aber es gefället mir nicht; denn sonst müste מִסְתַּבְּרִים stehen. In einigen Ausgaben wird auf einigen Wörtern סבירים ומטעים, oder מטעים וסבירים angemerket, es ist aber nur eine genauere Erklährung. Man findet מטעים ohne סבירים, und das mehrentheils auf ganzen Versen, als 3 Verse sind; wo sie (die Schreiber) sich am Ende des Verses irren, als וכזורעך לעולם, וביןן זרעך לעולם, וכזורעך עד עולם, auch bey den Priestergaben sind 4 Verse wo man sich irrt. Es sind auch 2 Ende des Verses, wo man sich mit Dagesch und Raphe irret, als אָרָם נַהֲרַיִם לְקַלְלֶךָ hat Dagesch, und עֲבָדְךָ מִקַלְלֶךָ hat Raphe, das Merkmal ist כָּכָה יַעֲשֶׂה d. i. das erste Caph mit Dagesch

Dagesch und das andere mit Raphe. Derer Verse, wo man sich beym Accent irret, sind viele; es ist hier aber nicht der Ort davon zu reden. Dieses ist noch zu merken, daß מטעים 94) nicht sagen will, die Leute irren sich im Lesen; denn מטעים ist von Hiphil, (sie verführen,) und weiset also auf einen andern; nehmlich, die Schreiber machen, daß die Leser sich irren. So fand ich auch in den richtigsten Ausgaben, daß auf וְהֵם יִשָּׂאוּ עֲוֹנְכֶם angemerket ist, die Schreiber irren sich und schreiben עֲוֹנָם. So auch auf ושתו ולעו כל הגוים תמיד, ist angemerket: die Schreiber pflegen sich zu irren und כל הגוים סביב zu schreiben; auch לפני על ירושלם, pflegen sie zu schreiben בירושלים. Ich halte diese Worte der Ausgaben für gut, weil nicht דטועין (die Leser irren sich) stehet.

§. 9.

Von פשטים, קטיעין, מלין, תיבין, אתין, מאוחרין und מוקדמין, ודאין. Es ist bekant

---

94) In Buxtorfs Anticritica pag. 953. 954. sind viele biblische Stellen angeführt, wo die Massorethen dieses Urtheil ausdrucken, seducunt; allein es ist auch blos ihr Urtheil, welchem unsers nicht geradehin unterworfen seyn und bleiben muß.

kant, daß eine jede der 22 Figuren des Alpha Beths, אוֹת genant wird, weil es ein Zeichen und Merkmal von der Stimme der Aussprache ist; im Pluralis solten sie אוֹתוֹת genant werden; aber zum Unterschied zwischen ihnen und אותות ומופתים hat man dieselben אוֹתִיוֹת genant. In der Massore nennen sie dieselben אָתִין, als der Targum von וְהָיוּ לְאוֹתוֹת, ist לְיָאתִין, so auch, wenn die Partikel dabey stehet als: 5 gleiche Verse, sind בְּאָתְיְהוֹן verwechselt; als in Mose, וִיצְהָר וְחֶבְרוֹן וְעֻזִּיאֵל; aber in der Chronik, יצהר חברון ועוזיאל. Im Singularis aber haben sie es im Hebräischen אוֹת genant; als: es gibt 4 Paar von 2 und 2, im vordersten (חסר אות) mangelt ein Buchstab; und ein Wort ist mehr; und im letzten ist ein Wort übrig, (וחסר אות) und ein Buchstab mangelt im vordersten, תירא ואותו תעבוד ובשמו, אותו תעבוד ובו תדבק) und im letzten b) תשבע א) ובשמו תשבע, aber nicht אֵת, wie der Targum von אֵת אוֹ מוֹפֵת, ist אוֹת אוּ מוֹפָה, damit man sich nicht zwischen diesen und אֵת irre.

Nun

---

a) 5 M. 6, 13.   b) 5 M. 10, 20.

Der zweite Theil

Nun will ich das Wort תֵּיבִין erklären; es ist bekant, daß die Alten ein jedes Wort תֵּיבָה, nanten. Ich gab mir viel Mühe eine Ursache, warum sie es so nanten, zu finden; habe aber nichts gefunden; denn dieser Name ist nur in der Schrift bey dem Kasten Noa (תֵּיבַת נֹחַ) und (תיבת משה) Kasten Mose; und der Targum davon ist תיבותא. Die Massorethen sagen von תיבה, im Plurali תיבין, wie im Hebräischen von מלה, מלין, oder מילים, und wird nur im Hiob gefunden. Viele glauben, es sey kein Unterschied zwischen תיבה und מלה, ich aber sage, es ist einer. Denn מלה, schickt sich nur auf ein Wort, das der Mensch mündlich ausspricht, wie man im Talmud findet, (והם עונין אחריו מלה במלה) und sie antworteten ihm Wort um Wort nach, u. d. gl. aber תיבה sagt man nur von einem Worte, das geschrieben ist; als die Talmudisten sagen כל תיבה הצריכה למד בתחלתה הטיל לה הא בסופה, jedes Wort, dem vorne ein Lamed nöthig ist, hat dafür zuletzt ein He. Man sagt ראשי תיבות, סופי תיבות, aber nicht סופי מלות, und מלות. Ich fand, daß einige Grammatiker keinen Unterschied dazwischen gemacht

macht haben; man findets aber bey den Alten anders.

Das Wort קְטִיעִין, ist so viel, als קְצִיצָה, und כְּרִיתָה (abhauen, abschneiden) als von וקצץ פתילים, ist der Targum Jeruschalmi, יקטע כליותי יְפַלַּח, und von וקטע יתהון heißts כליותי. Es ist bekant, daß man ein Alpha Beth von grossen Buchstaben, und eines von kleinen (in der Bibel) findet. Die Massorethen nennen das Grosse רַבְתָא und das Kleine זְעֵרָא. אלף זערא בראשות (im Wort) ב' רבתא als ויקרא (in). In den richtigsten Massoren wird das kleine Vau nicht ויו זערא, sondern ויו קטיעא genant, d. i. von unten ein wenig abgeschnitten; als [94]‏ (קטיעה ויו, אֶת בְּרִיתִי שָׁלוֹם (ist hier auch

---

[94] 4 Mos. 25, 12. Diese Benennung komt schon im Talmud vor. Hiller hat besondere Meinung über zweierley Leseart, in arcano kri und ktib, pag. 145. Man mus Buxtorfs commentar. masorethicum vergleichen cap. 15, de censura circa litteras minusculas. Bey der Stelle Psam 24, 4. ist in der kleinen Masora nichts angemerkt worden; Buxtorf aber setzt, nach seiner Art hinzu: indicatur autem ne minimam quidem vanitatem sectandam; qui in montem domini sanctum cupiat adscendere. R. Menachem will haben, daß das vau mitten entzwey geschnitten stehen

auch ויו ist ויו קטיעה), לא נשׂא לשוא נפשו. Ich wundere mich über die Ausleger der Schrift, die ich nur gesehen habe, daß alle sagen, es stehet בְּפְשׁוּ und wird בַּפְשִׁי gelesen. Es ist kein Zweifel, daß es ein Irrthum der Schreiber sey; denn sie irren sich zwischen diesen und zwischen בַּפְשִׁי welches פָּדָה נַפְשׁוֹ מֵעֲבוֹר בַּשָּׁחַה ¹) gelesen wird, und wird auch unter den 41 Worten, die mit Vau geschrieben und Jod gelesen werden, gezehlet; aber ולשוא כפשו wird nicht darunter gezehlet; denn es ist nur ein kurzes Vau (ויו קטיעה). Ueberhaupt haben sie keinen andern Buchstaben קטיעה genent, als nur das Vau allein, denn sie nennen es auch an einem Orte אָרִיךְ lang, z. E. ויו in dem Worte וְיִרְתָא ist ויו אֲרִיכְתָא, aber nicht רַבְּתָא, denn dieses Vau ist in dem Worte דְגָחוֹן; siehe im grossen Alpha Beth, wo 23. Verse sind, in welchen nicht זָעֵר und nicht אָרִיךְ ist; d. i. weder Vau noch Jod haben, als לֵאמֹר לְךָ אֶתֵּן אֶת אֶרֶץ כְּנַעַן חֶבֶל בְּחַלַתְכֶם. Das Wort קטיעה gebrauchen sie auch

---

hen müsse; so von der Meinung des Eliä verschieden ist. S. Morini lib. 2. exercitat. 21. c. 4 §. 12. 13.
a) Pf. 24, 4.   b) Hiob 33, 28.

auch bey einem Worte, das drey ruhige Buchstaben hat, und wird auf drey Orten verschieden gefunden; bey einem fehlt der erste ruhige Buchstab, beym zweyten der zweyte, beym dritten beyde; als וַיַאֲרִיכוּן ; einmal stehet יארכון, einmal יאריכן und einmal וַיַאֲרִכְן, davon ist angemerket, (הד קטיעא ידיה) einem ist die Hand abgehauen ורגליה (וחד קטיעא רגליה) und einem der Fuß, וחד קטיעא ידיה ורגליה und einem Hand und Fuß. Ich habe schon in den ersten Tafeln §. 8. andere Arten gemeldet, die sie auf solche Wörter pflegen zu schreiben.

Von פשטין. Es ist bekant, daß פַּשְׁטָא ein Name von den Accenten ist, die anhalten; und öfters werden auf einem Worte zwey gesetzt, diese heissen פַּשְׁטִין wie ich mit Gottes Hülfe im Buch טוב טעם erklären werde. Sie haben einige Wörter die ein Patach, und alle ihres gleichen hingegen ein Segol haben, פשטין genant, als אֲעֶלֶה fünf פשטין, denn die andern heissen אֶעֱלֶה mit Segol, auch וַיַאַסְפוּ 10 פשטין, denn alle andere heissen וַיַאַסְפוּ.

Von וַדָּאִין. Das Wort וַדַּאי ist entgegen dem Worte סָפֵק, (zweifelhaft;) auf
Deutsch,

deutsch, gewiß. In der Massore gebrauchen sie es nur an 2 Orten; erstlich auf den heiligen Namen des HErrn, der geschrieben wird אדנ״י, ist bezeichnet: 134 sind ודאין oder [96]) וַדְיָא weil der Name von vier Buchstaben יהוה nicht so gelesen, als geschrieben wird; denn er ist gar nicht auszusprechen, sondern er wird nur mit einen Beinamen genant אֲדֹנָי; so haben wir noch von Mose gelernt auszusprechen, daher ist er auch mit den Punkten von אֲדֹנָי versehen; als יְהֹוָה; aber das Lesen ist nicht gewiß, hingegen אֲדֹנָי wird gelesen wie er geschrieben ist, daher heisset es וַדְיָא, und im Pluralis, ודאין, diese sind 134. Sie sagten: alle אֲדֹנָי יְהֹוָה sind dergleichen; nehmlich, ausser, wo dabey stehet der Namen von 4 Buchstaben, der die Punkte von אֱלֹהִים hat, als ihrer כֹּה אָמַר אֲדֹנָי יְהֹוִה, אֲדֹנָי יְהֹוִה מַה תִּתֶּן לִי, רֶכֶב אֱלֹהִים רִבֹּתַיִם, sind 222. Das Merkmal ist, Zweytens wird das Wort ודאין gebraucht auf Wörter die zuletzt mitSuffixo כה geschrieben werden, in der zwoten Person des männlichen Geschlechts, diese

---

96) S. Buxtorfs Tiberias clavis Masorae, unter diesem Worte. Unter der Zahl 134, sind 7 ladonai, deren Stelle die Masora Jesaiä 28. zu Anfang anzeiget; und 3 vadonai.

diese sind 21. an der Zahl ⁹⁷); als לאות עלי ידכה
וַאֲבָרְכָה, u. s. w. Denn die andern Suffixa
der zwoten Person, werden nur mit einem schlech‍ten Caph und Kamets geschrieben, als רַגְלֶךָ, יָדֶךָ;
und lassen das He wegfallen, wegen der Menge,
daher sind sie nicht ודאין, denn es kan mit einem
Schua gelesen werden, wie in den Partikuln der
Verborum und nominum erklärt ist; aber diese
21 sind ודאין, und man kan sich nicht dabey ir‍ren. Was מוקדמין und מאוחרין sind, habe
ich schon §. 1. unter der dritten Art erklärt.

§. 10.

Von פסוק קריא, ספרא, לשנא, עניינא, und
Die Massorethen nennen alle 24 Bücher der hei‍ligen Schrift קָרְיָא ⁹⁸) wie die Talmudisten sie
מקרא

97) Psalm 68, 23. bey dem Worte Adonai und in
masora finali, unter dem Buchstaben ה, ist diese
massorethische Anzeige: 21 voces sunt, in quibus
scriptum est כה in fine vocis, quae confessa sunt.
98) Buxtorf schreibt kürzer und undeutlicher: in
Masora communiter pro tota scriptura veteris testam.
sumitur, quandoque pro parte majori et definita, a
qua aliquis liber exemtus est. Bey 2 Mos. 26, 9.
hat Masora magna über das Wort lebad angemerkt:
dis ganze Buch und die 12 Propheten haben dis
Wort mit dem Kametz; aber die ganze übrige
Schrift, mit Patach, ausser eine Stelle; (Rich‍ter 7, 5.)

הַזַרְנוּ עַל כָּל הַמִקְרָא nennen, da sie sagen מִקְרָא
לעולם ישלש אדם שנותיו שליש במקרא und
u. d. gl. viel; sie nennen auch einen jeden Vers
מקרא, da sie sagen אין מקרא יוצא מידי פשוטו,
und מקרא מסורס הוא, u. d. gl. viel. Ich wundere mich, daß der gemeine Haufe nur die Propheten so nennet; und habe in keinem Buche eine
Ursache davon gefunden. Ich glaube aber doch,
weil mehrentheils die Propheten, was sie gesagt
hatten, abgelesen haben; als הָלוֹךְ וְקָרָאתָ,
וְקָרָא עָלֶיהָ אֶת הַקְרִיאָה וְקָרָאת שָׁם u. d. gl.,
daher werden wohl ihre Bücher מִקְרָא genant.
Sie (die Massorethen) haben aber nicht auf allen
und jeden Inhalt und Zahlen קריא oder בקריא
geschrieben. Z. E. auf einem Worte, das nur
einmal gefunden wird, haben sie לית, aber nicht
לית בקריא geschrieben; auch wenn es zwey, drey
und mehr mal gefunden wird, haben sie nicht
ב' בקריא, oder ג' בקריא, geschrieben; in den
Büchern aber, wo mans (gleichwol) so findet, ist
es nur zur Deutlichkeit oder zur Schönheit des
Schreibens geschehen, daß sie die Reihen voll bekommen haben; wie ich in der poetischen Vorrede geschrieben habe. In der kleinen Massora findet

det man es niemals; in der grossen Massora gebrauchen sie es an einigen Orten, z. E. wenn ein Wort in einem Buche vielmal vorkomt, und in den andern findet man es nur einmal, so haben sie darauf geschrieben לית בקריא, und in dem ganzen Buch N. N. als eine Zeile (Schitah) von 16 Wörtern (לית בקרוא) (י ותקע כף ירך und im ganzen Hesekiel desgleichen; (לירת בקריא) הסף בנשים וכל, und im ganzen Hohelied desgleichen; Auch eine Zeile (Schita), von 21 Wörtern, (דכל ספרא דכותיה בר מן חד) das ganze Buch hat desgleichen nicht, ausser eins.) d. i. (וכל קריא לית דכותיה בר מן חד) in der ganzen Schrift ist nicht desgleichen, als nur eins, z. E. in Genesis stehet allemal וַיֵּלְדוּ ausser einmal, וַיֵּלְדוּ, und stets וַיִּוָּלְדוּ לוֹ בָנִים אַחַר הַמַּבּוּל, ausser einmal וַיֵּלֶד לוֹ בָנִים אוֹ בָנוֹת. Auch ein Wort ist so im ganzen Buche, und in der ganzen Schrift, ists allemal verändert; im ganzen Genesi steht, הַבְּרָאָה, und in den andern Büchern הַבָּרְאָה; (ובן כל קריא שבת שבתון בר מן חד שבתון שבת). Und so stehet in der ganzen Schrift (דפרשת הפן) שבת זי שבתון, ausser einmal bey dem Abschnit von

a) 1 Mos. 32, 26.

Der zweite Theil. 225

von dem Manna stehet שבתון שבת, auch allerwärts stehet אביו ואמר ausser einmal איש אמו ואביו תיראו u. d. gl. viel.

Mit diesem ist auch das Wort ספרא erklärt; nemlich, das Buch, worin das Wort stehet. Dieses muß man merken, wo sie auf ein Wort von den 12 kleinen Propheten, (diese sind Hosea, Joel, Amos u. s. w.) לירת בספרא oder כל ספרא דכותיה angemerket haben; so gehet es auf alle 12, z. E. in Zacharia, ist auf וְאָם ג׳ רפ בספרא מִשְׁפַּחַת מִצְרַיִם לֹא תַעֲלֶה angemerkt. Dis gehet nicht nur auf den Zacharias, sondern auf alle 12 Propheten; eben so in Micha, לית בספרא רֵאשִׁית חַטָּאת stehet, nemlich in allen 12. Zu dem Buch Esra gehört auch das Buch Nehemia, als ואף גם זאת, wird gezeichnet ד׳ und ganz Esra desgleichen, d. i. auch Nehemias. Patach דספרא habe ich schon in dieser Tafel §. 2. und פסקא דספרא §. 4. erklärt.

Nun will ich das Wort לשנא, [98]) erklären; dieses gebrauchen sie auf zwo Arten; erstlich, wenn sie

---

98) Es ist schon oben Buxtorfs Erklärung mitgetheilt worden.

sie sagen בְּלִשָׁנָא, zweytens כל לשנא, wenn es
ein Wort ist, das seines gleichen hat in dieser Redensart, in Punkten, oder da ein Buchstabe
zu viel oder zu wenig ist, oder eben dieser einen
Coniugation: so haben sie diese Wörter alle zusammen genommen; ohnerachtet sie in den andern
Buchstaben und Vocalen verschieden sind. Z. E.
לית וחסר ויכחתו בגן עדן darauf ist angemerket,
(ויו חסרים בלשנא) nemlich in fut. von hiphil,
einmal תכחנו, einmal ויכחתו, und einmal ויכחום,
und so fort; weil in allen das jod von hiphil fehlt,
haben sie alle zusammen genommen in einem
בלשנא. Wenn zwey Wörter im Schreiben
und in der Aussprache gleich sind, aber in der Bedeutung nicht: so haben sie drauf angemerket,
ב' מב' לישנא, es sind 2 von 2 Bedeutungen,
und in den zerbrochenen Tafeln werde ich unter den
Wörtern תל, davon handeln. Unter בלישנא sind
auch alle Wörter begriffen, die von Einem radice
sind; als in dem radix רחב sind 12 בלישנא begriffen.
Es ist בלישנא, wenn in einem radix nur eine Bedeutung von diesem radix, zusammen genommen
wird; als in dem radix עור, haben sie auf נִיְהִי עָרִיךְ
geschrieben, sieben בְּלִשָׁנָא דְּרַבּוּ, denn die andern

dern Redensarten von diesem radix haben eine andere Bedeutung: auch in dem radix שָׁעַר ist auf מֵאָה שְׁעָרִים (בלשנא) angemerket, denn die andern שער haben eine andere Bedeutung.

Ferner aber haben sie כָּל לְשָׁבָא nur bey einem solchen Worte (Millah) geschrieben, das ein anders neben sich hat, welches nicht dabey gebräuchlich ist; als alle Redensarten von hören, nehmen das Wort אֶל zu sich, ausser 12. die עַל haben; auch alle Redensarten von schlachten, nehmen אֵת zu sich, ausser 4 die nicht אֵת haben, auch (כל לשנא קדים אב לאם בר מן ד׳,) allerwärts stehet אָב vor dem Worte אֵם, ausser 4 mal nicht, auch allezeit stehet חקים vor משפטים, ausser 8 mal nicht, u. d. gl. viel.

Von dem Worte עִנְיָן בעניבא. Das Wort עניין findet man nirgends, ausser in dem Prediger Salomo 8 mal, und allezeit im singularis. Die Talmudisten gebrauchen es ofte, und auch im pluralis; die Bedeutung davon ist, עסק ומעשה, auf teutsch, Geschäfte. In der Massora wird es nach dem Targum gebraucht, nemlich im Prediger Salomo wird עניבא von dem Targum durch Gestalt, (Beschaffenheit) erklärt. Wenn man

in der Maſſora בעניגא, findet, will es ſo viel ſagen, als in dieſer Erzehlung der Geſchichte, als
לית חסר auch ,ג. und לית מלא ſind בבפה
בענינא.

Das Wort פָּסוּק iſt kein hebräiſches, ſondern
ſyriſches Wort, und wird in vielen Sprachen überſetzt, durch aufhören; als auf (יִ חָדַל לִהְיוֹת לְשָׂרָה),
iſt der Targum פָּסַק, auch וַיִּשְׁבּוֹת הַמָּן, iſt im
Targum, ופסק וַיִּכְלָא הָעָם, im Targum, ופסק
daher heißt ein Vers פסוק. Darum nennen ſie
auch den Zwiſchenraum, zwiſchen dem einen und
andern Abſchnitte, פִּיסְקָא, wie ſie ſagen zwey
Abſchnitte ſind in Moſe, die Anfangs kein פסקא
haben, dieſe ſind וַיְהִי und וַיֵּצֵא, und zwey Abſchnitte die in der Mitte kein פסקא haben, dieſe
ſind פסקא, und וַיֵּצֵא מִקֵּץ. Es gibt auch פסקא, mitten
im Verſe; viere ſind in Moſe b), als וַיֹּאמֶר אֵל
חֶבֶל אָחִיו וַיְהִי בִּהְיוֹתָם בַּשָּׂדֶה. Einige nennen
dieſes פסקא, auch פְּרִיגְמָא, ich werde es noch in
den zerbrochenen Tafeln erwehnen. Von dem
Accent פָּסֵק oder פָּסִיק habe ich ſchon §. 4. gehandelt.

a) 1 Moſ. 18, 11. b) 1 Moſ. 4, 8.

E N D E.

Von den abgekürzten Worten in der Masore.

Vorbericht.

Ich nenne diesen Abschnitt darum שער שברי לוחות weil darin abgekürzte und abgebrochene Worte erkläret werden; die mit Noterikon und Abbreviaturen geschrieben sind; und alles dergleichen, was in der kleinen und grossen Massore (in Absicht des geschriebenen,) verändert wird. Da viele darinn nicht erfahren sind, noch sich deshalb Mühe gegeben haben, wie ich bereits in der poetischen Vorrede gemeldet habe; so will ich diese Abkürzungen erklären und zwar nicht weitläuftig, um das, was die Talmudisten sagen: Man soll allezeit seine Schüler auf das kürzeste unterrichten, zu beobachten.

* * *

Zuerst will ich ein Merkmal geben, wie man erkennen kan, daß ein (ein jeder) Buchstab ein ganzes Wort ausmache; oder ob das Wort abgekürzt sey. Nehmlich, wenn zwey, drey oder

vier

vier Buchstaben zusammen stehen und es ist über einem jeden ein Punkt: so bedeutet gewiß ein jeder Buchstab ein Wort; und wenn nur auf dem letzten Buchstaben ein Punkt stehet, so ist das Wort abgekürzet, wie mans in dieser Schaar (Pforte) wahrnehmen wird.

Ich will mit dem Worte לית anfangen, weil es die Massorethen am häuffigsten gebraucht haben: es ist ein syrisches Wort; zusammengesetzet von לָא und אִית, als לֹא יֵשׁ, nehmlich dieses Wort oder dieser Inhalt (Injan) wobey לית angemerket ist, hat seines gleichen nicht mehr. Eben so ist der Targum von לֹא יֵשׁ בְּכִנְיוֹ מוֹכִיחַ, dieser, *) לָא אִית בְּיגְנָא מַכְסִין, auch der Targum von אֵין ist mehrentheils לית, als von לֵית לַחְמָא וְלֵית מַיָּא, אֵין לֶחֶם וְאֵין מַיִם, und einige gebens mit לֹא, als von אֵין בַּיִת לֵית בֵּיתָא, ist der Targum אֲשֶׁר אֵין שָׁם מֵת, דִילֵיהּ הֲוָה תַמָּן מִיתָא. In der kleinen Massore haben sie statt (des ganzen Worts) לית, nur ein Lamed, mit einem Punkte darüber also ל, geschrieben. Uebrigens findet man nicht in derselben,

a) Hiob 9.

ben, daß ein einzelner Buchstabe, der keine Zahl anzeigt, auſſer dieſem vorkomt. Darum haben ſie auf einem Worte das 30. mal gefunden wird, nicht ל׳, gezeichnet, daß man ſich nicht irre mit לית, ſondern לָמֶד ganz ausgeſchrieben, als וַיּוֹסֶף למד אל למד יחידאין: und in einigen Ausgaben fand ich כ׳ (20 und 10) ſtatt ל׳, aber das erſte iſt richtiger.

אורייתא, נביאים, כתובים, אנ״ך, bedeutet dieſes haben ſie auf einem jeden Worte oder Redensart gezeichnet, ſo dreymal gefunden wird, einmal in der Thora, einmal in Propheten, und einmal in den Hagiographis, als בחרו ג סימן אבג; und in einigen Ausgaben iſt darauf angemerkt אב, אב אב, אחד, אחד בתורה. Das iſt אחד בנביאים בכתובים. (Einmal in der Thora, einmal in den Propheten, einmal in den Hagiographis.) Auf einem Worte aber, das nur in den Propheten und Hagiographis gefunden wird, haben ſie בב angemerkt d. iſt, נביאים כתובים, als הארון כל אורייתא חסר וכל לב מלא, d. i. das Wort Aron wird in den 5 B. Moſis ohne ו, in den Propheten aber und Ketubim mit ו gefunden. So auch לְעֹלָם iſt 8 mal בבב mangelhaft.

אפס,

אְכֵּם, bedeutet א׳ פסוק סימן nehmlich wenn 2 oder 3 gleiche Sachen (parallela) in einer Parsche, oder in einem Inhalte (Injan) vorkommen, oder in einem Buche, oder in zwey Abschnitten oder in zwey Büchern; es ist aber eine Veränderung mit einem Worte: so haben sie den Unterschied beschrieben und einen Vers zum Merkmal darauf gegeben, als in der Parscha des Eliesers, der Abrahams Knecht war, stehet zuerst אָנֹכִי יוֹשֵׁב בְּקִרְבּוֹ a), und hernach בְּאַרְצוֹ b), hier schreiben sie אְכֵּם; אכי יי בקרב הארץ (dieser Vers ist zum Merkmal darauf gegeben.) Eben so, einmal stehet אָדָם לִי, מה יעשה בָּשָׂר לִי, und zum andern על בשר אדם לא יטך, אְכֵּם, so wird angemerkt, auch in der Chronik stehet וְשְׁבוּעָתוֹ לְיִצְחָק und in Psalmen וַיַּצְחֵק שָׂרָה לְיִשְׂחָק also wird angemerkt, אְכֵּם, nehmlich daß das Tsade zuerst in der Chronik, welche nach der Ordnung vor den Psalmen ist, und das Sin das zuletzt stehet, in den letzten vorkomme; wie ich schon in der dritten Vorrede gemeldet habe. Wenn zwischen zweyen Worten in den Punkten einen Unterschied ist: so

haben

---

a) 1 Mos. 24, 3.   b)   37.

haben sie ein Wort, das die zween Buchstaben mit denselbigen (doppelten) Punkten hat, zum Merkmal gegeben, z. E. einmal stehet לָלִין, und hernach לָלוּן, so ist das Merkmal הַלֵילָה, so auch ist auf לִצְמִיתוּת und לִצְמִיתֻת, das Merkmal הֲלַיְלָה, ohnerachtet das zweyte Lamed ein Kamets hat; so haben sie doch zwischen Kamets und Patach keinen Unterschied gemacht. Eben so zuerst stehet הַשָּׂעִיר הַחַי und hernach הַשָּׂעִיר הַחַי, das Merkmal davon ist הֵהָשִׁיב אָשִׁיב. So haben sie; auch auf Versen, die 3 oder 4 gleiche Wörter haben, die aber in einem praefixo eines Wortes verschieden sind, einen Vers, worin diese Worte vorkommen zum Merkmale gegeben; als im 5ten Buch Mosis stehet כל המקום אשר תדרוך, und in Josua כל מקום ohne He; da zeichnen sie אפס, והנה המקום מקום מקנה, so auch stehet zuerst כי ימוך אחיך und hernach stehet zweymal וכי ימוך. Da zeichnen sie אפס: ותאמר האשה ידעתי כי נתן וכי וכי.

אסף, bedeutet אתנח סוף פסוק, welches sie auf ein Wort geschrieben, das ein Kamets wegen eines Sakefs, Rebia oder sonst eines Stißhaltungsaccents (Maphsik) wegen, hat und sonst sei seines gleichen nicht hat, als nur bey Atnach und Sof paſſuk, als ל׳ ויעשו בני ישראל את הפסח, und alle אסף desgleichen. Eben so, wenn es auch seines gleichen hat, als בָּ, אָבַד und alle אסף desgleichen; und so viele. In einigen Ausgaben haben sie ſtat אסף, die Figur des Atnachs und Sofpaſſuks ſelbſt hingesetzt, als ֑ und alle ֽ dergleichen, daher viele ſich dabey irren und denken es wäre ein ח und נ. und leſens für חן, das iſt חבייה ומנוחת es iſt aber nur die Figur des Atnach und Sophpaſſuk.

איוב משלי תלים, אמת, ſie gebens zum Merkmal, ohnerachtet die Ordnung nicht ſo iſt, wie ich in der dritten Vorrede ſchon gemeldet habe; denn die Ordnung iſt, Pſalmen, Hiob, Sprichwörter; und in einigen Ausgaben habe ich auch תהאם zum Merkmal gefunden, allein אמת iſt gewöhnlicher; weil es ein ſchönes Merkmahl iſt, nach dem Satze der Talmudiſten: man nimt etwas gutbedeutendes. Auf dem Worte aber עשׂה mit einem Tſere, iſt angegeben, 8 haben Kamets und רתקע אמת desgleichen, welches bedeutet (dibre haiamim). אלה הדברים משלי, תרי, עשר, דה, תהילים, קהלת, עזרה.

שׁבֵת,

Fragmenta Tabularum. 237

שׁבצ, bedeutet שׁוּם בַּר נָשׁ, d. i. ein Name eines Menschen, als auf וַאֲחֻזַּת מֵרֵעֵהוּ ist angemerkt, לית, und alle שׁבצ desgleichen; dis ist eine Redensart des Targum von Jerusalem, welcher er בר נש הינון לעלמי אנוש המה סלה durch erklärt; so auch אדם צדקתך, durch ובר נש דכוא, צדקתך; aber בן אדם in Hesekel, durch בר אדם. Eben so auf אָחַז wird angemerkt 3, mit Kamets und alle שׁבצ desgleichen; eben so 4. Sugin, eins ist שׁבצ und eins nicht, als וְקוֹץ וְדַרְדַּר, und וְשָׂחָם, und וְשָׂחָם וְיָשְׁפֵה, auch קוֹץ הוֹלִיד, וְזָכוּר, u. s. w. Von einem weiblichen Namen aber haben sie שׁוּם אִיתְּתָא geschrieben, als וְשָׂרַי בִּישָׂשכָר, לית וכל שום איתתא etc.

אֲסוּרֵי auf, מסרה הגדולה, das ist, מסה אב ist ein und אֲסִירֵי קרי ist angemerket, הַמֶּלֶךְ in der Massore, der Stellen, wo Vau geschrieben ist, und es wird Iod dafür gelesen. Einige nennen (beschreiben) mit מסוה, die grosse Massore und mit מסה die kleine, und so habe ichs in dem Buche Ain Hakore (Oculus lectoris) gesehen, da der Verfasser also schreibt: ואלה הספרים אשר נתן לי אלהיבש בזה מסה ומסוה ושאר מסורת מקצת ספרים טובים עלל

In

In einigen Büchern fand ich, daß sie die grosse mit ספר, benennen; so wie man das Buch מצות גדול, durch סמג und das kleine durch סמק, zu nennen pflegt. (ס bedeutet Sepher, das Buch.)

ימה, d. i. יוצא מן הכלל, dieses pflegen sie in der Lehre der Accente zu schreiben; nemlich wenn sie eine Regel auf dieselben gegeben haben, und einige sind ausgenommen: so haben sie geschrieben, so und so viel sind ימה, als vor Sarke muß ein Munach stehen, auffer 13 ימה, die einen Merca vor sich haben, wie ich im Buche Tob Taam erklären werde.

אם אח bedeutet א' מלא א' חסר, ich habe schon im ersten §. der ersten Tafel gemeldet, daß das blosse Male und Chaffer nur auf Vau und Jod die mitten im Worte ruhen, bemerkt worden ist. Eben so pflegen sie auf die Wörter, die in 2, 3, oder 4 Stellen voll oder mangelhaft gefunden werden, גב' גח' oder בם' בח' zu schreiben, bis 10; aber von 10 an weiter schreiben sie nur Male und Chaffer und die Zahl der Worte besonders, z. E. ויוצא 24, 12 Volle und 12 Mangelhafte; aber nicht יבם ויבח. Es ist auch zu merken, daß sie dieses nur auf Wörter, die theils voll und

und theils mangelhaft sind, geschrieben haben, als וַחוֹרָד 3, וּבֵח אֹם. (eins Male; und 2 Chaſrim;) ſo auch עָקוֹד 4. וּבֵח בֹּם (2 Meleim und 2 Chaſerim): aber bey Worten, bey denen man nur die Vollen oder Mangelhaften allein zehlt, haben ſie auch die Vollen oder Mangelhaften allein, und die Zahl allein beſchrieben als אֲבוֹתֶיךָ 3 volle aber nicht בֹּם, ſo auch גְּדוּלָה 5. mangelhafte, aber nicht חֹח. Auch iſt noch zu merken, wenn man Beth mit Mem zuſammen mit zwey Punkten darüber, antrift, und es ſtehet noch ein Buchſtab von Aleph bis Jod dabey, als בֹּמֵב, בֹּמֵג, בֹּמֵד, בֹּמֵא u. ſ. w. ſo bedeutet es בַּר מִן שְׁנַיִם בַּר מִן אֶחָד בַּר מִן שְׁלֹשָׁה, u. ſ. w. בַּר iſt ſo viel als חוּץ (auſſer) wie von חוּץ מִמְּנִי der Targum heißt, בַּר מִנִּי. Z.E. als alle werden בְּעוֹף, בֹּמֵא, auſſer eins וּבְעוֹף, geleſen, ſo auch alle אֲבוֹתֵיכֶם in der Thora ſind mangelhaft, בֹּמֵא eins iſt voll; und ſo bis 10. aber von 10 an und weiter haben ſie zwey Worte daraus gemacht; als in allen Hagiographis iſt בֹּמֵ יא' אבותיכם voll בֹּמֵ 16. ſo auch בֹּמֵ יב' u. ſ. w. alle heiſſen בַּר מִן.

לְךָ, das iſt לֹא קְרִי, dieſes wird aber nicht anders als mit einem Buchſtaben von אהוי geſunden, funden, als לִקְא, לִקַח, לְקוּ, לְקִי, man beliebe nachzusehen was ich im ersten Mamar im ersten Siman, auch in der andern Tafel §. 9. geschrieben habe.

כב, d. i. כֵן כְתִיב oder כֵן כְתִיב, dieses pflegen sie auf einem Worte zu schreiben, das 2 oder 3 ruhige hat, und theils voll und theils mangelhaft geschrieben ist; wie ich in der ersten Tafel §. 8. auch in der zwoten §. 9. erklärt habe. In Ansehung der Punkte und Accente haben sie niemals כב, geschrieben, sondern כֵן הוּא כֹה, als כֹה בקמץ וַתְּכַחֵשׁ שָׂרָה stehet, (so stehet es, mit Kamets,) so auch כֹה בטארי̇ך תדשא הארץ דשא d. i. mit einem langen Strich beim ה, und noch viele dergl. Es giebt auch ein כֹה, das die Zahl 25. anzeigt, als כֹה וַיֵּשֶׁב, 25, כֹה' אַחַר, man muß dis aus dem Inhalte erkennen:

כל mit dem Punkte auf dem Lamed bedeutet בְּלְהוֹן, als כל כב וכן, d. i. כלהון כתיבים כן וכן, oder כל מלאום : aber wenn zwey Punkte darüber stehen, bedeutet es כָּל לִישָׁנָא, was dieses sey, habe ich im 10ten Mamar erklärt. Einige setzen statt כל, תל, d. i. תֵּא לִישְׁנָא. Eben so findet man in der grossen Massora ein Alphabet

phabet von zwey und zwey Worten, בתרו לישני הַחִצִים צֵדָה אוֹרָה, אוֹרָה אֶתְכֶם בְּיַד אֵל als a) und so alle nach der Ordnung des Alphabets, und es sind beynahe 100 Paar, und alle בתרי לישכא, in zweierley Bedeutung. Es sind zwar viele, bey denen kein Unterschied ist; ich will das schwerste unter allen anführen, nemlich וְהוּא כַּאֲרִי כֵן וְיִשְׁבֵּר, כָּאֲרִי יָדַי וְרַגְלַי und, ich wünschte, daß ich den Unterschied wüßte.

כָּל קַרְיָא, כך, im 10ten Mamar habe ich erklärt, was קריא sey, nemlich alle 24 Bücher der heiligen Schrift, auch die Urfache, warum sie so heissen; auch habe ich daselbst erklärt, daß es in der Massore voll gebraucht wird, nemlich ausgeschrieben כל קריאה, aber nicht abbreviret כך, aber wenn sie viele zusammen genommen und eine Schita daraus gemacht haben, so schrieben sie auf einem jeden Worte כך.

פָּתַח דְסִפְרָא פך, welches ich im 2ten Mamar erklärt habe: und in den richtigsten Büchern stehet auswendig am Rande gegen einem jeden:

Pa-

a) Hiob 27, 11.

Patach Deßiphra,) לב anzuzeigen, daß es eins von den gezählten in der grossen Masore ist. Man findet auch לב, welches פִּסְקָא דְסִפְרָא heißt, welches ich im 4ten Mamar erklärt habe, auch auf dem Accente, der Legarme genent wird, den ich auch daselbst erklärt habe; und in meinem Buche Tob Taam. Auf allen Orten, wo in der Schrift ein Legarme gefunden wird, stehet am Rande לג׳ mit einem Punkte auf dem Gimel, welches לגרמיה bedeutet. Diejenigen. irren sich hiebey, welche denken, daß das Wort, worauf לג׳ gezeichnet ist, drey und dreißig mal in der heiligen Schrift gefunden wird; aber nach der Regel, die ich in der Vorrede gegeben habe, kan man sich nicht irren; denn sollte es auf eine Zahl zeigen, so müßten 2 Punkte darüber stehen, eines auf dem Lamed, und eins auf dem Gimel. Da aber das Gimel allein ein Punkt hat, so ist gewis, daß das Wort nicht ganz ist, und bedeutet לגרמיה, ich werde es noch an seinem gehörigen Orte, im Buche Tob Taam, erwänen.

לֵ֔ל, לֵית דִּכְוָתֵיהּ, siehe Mamar 5. In der Maſſora wirds zwar nicht gefunden¹), ſondern in einigen grammatikaliſchen Büchern, wo ſie von der Maſſora reden; als im Buche Sema­dar²) und Et Sopher, und noch einigen.

רפ, ראש פסוק, auch hierin kan man ſich irren, da es einige רָפֵי oder רָפִין leſen, der Un­terſchied dazwiſchen aber iſt, wie ich ſchon gemeldet habe: nemlich wenn es mit zwey Punkten ſtehet, heiſſet es ראש פסוק, und wenn es nur mit einem auf dem Pe gefunden wird, heißt es רפין, als ויאמרו 9. רפ' 7. ויבאו, auch רפ', warum ſie Raphin heiſſen, habe ich in Mamar 3. erklärt.

סס, סופי פסוקים oder סוף פסוק, als אֲנִי יְיָ 20 סס, in Siphra, und in einigen Ausga­ben iſt auf einem jeden dieſes כסף angemerkt, d. i. 20 סופי פסוקים, ſo auch אני יי אלהיכם wird

gezeich­

---

1) Nemlich mit dieſen Zeichen; aber ל‎ allein ge­zeichnet, wird in maſota magna über 1 Moſ. 6, 20. gefunden. S. Buxtorfs clavem maſorae unter die­ſem Worte.

2) Buxtorf wuſte nichts weiter: Elias eum citat, in praefatione tertia.

gezeichnet, כב כב oder das pe finale geschrieben, כבסף.

מצ, מצע פסוק, d. i. mitten im Verse, und מְצַע, ist ein Wort aus dem Targum Jeruschalmi, für das hebräische קֶרֶב, תוך; als von בְּתוֹךְ דִכּוּ ist derselbe במצע מוריגיה, und von בקרב אלהים sagt er במצע דייגא. Aber das תוך in Moses und den Propheten wird durch מציעא oder מציעותא, מציעות gegeben: und weil die Worte der Massoreten mehrentheils aus dem Targum Jeruschalmi sind, so sagen sie auch מצע פסוק; als וכל ישראל, sind 35 מצע פסוק, und alle רפ; desgleichen auch וְנִשְׁבַּע 3, eins רפ, eins פס, und eins מפ. In einigen Massoren habe ich stat מצע, ³) מיסון gefunden, aber seines gleichen nicht weiter.

נא, נוסחא אחרינא, diese Redensart wird häufig im Talmud gefunden, als נוסח הברכה, נוסח הגט u. d. gl. Ich glaube, daß es Uebersetzen und Abschreiben heißt, יְסַחוּ מִמֶּנָה heißt, man solls, abschreiben; so heissen auch die von einem

3) Ist wol das griechische μισον.

einem Buche abgeschriebenen Hannetakim (Copeien) כוסחאות. Eben so das in Esra יתכסח אל, מן ביתה, ist so viel, als weggerückt [4] abgethan: daher behaupte ich, daß כוסרא und העתקה beinahe eins sey.

Ich will hier auch die Namen einiger Lehrer der Puncte und Vorleser mittheilen, die bisweilen am Rande der richtigsten Chumschin gefunden werden; die mehrsten sind Deutsche, und habe ich nur einige davon in den Chumschin der Portugiesen gefunden) wie auch einige Namen der Bücher, die hiervon handeln.

רמח, man hat mir gesagt, daß es ר' משה חן heisse, der einer von den geschicktesten Vorlesern war; ich weiß es aber nicht. Es könte seyn, daß es dieser Moses sey, der die Regeln der Puncte [5] verfasset hat, welche bey den

---

[4] Von נסח, amouit, extirpavit.

[5] Dis sagt auch der Verfasser von Schebet Iehuda, wie Wolf angefürt hat, biblioth. hebr. tomo I. p. 822. Die כללי הנקוד in bibliis maioribus, gehören einem Moses. Buxtorf in abbreviaturis unter diesen Buchstaben weis auch weiter nichts als, Elias

24 Büchern von grossem Format, bey der grossen Massore gedruckt sind; es fängt an אמר המחבר את הרבו כי הניקוד נתן מסיני u. s. w. Ich habe es schon in der Vorrede erwehnet: viele glauben, es sey das Buch Haschimschoin; sie irren sich aber, denn man findet in vielen Stellen seinen Namen Moses; als, da er von Tsere und Segol anfängt, ממכון שבתו השגיח צורי שראל, und an einem andern Orte משפט שמוש החולם und dergleichen, aber das Buch Haschimschoin ist dasjenige, welches Chibur Hakonim heißt und fängt sich an דעם עקרי כיהדברים אשר ידברו בהם העברים הם עשרה וכו׳.

מש, Ich habe in ebengedachten Buche gefunden, daß er einen Beweis aus einem richtigen Chumasch bringt, und sagt: ich habe so gefunden in dem Chumasch (pentateucho) vom Rabbi מאיר שפירץ [6]) und dieser Name wird abgekürzt מש.

יהבי

Elias suspicatur esse eum, qui commentariolum, *circa* Masoram magnam, conscripsit.

6) Ist *Spirensis* zu verstehen; aus Speier. Wolf schreibt es deutlicher הי שפירה, oder שפירן.

יְהֻבִי, יְקוּתִיאֵל הַכֹּהֵן בַּר׳ יְהוּדָה, er ist der Verfasser des Buchs Ain Hakore, 7) und im Deutschen ist sein Zuname Salomon Hanakdan; so hat er auch seinen Namen im zweiten Schir seines Buchs beschrieben. Ich habe gehört, daß er ein Prager war, und habe in Spaß das Schir gesagt שֶׁבְּכוּתָלִי בֵּיתִי, שִׁירָיו נָכֵר כִּי פְּחָמִי הוּא. Er hat ein schönes Werk von den Punkten und den Wörtern die Milel oder Milra sind, und von Makiphin oder nicht, verfertiget, und hat es Ain Hakore genannt; man findet auch in einigen Chumaschim am Rande. עה, d. i. עֵין הַקּוֹרֵא, und öfters stehet יְהֻבִי, welches der Name des Verfassers ist, wie ich geschrieben habe.

עט, das ist, עֵט סוֹפֵר; 8) ist ein Name eines Buchs, welches Rabbi David Kimchi verfasset hat; ein Auszug von der Massore und den Accenten.

---

7) Wolfii biblioth. hebr. p. 697, er heißt auch zuweilen שְׁלֹמֹן הַנַּקְדָּן, (hier Salomon) solman hannactan, punctator. Der Name des Buchs, oculus (oder fons) lectoris ist aus Richter 15, 19.

8) aus Psalm 42, 15.

ten. Ich habe es angeführt gefunden am Rande der portugiesischen Chumaschim; aber nicht in den Deutschen.

רי״ן, d. i. ר' יעקב נקדן, Rabbi Simson führt ihn im Siphri oft an, ich weiß aber nicht wer er sey.

מפ׳, ist ein Name eines Buchs, das מפתח heißt; in demselben wird gesagt, daß והצמידים in Ansehung des andern jods, mangelhaft sey, so auch ויחנו בעבר ארנין במפ׳ מעבר (in Maphteach stehet, Meaber ט für ב) auch in der Lehre von Chasser und Male wird es ofte angeführt: ich weiß aber nicht, wer sein Vater war. Dieses habe ich indes gefunden, daß Rabbi Aben Esra in seiner Vorrede des Buchs Mosnaim schreibt: Rabbi Levi, der Portugiese, von Sarakossa, hat das Buch Maphteach verfertiget [9]): ich habe es aber noch nicht gesehen.

מִחְזַרְתָא,

---

9) Siehe Wolf pag. 731. unter dem Namen R. Levi, Sephartai, oder Hispanus, wo eben diese Anmerkung über jod vorkomt; Wolf hat aber diese Stelle aus den fragmentis tabularum nicht besonders angeführet.

מחזרתא, ist ein Name eines Buchs, und ich weiß auch nicht, wer es verfertiget hat; man findet es am Rande der Chumaschim angeführt, als לסבוב את ארץ אדום; da hat das ב ein Dagesch, und im Machsarta stehet לסבוב mit einem Raphe [10]).

סיני [11]) ist der Namen eines gut berichtigten Chumasch und handelt von den Verschiedenheiten der Accente, als בגרשים ist וישמע יתרו, (hat die Accente Geraschim) aber in סיני ists, ברביע, (hat Rebia), so auch אל מדבר אל משה ist mit Sakeph; und in Sinai ists mit Sakeph Gadol; ich weiß aber nicht wer der Verfasser davon ist.

חומש יריחו [12]), es ist ohne Zweifel ein gut berichtigtes Chumasch, das von Jericho gekommen

---

10) Wolf hat de scriptis anonymis Parte II. p. 1349. nichts weiter, als: das masorethische Buch Maschsarta für der Verfasser von Schebet Iehuda an, aus des Elias Levita fragmentis tabularum.

11) Dieses scheint in Wolfs bibliotheca hebraica zu felen; wenigstens Sepher *Sinai*, das volum. 4. pag. 756. angefürt wird, ist ein ganz anders. Beiläufig fürt er bis an volum. 2. pag. 291.

12) Wolf volum. 2. p. 292. zeigt auch, daß R. Menahem be Lonzano diese Abschrift anfüret.

men ist, und handelt von Chasser und Male; als כי כל התרעבות האל; in diesem (Chumasch,) mangelt das zweyte Vau; so auch ילידי העבק, ist 2. בחומש יריחו und בענין; ist das erste voll und das zweyte mangelhaft.

ספר הִלֵּלִי, (Buch oder Exemplar des Hillel:) Rabbi David Kimchi führts in Michlol und in dem Buch von radicibus an, da er sagt: im Buche הללי, das בטוליטילא (in toleto) gefunden worden, hat das Daleth in אֲשֶׁר תִּדְרוּ לַיְיָ ein Raphe. Ich dachte, daß das Buch nach dem Namen des Verfassers der הילל geheissen hätte, genennt würde; allein ich habe in einigen Ausgaben gefunden הלאלו mit einem Aleph zwischen den 2 Lamdin; siehe den Radix שום; ich habe auch im Michlol, in der Ausgabe von Constantinopel gesehen, daß הִלֵּלִי geschrieben worden; das He mit einem Tsere; ich weiß nicht was es bedeute [13]).

ירושלמי,

13) Von dem exemplari Hillelis hat Wolf mehr Zeugnisse und Anführungen gesamlet an genantem Orte, pag. 289 seq. Es ist alles höchst ungewis, was manche christliche Gelerte in der Streitigkeit über das

ירושלמי, ist das Buch, worauf sich Rabbi Jonah der Grammatiker verließ, wie es Rabbi David Kimchi bezeugt hat: vielleicht ist es das Buch, welches Ben Ascher corrigirt hatte, das in Jerusalem eine lange Zeit gewesen, wie ich in der dritten Vorrede aus dem Moses Ben Maimon geschrieben habe [14]).

ספר אספמיא, ist der allgemeine Name der portugiesischen Bücher, welche richtiger als alle andere Bücher sind, wie ich in der poetischen Vorrede gemeldet habe: אספמיא, ist so viel als ספרד, denn der Targum von גלות ירושלים אשר בספרד ist דבספמיא. Eben dasselbe wird aufs gemeinste אסכנביא genant, und auf deutsch שפכביא).

נפתלי, ich habe schon in der dritten Vorrede die Verschiedenheiten zwischen Ben Ascher und Ben

---

das Alter der Puncten, aus diesem Exemplar haben herleiten wollen.

14) Siehe Wolf eben daselbst pag. 292. R. Menahem de Lonzano führt unter andern auch 2 codices aus Jerusalem an; das ist, welche des Ben Ascher Recension enthielten.

15) Wolf pag. 292. Die spanischen Bücher sind viel genauer und richtiger, wie bekant ist.

Ben Naphtali gemeldet, und daß wir uns auf die Recension des Ersten verlaſſen; daher wird in einigen Büchern auswendig (Kri) angemerkt gefunden, וְחָצִ֖יתָ אֶת־הַמַּלְכוּת֒, als דעת בן נפתלו, nach der Leſeart des Ben Aſcher iſts alſo mit 2 Paſchtin; und nach dem Ben Naphtali, iſt וחצית mit Einem Paſchta. Es ſtehet auch ב״פ, welches כפתלי bedeutet, und in einigen Büchern בב; d. i. בן כפתלי, In denjenigen Ausgaben, wo die Recenſion des Naphtali inwendig (Kitb) und des Aſcher auswendig (Kri) ſtehet, iſts falſch; denn bey uns gilt des Aſcher Recenſion; daher muß die Leſeart inwendig und nicht auswendig ſtehen.

מדינחאי, מדינ׳, ich habe ſchon in der Vorrede die Verſchiedenheiten zwiſchen den Morgens und Abendländern [16]) gemeldet, und daß wir uns nach den letztern richten, daher braucht man nur auswendig anzumerken דעת מדינחאי, als מדינ׳ (mit ע) wird gezeichnet, ופשטת על העיר העיך

[16). Morgenländer, die von Babylon; Abendländer, die von Jeruſalem.

אֶל הָעִיר (mit א). In den Büchern, wo auswendig למערבאי stehet, ist es ein Irrthum: ich habe auch in gedachter Vorrede gemeldet, daß die Verschiedenheit zwischen denselben nur die Propheten und Hagiographa und keine einzige die Thorah, betreffe.

אשלמתא, die Massoreten haben die ersten Propheten אשלמתא קדמיתא, und die letzten אשלמתא תנינא, benent; als in der ganzen Thorah und in אשלמתא קדמיתא, stehet וְשִׁלַחְתִּי דֶּבֶר וְשָׁלַחְתִּי; ausser einmal בְּחֻקֹּתֵיכֶם, und in ganz אשלימתא תנינא eben so וְשָׁלַחְתִּי וְשָׁלַחְתִּי, ausser 2 mal, siehe in der grossen Massora: ich weiß aber nicht warum sie אשלמתא heissen [17]).

פַּרְיְגְמָה, so haben sie das Stillhalten, (die Abtheilung) mitten im Verse genant, als ויאמר קין אל הבל אחיו ויהי בהיותם בשדה ist

---

[17] Es ist wol kein Zweifel, daß dieser Name Aschleimtah, sich auf die Samlung oder Fülle beziehet; πλήρωμα, corpus plurium scriptionum. Diesen Namen hat übrigens Wolf nicht angebracht, da er von den einzeln Büchern der Bibel handelt.

ist darauf angemerkt, 25 פריימות mitten im Verse, und 4 davon sind in der Thorah [18]): ich weiß nicht aus was für einer Sprache es sey; der Baal Haaruch führts auch nicht an: aber die halloasin, (gemeine Leute in diesem Lande,) nennen jeden Abschnitt der Parschen, es mag Petucha oder Setuma seyn פְּרֵיתָא, das Resch mit Tsere. Ich befragte ihre Gelehrten darüber, aber es konte mir keiner antworten. Die Beschaffenheit aber von Parscha, Ptucha und Stuma, komt in dem Paskin vor, und sie sind uneinig darüber. Eine Parscha Ptucha, ist auf zwo Arten; entweder sie endigt sich in der Mitte der Zeile, und man läßt ohngefähr Platz zu 9 Buchstaben ledig; oder man läßt eine ganze Zeile ledig und fängt auf der dritten an; und bey einer

Parscha

---

[18]) Die gelerten Juden wissen es, daß über die Abtheilungen der Paraschen es gar grosse und alte Verschiedenheiten gebe; *Phregma*, oder spatium in medio quorumdam versuum, ist vielleicht das griechische φϱαγμα. Morinus hat mehr rabbinische Stellen gesamlet von dieser Ungewisheit, lib. 2. exercitat. 17. c. 7. auch von petuchah und Sethmah, worin eben solche Ungewisheit statt findet; es ist hier der Ort nicht, auf viel Schriften zu verweisen.

Fragmenta Tabularum. 255

Parſcha Stuma läßt man mitten in der Zeile zu 3 Buchſtaben Platz, und hernach wird die Zeile geendiget; und wenn die Zeile vollendet iſt, fängt man in der Mitte der andern Zeile an. Ueberhaupt die Ptucha fängt ſich allezeit am Anfang der Zeile, und die Stuma in der Mitte derſelben an.

מיסון, iſt ſo viel als אמצע [19]), ich habe es ſchon bey dem Worte סם, erwähnt.

בוסחא, iſt ſo viel als העתקה, und habe ſchon ſeiner bey בא gedacht.

Nun will ich einige Zeichen [20]) der Maſſora von der Thorah und Propheten, die etwas ſchwer zu verſtehen ſind, erklären.

Das Merkmal in der Parſcha Noach וריפת ותוגרמה mit Reſch, und das in der Chronick ודיפת mit Dalet; da iſt das Merkmal von den Anfangsnamen ihrer Bücher; nemlich im Buche Breſchit das ראשית heißt, (mit Reſch geſchrieben) iſt וריפת, auch mit Reſch, und in דה,

---

19) Nemlich μέσον, die Mitte.
20) Von ſolchen ſymbolis maſorethicis hat Burtorf mehr Beiſpiele erläutert, cap. 16. des clauis Maſorae.

רה, ift דיפת mit Dalet, so wie der Name des Buchs, das דברי (mit Dalet) heißt.

In der Parscha Wajera stehet bey Abraham ושכב כעריו אתו, und in der Parscha Balak stehet bey Bileam ושכבי כעריו עמו, und das Merkmal ift איש איש כלשונו, nemlich bey Abraham der ein Hebräer war, stehet אתו das ein hebräisch Wort ift; und bey Bileam, der ein Syrer war, denn es wird gesagt מן ארם ינחני בלק, stehet עמו, das ein fyrisches Wort ift; denn der Targum von אתו ift עמיה; und ein anderes Merkmal darauf ift כשמו כן הוא אברהם, d. i. wird mit Aleph geschrieben, daher stehet את, mit Aleph, und בלעם wird mit Ain geschrieben, daher stehet עמו, mit Ain. Auch dieses ist ein Merkmal davon אא, עע, d. i. בלעם עמו, אברהם אתו, und auch auf diesem ift das Merkmal שמו אותותם אותות, nemlich diese Buchstaben sind Zeichen und Merkmale darauf. Das Merkmal in der Parscha Wajischlach, auf דִישָׁן und דִישֹׁן ift, alle Tage da man in der Thora (öffentlich in der Synagoge) ließt, wird דִישָׁן mit Kamets gelesen; und man fängt am ersten Tage der Woche an, und dieses ist die Ordnung,

דִישָׁן,

דִישׁוֹן, דִישׁן, דִישָׁן, דִּישׁן, דִישֹׁן, דִישֵׁן, so erklären es die Portugiesen, aber die Franzosen streiten dawider und behaupten diese Reihe, דִּישׁן, דִישָׁן, דִישׁן, דִישָׁן דִישׁן, דִישֹׁן, דִישֵׁן, und ihr Merkmal ist כל יומי ספר דִשׁן und man fängt am Sabbat an. Und dieses ist das beste, denn man nimt das Heilige zuerst aber nicht zuletzt. Man hat noch ein Merkmal darauf, עשירים מקמצין, d. i. die Stellen, wo dis Wort reich an Buchstaben ist, haben ein Kamets, nemlich דִישׁן, ist voll mit Iod, und דִשֹׁן mit Cholem ist nicht reich, denn es ist mangelhaft.

In der Parschah Schemoth, וְאִם בַּת הִיא וָחָיָה ל und einmal שַׂרְבִיט הַזָּהָב וָחָיָה, ist das Merkmal מַלְכַּת שְׁבָא d. i. bey der Königin Esther stehet וָחָיָה mit Schua.

In der Parschah Bo ist auf ויצא מעם פרעה bey der Plage der Heuschrecken, das Merkmal, מלך אין לארבה ויצא, das ist, bey den andern Plagen stehet ויצא משה מעם פרעה; aber bey der Heuschrecke stehet nicht משה, denn er ist ein König, da gesagt wird ויהי בישורון מלך, das ist also das Merkmal מלך אין לארבה (der König ist nicht bey der Heuschrecke).

In der Parscha Tasria ist das He von דמי טהרה mit einem Mappik, und das ה von ימי טהרה ruhig, das Merkmal ist יְהוּדָה, nemlich wie das He, das nach jod in יהודה beweglich ist, und das nach Daleth, ruhig ist: so ist auch das He von טהרה, das nahe an ימי stehet, beweglich, und das nahe an דמי, ist ruhig. Ein anders darauf ist: ימיה מגולים דמיה מכוסים, und noch eins ist darauf וכסינו את דמו, welches leicht einzusehen ist.

Das Merkmal in der Parscha Pinehas ist dieses, בו״מים nemlich es stehet hier allerwärts ונסכה כמשפט, ausser beym zwoten Tag stehet ונסכיהם, beym sechsten וכסביה, und beym siebenten כמשפטם, das ist also בו״מים: wovon eine Spur ist, daß das ניסוך מים in der Thorah geboten worden, wie es in der Massechta Taanit vorkommt.

Im zweiten Buch Samuel Cap. 23. stehet zweymal ותהי עוד מלחמה, und zweymal ותהי עוד המלחמה, und das Merkmal ist בתוך המלחמה, d. i. das erste und das vierte heißt מלחמה, und die beyden mittelsten המלחמה.

In

Im zweiten Buch der Könige Cap. 21 stehet באמת ובלבב שלם, und im Jesaias Cap. 38 stehet באמת ובלב שלם, und das Merkmal ist ראשי סיפריהון, nemlich in dem Buch der Könige, welches sich mit והמלך anfängt, das 5 Buchstaben hat, stehet ובלבב mit 5 Buchstaben, und im Jesaia, der sich mit חזון anfängt, das 4 Buchstaben hat, ist auch ובלב mit 4 Buchstaben.

Im zweiten Buch der Könige Cap. 24 stehet את יתר האמון, und in Jeremia c. 52 יתר ההמון, das Merkmal ist הא לכם זרע, welches aber bekannt ist: eben so stehet auch in der ersten Stelle, ומדלות, und in der andern ומדלות, und das Merkmal ist עניותא בתר עניותא אזלא, das ist, Jeremia redet von der Armuth der Verwüstung, so stehet מדלות im Pluralis, und die Könige sind reich, stehet מדלת im Singularis.

Im Jesaia C. 35 stehet וישיגו וכסו יגון ואנחה und im 51 Capitel eben dieses Buchs ישיגון נסו, und das Merkmal ist ור' כון, das ist, das erste ist mit 2 Vauin וישיגו וכסו, und das andere mit 2 Nunin ישיגון נסו.

Im Hesekiel Capitel 18 stehet allemal אל ההרים aber אֶל הֶחָרִים לֹא אָכַל hat ein Kamets und ein Patach, und das Merkmal ist אכל die bey לא stehen, haben Kamets. In den 24 Büchern, die hier (in Venedig, bis in Basel) gedruckt worden sind, ist dieses Merkmal auf בזיעת אפיך תאכל in Breschit angegeben; es ist aber ein grober Fehler, und der Corrector hat es nicht verstanden.

Dieses sind die Merkmale, die ich zu beschreiben für gut befunden; ein Suchender wird ihrer ohne Zweifel noch mehr finden; ich aber bin ermüdet mehr zu suchen, und schlüsse hiemit dieses Buch; so daß ich den Herrn über
alles lobe.

IOHAN.

IOHANNIS BVXTORFII
EXPLICATIO*)
CARMINIS SAADIAE
QVOD CVRIOSA OPERA EXHIBET
NVMERVM QVOTIES QVAELIBET ALPHA-
BETI LITERA IN TOTA SCRIPTVRA
CONTINEATVR.

Verbalis explicatio nec vtilis nec grata, nec sine prolixa paraphrasi dari posset, cum *carmen* non tam ad continuatum sensum sit accommodatum, quam ad concludendum et exprimendum numerum cuiusque litterae; unde sermo coactus, vocabulis quibuscunque et qualicunque modo arreptis, vt rhythmum, proposito suo conuenientem, constituerent. Est autem numerus hic litterarum sine dubio ex Masorae libris collectus, vbi longe satius

---

*) Es ist oben Seite 80. 81. gemeldet worden, daß dieses Carmen in der Baselschen Ausgabe, welche hier gebraucht worden, sich noch nicht findet, und ich habe versprochen, es am Ende anzuhängen, wie es Buxtorf lateinisch ausgedruckt hat.

et fidelius effet, nos ipfamet Maforetharum verba habere et maforam planam dilucideque loquentem, quam hoc aenigmaticum, ligatum et intricatum dicendi genus. Sed praeftat, cibo quouis appofito vti, quam omni cibo prorfus carere.

Primo, Difticha quaeque iuxta ordinem alphabeticum funt propofita, ita vt prima cuiusque diftichi littera, eam litteram alphabethi ponat, cuius numerus inquiritur. Haec idcirco majufcula forma expreffa eft.

Quodque diftichon conftat quatuor verfibus. Verfus primi litera initialis, alphabeti duntaxat litteram fignificat, de cuius numero quaeritur: fecundae autem et tertiae vocis litterae capitales, millenarios numeros denotant.

Verfus fecundi litterae initiales, reliquos numeros exprimunt, centenarium, denarium et monadicum. Prima autem fi fit ex duplicibus מנצפך, tunc centenarium fignificat fuae finalis, quae idcirco ipfi ad latus femper appofita eft nempe ך 500, ם 600, ן 700, ף 800, ץ 900, vt ipfarum finales.

Verfus tertius et quartus continent quisque vocem quandam, quae verfum biblicum fub quoque verfu pofitum, indicat, quam idcirco diverfo charactere in latino expreffimus. Hi verfus biblici eo fine adducti funt, vt eundem numerum, quem litterae antea fignificarunt, integris vocibus exprimant. Vtriusque autem verfus numeri inter fe addi debent ad totum numerum conftituendum. Hoc totum vt clarius intelligatur, cuiusque literae numerum, iuxta ordinem carminis, nude proponemus; deinde fubiectos locos biblicos explicabimus.

א 42377. Nempe prima litera vocis אֹהֶל literam alphabeti per fe denotat. Sequentium duarum vocum, מְכוֹן בְּנָיָי literae initiales coniunctae מ'ב, quadraginta duo millia fignificant. Secundi verfus literae initiales funt ש'ע'ז, quae valent 377. Hi duo conjuncti, fuperiorem numerum ponunt. Eundem numerum verfus duo biblici fubiecti, comprehendunt. Primus כָּל הַקָּהָל, Tota haec congregatio erat quadraginta duorum millium, trecentorum et fexaginta. Nehemia 7, 66. Hunc verfum notat vox הַקָּהָל tertii hemiftichii. Alter, וּלְזֶבַח הַשְּׁלָמִים Et pro facrificio pacificorum boves duo, arietes quinque, hirci quinque, agni anniculi quinque Num. 7, 17. Horum duorum verfuum numeri conjuncti, fu-

periorum

periorem numerum literae א praecise comprehendunt nempe 42377. Sic omnes deinceps literae examinandae sunt.

ב 38218. Num. 1, 37. Numerati eorum ex tribu *Benjamin*, quinque et triginta millia, et quadringenti. Neh. 7, 11. Filii *Pachat*, Moab, filiorum Ieschua Ioab, duo millia octingenti et octodecim.

ג 29537. Numer. 3, 39. *Omnes numerati* Leuitarum, quos numerauit Moses et Aharon juxta sermonem Domini per familias ipsorum, omnis masculus a filio mensis et supra, duo et viginti millia, Esrae 2, 65, *praeter* servos eorum et ancillas eorum, sunt septem millia, trecenti triginta et septem, erantque eis cantores et cantatrices ducenti.

ד 32530. 1 Chron. 12, 35, *et e Danitis* instructi ad bellum, viginti octo millia sexcenti. Nehem. 7, 38, Filii *Senaa*, ter mille nongenti triginta.

ה 47754. Num. 1, 21, Numerati eorum *e tribu Ruben* quadraginta sex millia quingenti. Nehem. 7, 34, Filii *Elam* mille ducenti quinquaginta quatuor.

ו 76922. Num. 1, 27. Numerati eorum e tribu *Iuda* septuaginta quatuor millia sexcenti, Nehem. 7, 17, Filii Asgad duo millia trecenti viginti duo. Nota ש hic idem valet in numero quod ס, 60.

ז 22867.

Carminis Saadiae.

ף 22867. 1 Par. 12, 30. E filiis *Ephraim* viginti millia octingenti valentes robore, Neh. 7, 19. Filii *Begvai* duo millia sexaginta septem.

ח 23447. Num. 26, 14. Hae sunt familiae de stirpe *Schimeon*: viginti duo millia ducenti. Nehem. 7, 41. Filii *Paschur* mille ducenti quadraginta septem.

ש 11052. 2 Par. 25, 12. Decem millia viuorum captiuos ceperunt filii *Iehudae*. Neh. 7, 40. Filii *Emer* mille quinquaginta duo.

י 66420. Esrae 2, 69. Auri drachmas sex myriadas et mille, et argenti pondo quinquies mille, et tunicas sacerdotum centum. Nehem. 7, 35. Filii *Harim* trecenti viginti.

כ 37272. Num. 31, 38. *Et de bobus* triginta sex millia, portio eorum pro domino, septuaginta duo. Cant. 8, 12. Vinea mea coram me est; mille tibi sunt, o Salomon, et ducenti his, qui custodiunt fructum eius.

כ 10981. 2 Par. 25, 12. Decem millia virorum captiuos ceperunt filii Iehudae. Esrae 2, 66. *Equi eorum* septingenti triginta sex: muli eorum ducenti quadraginta quinque.

ל 41517

ל 41517. Num. 1, 33. Numerati eorum de stirpe *Ephraim* quadraginta millia quingenti. Neh. 7, 42. Filii *Charim* mille septendecim.

מ 52805. Num. 1, 25. Numerati e stirpe *Gad* quadraginta quinque millia sexcenti quinquaginta. Esr. 2. v. 67. Cameli eorum quadringenti triginta quinque; asini sex millia septingenti viginti.

מ 24973. Num. 25. 9. Et fuerunt mortui plaga illa viginti quatuor millia. Esr. 2, 36. Sacerdotes filii *Iedaja*, domui *Ioschua* nongenti septuaginta tres.

נ 32977. Num. 1, 35. Numerati eorum de tribu *Menasse* triginta duo millia ducenti. Genes. 5, 31. Et fuerunt omnes dies *Lamech* septingenti septuaginta septem.

נ 8719. Numer. 4. 48. Et fuerunt numerati eorum octo millia quingenti octoginta. Esr. 2, 42. Filii *Ianitorum*, filii Ater, filii Talmon, filii Akuf, filii Chatita, filii Soba, omnes centum triginta novem.

ס 13580. Psalm. 60, 2. Cum rixaretur cum Aramnaharaim, et cum Aram Soba, et reversus est Ioab, et percussit Edom in valle salis, duodecim millia. Nehem. 7, 70. Nonnulli e
prin-

principibus dederunt in opus: Tharfata dedit in thefaurum auri drachmas mille, crateras quinquaginta, tunicas facerdotum triginta et quingentas.

ע 20175. Ezech. 48, 18. Et quod reliquum fuerit *in longitudine* e regione oblationis fanctae, decem millia ad orientem, et decem millia ad occidentem. Genef. 25, 7. Et ifti funt dies annorum vitae *Abrahami* quos vixit, centum anni et feptuaginta quinque.

ס 20750. Ezech. 48, 35. Per *circuitum* octodecim millia. Numer. 4, 36. Et fuerunt numerati eorum per familias fuas duo millia feptingenti quinquaginta.

ס 1975. Exod. 38, 28. Et ex mille et feptingentis et quinque et feptuaginta ficlis fecit uncinos columnis. 1 Par. 12, 32. Et de filiis Ifaschar periti et intelligentes ad fciendum quid facere deberet Ifrael, principes eorum ducenti, et omnes fratres eorum erant ad nutum eorum.

ץ 16950. Num. 31, 40. Et *animae* hominum fedecim mille. Genef. 9, 29. Et fuerunt omnes dies *Noae* nongenti quinquaginta anni, et mortuus eft.

ן 4872. Ezech. 48, 30. Hi sunt exitus civitatis a plaga aquilonari quatuor millia quingenti. Esrae 2, 4. Filii *Schophatja* trecenti septuaginta duo.

ק 22972. 1 Par. 12, 30. Et ex filiis *Ephraim* viginti mille, octingenti. Esr. 2, 3. filii *Parhos* bis mille centum septuaginta duo.

ר 22147. Psalm 68, 18. Curruum Dei duae myriades, (id est, viginti millia:) Dominus cum illis est, Dominus Sinai in sanctuario habitans. Genes. 47, 28. Et vixit Iacob in terra Aegypti septendecim annos, et fuerunt dies Iacobi anni vitae ejus centum quadraginta septem.

ש 32 48. Num. 31, 35. Et animae hominum e *mulieribus*, quae non cognoverunt masculum, omnes animae triginta duo millia. Nehem. 7, 44. *Cantores* filii Asaphi centum quadraginta octo.

ת 36140. Num. 31, 44. *Et boues* triginta sex millia. Iob 42, 16. Et vixit Iob posthoc centum quadraginta annos, et vidit filios suos et nepotes suos quatuor generationibus.

ת 23203. Num. 3, 43. Et fuit omnis primogenitus masculus secundum numerum nominum a filio mensis et supra, secundum numeratos

eorum

eorum, viginti duo millia ducenti septuaginta tres. Genes. 5, 5. Et fuerunt omnes dies *Adami*, quibus vixit, nongenti triginta anni et mortuus est.

(Summam horum vniuersam supputauit Schikhardus, in Bechinath happeruschim, et reperit 815280. qui numerus, an de sola lege accipiendus, an de vniuersis bibliis, inquirant alii, Illud probabilius, quam hoc. R. Ioseph del Medico, Cretensis scribit: Rabbini nostri dicunt: Sexaginta sunt myriades litterarum legis כלה ישראל, quod est finis, seu vltimum vocabulum legis, et sicut sunt sexaginta myriades animarum Israelis. Iuxta supputationem R. Saadiae sunt 80 circiter myriades. Quomodo hoc sit intelligendum, et haec concilianda, ego non assequor. Deus illuminet oculos nostros in aduentu Messiae redemptoris nostri! Amen!)

Quicquid sit, ex illo tamen luculenter perspicitur, quanta horum hominum fuerit industria, quam laboriosum studium, quantusque zelus, ut integritatem scripturae in omnem posteritatem vel in minimo apice inuiolatam conseruarent.

ERRATA.

In der ersten Vorrede.

S. 20 ich will ich   lis ich will ihm
— 20 in demselben — in derselben
— 22 nicht eben, — die nicht eben
— 25 acht Füssen (nemlich im Texte des Originals.)

In der Vorrede des Verfassers.

S. 1 In Not. 1 stat 5. 6.   5. 16.
— 2 ויתנבהו   lis als
— 7 stat פְּסׂוּקִים, — הַפְּסוּקִים
— 10 מבא — מבא
— 11 יי אלהי ישראל — יי אלהי ישראל
— 18 gewiß so — so gewiß
— 20 Riblas — Riblat
— 20 שרדה — מערה
— 22 פרת דבלכתו lis פָּרַת דְּבָלֶכְתּוֹ
— 39 war also — er war also
— 40 da ich noch Lust, — da ich Lust
— 42 29 sind הבל — 29 sind ה
— 42 doch mit והבל (*) — doch mit ה
— 52), gefunden lis folgendes gefunden
— 53 daß sich — wo sich
— 53 Rambam lis Ramban (Ben Nachman)
— 62 יי ברמיה (so steht im Text) lis יי רמיה
— 65 überantworten lis überantworteten
— 71 האמור — als האמור
— 71 אני — אני לית
— 71 לית וחד als — וחד
— 78 וישם עליו — וישם עליו
— 78 כצלאל — בצלאל
— 79 ש. ח. ד. — ש. ת. ך.
— 80 מבול בניני — טבון בניני

S. 85

S. 88 Regein lis Regeln
— 88 als מחטולי stehet ג, und gehet lis als
    auf מחטו לי׳ ג׳ und das zweyte gehet aufs ג.
S. 91 die praefixa lis die das vau praefixum
— 100 daß auch lis aber daß auch
— 101 אתם 39, volle, in lis אותם sind 39 voll, in
— 111 לנער היולד lis לנער היוכר
— 112 das ו ha Chasera. lis das ו hachassera
— 114 הקה lis חקה
— 114 בל ישראל — גְבֻל יִשְׂרָאֵל
— 116 als שם הם — שם
— 116 die nomina, welche mit זה geschrieben sind,
    lis: Auch die nomina die in diesem משקל
    (forma) vorkommen.
S. 127 הודי עבינא lis הודיעני בא
— 129 סביבתו — סביבותיו
— 141 ומו ציב — ומוציא
— 142 לידידו — לידידו
— 148 לפני י לאות — לפני יי, לאות
— 150 קיר ברעו — ברעו קרי
— 159 דבריך — לדבריך ואלאי
— 159 die jod — die jodin
— 162 auf יולד — ben יולד
— 168 sind 4 an der Zahl lis sind 14 an der Zahl
— 169 wird ובין gelesen — wird וּבֵין gelesen
— 169 ומבני בגיי דוחה — ומבני בגוי עותה
— 171 באחת הטקי מות — באחת המקן מות
— 176 S. — — S. 97.
— 182 איתו הזה — אותו, הזה
— 182 חטאת והוא — חטאת
— 193 מלמעלח — מלמעלה
— 195 יקרא לח — יקרא לה

S. 198

ס. 198	wird	lis	גרמיה שלו		גרמיה
—	198		סלוני, שיטה אחרינא	lis	סלוני שיטה
—	201		מ, ז	lis	ט, ז
—	205		וחיח	lis	יהיה
—	—		חיו וחיה	—	היו יהיה
—	—		ולמבן	—	ולמען
—	207		נסיב מארם	—	מאדם
—	209		ולמשזל	—	ולמשול
—	217		תיכת משה	—	תיכת משה
—	221	Buchstaben	והיה	—	Buchstaben יהוה
—	224		שבתן ישבתון	—	שבת שבתון
—	232		בניניו	—	יש בינינו
—	234	beschreiben		—	beschrieben
—	—		לא ייטך	—	לא ייסך
—	—	unten, einen Unterschied		lis ein Unterschied	
—	236		עשׂח	lis	עשה
—	—		דח	—	דה
—	241		בהרו	—	בהרי
—	246		צורי שראל	—	צור ישראל
—	—		דע כי עקרי הד	—	דע מ כיהדברים
—	247	das Schir		—	den Schir

www.ingramcontent.com/pod-product-compliance
Lightning Source LLC
Chambersburg PA
CBHW021153230426
43667CB00006B/371